스포츠 보도의 이론과 실제

스포츠 보도의 이론과 실제

스포츠 보도의 이론과 실제

Theory and Practice of Sports Reporting From interviewing to writing

허 진 석

|머리말

한국 사회에서 언론사만큼 공적 영향력을 인정받고, 전문가 집단으로 간주되는 기업은 그리 많지 않다. 그런데 한국의 언론사들은 정교한 기자 교육 시스템을 보유하고 있다고 보기 어려운 면이 있다. 시스템과 매뉴얼에 기초한 기자 교육이 이루어진다고 볼 만한 예는 쉽게 찾기 어렵다. 실제로는 경험 많은 선배의 지도가 언론사 기자 교육의 알파요, 오메가라고 해도 과언은 아닐 것이다. 노련한 선배는 후배와 조를 이루거나 여러 명의 후배와 팀을 이루어 현장에서 취재와 기사 작성 업무를 수행한다. 그 과정에서 취재와 기사 작성의 요령, 원칙, 관행과 관례 등을 가르치는 경우가 일반적이다. 한 마디로 '도제식 교육'에 의존한다고 표현할 수가 있다. 도제식 교육은 다른 교육 방식과 마찬가지로 장단점을 지니고 있을 것이다.

기자들은 입사 후 신입사원 연수를 끝내면 바로 미디어 보도부나 취재 부문으로 보내져 일을 하게 된다. 취재부문에 배속될 경우 그날부터 취재에 나서 바로 기사를 쓰는 것 또한 전통이다. 선배나 데스크로부터 무서운 질타를 당하거나 취재원의 매서운 눈초리를

의식하면서, 또 이런 무시와 수모 속에서 서서히 기자로서의 노하
우가 생기고 연마돼 간다고 할 수 있다. 이런 까닭에 지국과 총국
은 입사 2~3년차 기자들에게는 교육의 장이 된다. 사실 기자는 보
다 많은 취재 경험을 쌓아야 하고, 기사를 쓰며 데스크에 의해 고
침을 받고 기사에 대한 독자들의 반응을 보아야 한다. 특히 타사와
의 경쟁에 의해 기자로서의 능력을 높여간다. 이런 면에서 볼 때,
일본의 도제식 교육은 '경험을 축적시킨다'는 점에서는 성공을 거
두었다고 할 수도 있겠지만, 장기적인 면에서는 그리 바람직한 것
이 못된다. 이러한 방식은 기사를 쓰기 위한 동물적 감각을 키우는
데 도움이 되기는 하겠지만 기자로서의 소양이나 전문지식은 배우
지 못하기 때문이다.
　　　　　－미디어월드와이드 제53호(2003년 3월호), 안기덕 편역

　　일본의 도제식 교육에 대한 위와 같은 언급은 한국의 언론사에서 이
루어지는 도제식 교육과 큰 차이가 있다고 보기 어렵다. 따라서 현상
을 잘 설명해줄 뿐 아니라 그 장단점에 대해서도 적절히 지적하고 있
다고 본다. 도제식 교육은 현실성·실제성·능률·접근성·즉각적인
반응 등의 면에서 다른 어떤 교육 방식보다 효과적일 수 있다. 후배 기
자가 선배 기자와 더불어 현장에서 상황과 부딪치면서 실전적인 결과
물들을 생산해내는 과정은 이른 시간 안에 후배 기자의 숙련도를 높임
으로써 현상에 상한 기사를 만들어낼 수 있다. 그러니 이 방식은 거칫
기본기를 간과하기 쉽고 창조력의 결핍을 초래할 수도 있다. 원칙보다
는 노하우라는 이름의 편법 내지 극히 사적인 숙련기(熟練技)에 의존하
기 때문이다. 또한 후배 기자를 지도하는 선배 기자의 스타일이나 기
호, 경험이 후배에게 주는 영향이 지나칠 정도로 커서, 기자로서 일반

적으로 습득해 두어야 할 바탕요소들을 놓칠 위험이 없지 않다.

물론 우수한 기자들은 나름대로 원칙과 소신을 가지고 원칙에 따라 일하며 취재 현장에서도 이를 관철하기 위하여 최선을 다한다. 그러기에 현재의 한국 언론이 일정 수준의 권위와 전문성을 인정받고 있을 것이다. 그러나 이 원칙이나 소신이라는 요소도 성문화된 부분은 대단히 제한적이어서 상당 부분 불문율의 성격을 지닌다. 이 불문율은 대부분의 형태를 지니지 않은 정신적 요소가 지니는 완고함과도 같이 매우 엄격한 면이 없지 않다. 엄격함이 도에 지나칠 경우 경직되고 비타협적일 뿐 아니라 자기 논리의 외부에 대한 강요라는 형태로 드러나게 되면 분쟁의 소지가 될 수도 있다. 또한 최근의 언론 환경은 이러한 분쟁의 가능성이 갈수록 높아 가는 추세다. 정보는 도처에 넘쳐나고 기업은 급변하는 환경에 적응하기 위하여 숨 가쁘게 변신을 거듭하고 있다. 언론사의 취재 대상은 멈추어 있지 않고 격류처럼 흘러가므로 언론사의 취재 환경은 어제와 오늘이 다를 수밖에 없다. 반면 언론매체의 자기 개혁과 변신을 위한 노력은 상대적으로 소극적이거나 그 속도가 더디다고 볼 소지가 있다. 언론과 취재 환경의 관계가 급변하는 가운데 스포츠 분야에서 취재 활동을 하는 기자들은 이중의 혼란을 경험하게 된다.

얼핏 보기에 스포츠 종목의 경기 방식과 선수·감독 등 해당 종목의 현장 종사자, 구단이나 프런트 근무자와 같은 '관계자' 그룹을 비롯한 외형 요소들은 상당한 시간이 흘러도 변화를 감지하기 어려울 수 있다. 하지만 이 모두가 달리는 열차 유리창 속의 풍경과도 같다. 전체적인 프레임을 염두에 두고 본다면, 스포츠의 현장이라는 곳도 역시 눈부신

속도로 변화를 거듭하고 있는 것이다. 특히 한국의 스포츠가 유럽의 클럽 시스템이나 미국의 구단 체제와 같은 자생력을 구비하지 못한 채 모기업이라는 절대적 서포터 겸 절대적 지배자의 영향 아래 노출돼 있는 점을 감안하면 스포츠 현장의 신속한 변화는 숙명적 요소임을 부인하기 어렵다. 그렇다면 가장 정체된 분야로 스포츠 언론을 꼽는 일이 가능해진다. 달리는 고속열차의 창밖에서 위태로운 자세로 흡반(吸盤)을 붙이고 매달려 내부를 들여다보는 형국이다. 더구나 스포츠 분야에서는 다른 어떤 분야보다 도제식 교육 방식에 대한 의존이 심하다. 현장과의 접촉은 어떤 취재 분야보다 빈번하며 더구나 그 현장이라는 영역의 구성성분(선수 · 지도자 · 관계자 · 기업 오너 · 스폰서 등)도 다른 분야의 취재 대상들에 비해 단조롭고 고착화된 경우가 적지 않다. 그렇다면 스포츠 취재와 보도 분야는 마치 살아있는 화석과도 같이 언론 분야에서 가장 뒤처진 부분으로 남을 위험을 만성적으로 지니고 있는 셈이다.

필자 역시 선배의 가르침과 길안내에 전적으로 의존하는 도제식 교육의 산물임을 인정하지 않을 수 없다. 스포츠를 취재하는 기자가 된 그 날부터 필자는 선배를 따라 효창운동장에 나가 고등학교 축구 결승 경기를 관전하였다. 그 날 필자는 결승전에서 우승한 팀의 최우수선수를 인터뷰했고 그 기사는 다음날 스포츠 지면 중간 부분에 사진과 함께 게재되었나. 선배 기자를 따라 다닌 시간은 상당히 길었고 필자가 그러한 교육 방식에 회의를 품고 '교과서'를 찾아 두리번거린 시기는 효창운동장에서 첫 취재를 시작한 지 6~7년이 지났을 무렵이었다. 남자농구 국가대표 팀 감독을 역임하며 탁월한 업적을 쌓은 현장 체육인이자 근면한 연구자이며 뛰어난 교육자인 방열 경원대학교 교수(2011년 현재 건동대학교 총장)가『스포츠 보도론』발간을 준비하면서 공동 집필을 제안한 것이 그 계기가 되었다. 방열 교수의『스포츠 보도론』은 현장성이 매우 강한 전문 서적으로서 일선 기자들이 취재 매뉴얼로 사용해도 손색이 없을 정도로 높은 수준을 보여주었다. 방 교수가 편역(編譯)의 대상으로 삼은 저서는 브루스 개리슨(Bruce Garrison)이 쓴『스포츠 보도(Sports Reporting)』였다.『스포츠 보도론』의 서문에 의하면 방 교수는 이 책을 고두현 씨(전 서울신문 편집부국장 겸 스포츠 전문기자)로부터 소개받았다고 한다. 한편 필자는 방열 교수와 함께 공부하면서 뜻밖에도 우수한 책자가 스포츠를 취재하는 기자들의 주변에 있음을 알게 되었다. 제호는 토머스 펜시(Thomas Fensch)가 쓴『스포츠 기자 핸드북(The Sports Writing Handbook)』이었는데 한국언론연구원이 1997년에 낸 저널리즘 실무서 시리즈 가운데 한 권이었다.『스포츠 기자 핸드북』은 스포츠 기자가 반드시 알아야 할 기본적 요소들을 알차게 담고 있었다. 결국『스포츠 보도』와『스포츠 기자 핸드북』이 방 교수가 편역해 낸『스포츠 보도론』의 근간을 이루었던 셈이다.

필자는 최근 서가에 꽂힌『스포츠 보도론』을 다시 꺼내어 읽었다. 그러면서 이 책이 처음으로 발간될 때에 비해 취재 환경이나 언론이 처한 현실에 적잖은 변화가 있었음을 깨달았다.『스포츠 보도론』이 지닌 콘텐트의 우수함은 변함이 없지만 새롭게 정리하고 적용해야 할 부분이 많아진 것이다. 이 책의 원전을 찾아보고, 개정판이 없는지를 검색하던 필자는 이 뛰어난 책자를 찬찬히 읽으면서 손질이 필요한 부분을 다시 써보고 싶다는 데에 생각이 미쳤다. 그리하여 이 책자의 뼈대를 유지하되 우리 취재 현실을 반영하며 철저하게 검증함으로써 실제 취재 과정에서 소용에 닿도록 해보자는 결심을 하게 되었다. 따라서 이 책자는『스포츠 보도론』의 재해석이자 다시 쓰기이며『스포츠 기자 핸드북』과의 멀지 않은 거리 중간에서 새롭게 쓰고자 한 노력의 결과라고 해도 과언이 아니다. 감사하게도『스포츠 보도론』의 다시 읽기를 원하는 필자의 갈망을 십분 헤아린 방열 교수의 격려가 있어 용기를 낼 수 있었다. 이밖에 이 책을 쓰는 과정에서 필자가 검토한 자료 가운데는 이행원의『취재보도의 실제』, 박진용의『기자학 입문』, 노광선의『무엇이 오보를 만드는가』, 미하엘 할러(Michael Haller)의『인터뷰, 저널리스트를 위한 핸드북(Das Interview; Ein Handbuch für Journalisten)』, 피올라 팔켄베르크(Viola Falkenberg)의『인터뷰이를 위한 인터뷰의 이론과 실제(Interviews Meistern)』등 뛰어난 책들이 많다. 이 책들은 그 자체만으로도 스포츠 보도 또는 저널리즘에 대해 이해하고자 하는 사람들과 실제로 언론 현장에서 종사하는 사람들에게 큰 도움이 될 것이라고 생각한다.

이 책을 쓰는 동안 필자는 취재 기자 뿐 아니라 취재 대상의 입장에 대해서도 숙고할 수 있었다. 따라서 이 책의 집필은 언제나 중립을 지향하고자 하는 의지 속에서 이루어졌다. 이 책에 기록한 체험적 진술의 대부분은 필자가 경험한 성공적인 사례보다는 참혹한 실패와 부끄러운 실수의 기억들에 힘입은 자기반성을 담고 있음을 아울러 고백하지 않을 수 없다. 필자의 부끄러운 기억과 실패의 기록들은 가능한 한 냉정을 유지하는 가운데 본문에 반영하였다. 혹시 이 책을 참고하는 스포츠 저널리스트가 있다면 반면교사로 삼아 주기를 기대한다.

많은 분들의 격려와 도움에 힘입어 이 책을 출간할 용기를 낼 수 있었다. 농구와 학문 양면에서 남보다 앞서 길을 열어 보인 방열 건동대학교 총장께 가장 먼저 감사드린다. 대학교 시절부터 필자의 모범이었으며 근면한 학자이자 감성으로 충만한 문학평론가 유임하 한국체육대학교 교수께도 깊이 절한다. 보잘것없는 책자를 선뜻 출간해 주신 글누림출판사의 최종숙 사장과 꼼꼼하고 세련된 편집으로 원고가 지닌 허물을 가려 주신 임애정 선생께도 진심으로 감사드린다.

2011년 1월
세검정의 겨울 가장 깊은 곳에서

차례

1장 인터뷰 기법

Theory and Practice of Sports Reporting From interviewing to writing

인터뷰를 위한 바이블들 _ 지겨운 질문, "소감은?" _ 깡패 같은 인터뷰의 기억 _ 인터뷰 대상자를 존중하라 _ "왜?" _ 스포츠 기자의 주소록은 두꺼워야 한다 _ 여러 사람에게 시시콜콜 물어라 _ 같은 편이 되려 하지 마라 _ 녹음기 사용법을 숙지하라 _ 오프 더 레코드가 헤퍼서는 안 된다 _ 선행 인터뷰를 참고하라 _ 자료를 챙기고, 민감한 질문은 인터뷰 말미에 하라 _ 공감할 수 있는 에피소드는 인터뷰를 즐겁게 한다 _ 느닷없는 고백에 당황해선 안 된다

스포츠 보도의 형태는 여러 가지다. 우선 경기 현장에서 직접 경기 내용을 보고 작성한 상보가 있다. 경기의 승부가 갈린 전환점이나 중대한 변수, 경기 참여자(감독이나 선수)의 선택 등에 대해 분석하고 논평하는 '관전평' 류의 박스 기사도 가능하다. 최근의 스포츠 기사는 상보와 분석이 한데 버무려진 형태로 보도되는 경우도 적지 않다. 그러나 최근의 인기 있는 스포츠 경기는 대부분 텔레비전에 의해 중계된다. 스포츠를 즐기는 팬들은 거의 대부분의 관심 있는 경기를 실시간으로 즐길 수 있다. 또한 경기 중계를 놓쳤다고 할지라도 인터넷 등의 매체를 통해 경기 결과와 내용에 대한 정보를 얻을 수 있다. 이러한 상황의 변화는 스포츠 담당 기자들이 작성하는 기사의 방향과 형태에도 영향을 미친다. 특히 신문 등 인쇄 매체의 기자들은 중계방송과 텔레비전 뉴스가 다루지 않은 새로운 영역의 취재를 위해 골몰하는 추세이다.

대부분의 스포츠팬에게 경기 결과와 내용은 주된 관심거리이다. 특히 잘 쓴 경기 상보는 스트레이트의 힘을 보여준다. 스포츠를 인쇄매체의 보도를 통해 접하는 팬들에게 깊은 감동을 안겨 주기도 한다. 그러나 팬들은 더 이상 단순한 경기 상보에 굶주려 있지 않기 때문에 이 같은 사례는 흔하지 않다. 스포츠를 보도하는 기자들은 경기 상보를 길게 쓰지 않으려는 경향을 보이기도 한다. 대신 기자들은 선수와 감독, 그리고 그 종목 관계자들을 만나 긴 시간 동안 구체적인 내용을 주제로 대화하는 인터뷰(In depth interview)에 보다 많은 시간과 정성을 기울이는 듯하다. 인터뷰는 전통적인 취재 방식이며 인터뷰 기사 역시 오래 된 기사의 형태 가운데 하나이다. 그러나 최근의 인터뷰 기사는 스포츠의 스타들과 독자를 최단거리로 잇는 정보의 창구로서 기능하며 스포츠 기자들의 존재 의미를 부각시켜 주는 대표적인 장르로 떠올랐다. 기자들은 슈퍼스타와의 인터뷰 약속을 위해 선수 본인, 구단 관계자, 매니저, 에이전트 등과 긴밀하게 연락하며 시의 적절한 인터뷰 대상의 선정을 위해서도 공을 들인다. 이 노력은 경기장에 입장해 실제 경기를 관전하는 데 들이는 노력 이상이다.

사실 대부분의 스포츠 기사는 경기 상보 등 몇 가지 직접적인 사례를 빼면 대부분 인터뷰에 의해 정보의 질이 심화되고 확실성이 보장되는 면이 강하다. 경기 상보조차도 선수나 감독, 해당 송목의 관계자들을 인터뷰함으로써 풍부한 정보를 담을 수 있게 된다. 인터뷰 내용이 빈곤하거나 방향이 잘못된 인터뷰를 했다면 결코 살아 숨 쉬는 기사를 만들어낼 수 없을 것이다. 빈곤하고 방향 설정이 잘못된 인터뷰는 정보의 함량이 낮은 조각 기사에 불과하다. 인터뷰가 잘못 이루어졌을 경우에는 오보를 면치 못하는 수도 있다. 인터뷰에 실패했다면 아예 기사를 쓸 수 없을지도 모른다. 이렇게 볼 때 유능한 스포츠 기자는 곧 인터뷰에 능한 기자라고 해도 과언이 아니다. 또한 스포츠 보도의 근간이 되는 취재 행위 역시 인터뷰에 크게 의존하고 있음을 결코 부인할 수 없을 것이다.

인터뷰를 위한 바이블들

대한민국 스포츠 기자들이 그 입문기에 반드시 새겨 읽어야 할 책자 가운데 하나로 첫손에 꼽히는 토머스 펜시(Thomas Fensch)의 『스포츠 기자 핸드북(The Sports Writing Handbook)』(1997)은 바이블과도 같은 세 권의 저서를 가이드로 제시한다. 펜시는 그의 저서 맨 첫 장을 인터뷰 기법에 할애함으로써 현대 스포츠 저널리즘에서 인터뷰가 차지하는 비중을 자연스럽게 강조하고 있다. 첫 장의 제목은 「인터뷰의 예술(The Art of the Interview)」이다. 펜시가 가이드로 제시한 세 권의 저서 가운데 첫 번째는 윌리엄 진서(William Zinsser)의 『논픽션 가이드(On Writting Well · An Informal Guide to Writing Nonfiction)』(1985)이고 두 번째가 존 브래디(John Brady)의 『인터뷰 기법(The Craft of Interviewing)』(1976)이며 세 번째가 듀윗 레딕(Dewitt Reddick)의 『피처 기사 작성법(Modern Feature Writing)』(1949)이다. 필자의 눈에 와 박힌 몇 줄의 문장을 소개하자면 다음과 같다.

> 인터뷰 솜씨의 절반 이상은 순전히 기계적인 것이다. 그 나머지가 직관적인 능력이 발휘되는 부분이다. 즉 다른 사

람을 편안하게 만드는 방법이나 대상자를 밀어붙일 적절한 순간, 귀를 기울여야 할 때, 그리고 인터뷰를 중단해야 할 때를 파악하는 판단력이나 능력이 그것이다. 이런 능력은 경험을 통해 익힐 수 있는 것이다.[1]

인터뷰란 상대방의 믿음을 통해 정보를 얻는, 적절하면서도 직접적인 기술이다. 인터뷰 내용이 예리하면서도 균형이 잡히기 위해서는 신뢰를 받고 필요한 정보를 얻는 두 가지 행위가 균형을 이뤄야 한다. 그러나 인터뷰 과정이 조바심 속에 과열되다 보면 이 두 가지 행위는 뒤죽박죽이 되어 평형이 이뤄지지 않는다.[2]

인터뷰 담당자는 상대에게 던질 질문의 상당수를 미리 준비해야 한다. (…중략…) 인터뷰 초보자라면 중요한 질문을 미리 적어 두는 것이 도움이 될 것이다. 노련한 인터뷰 담당자는 스토리의 핵심을 분명하게 인식함으로써 서너 개의 앵글로 번지더라도 스토리의 가닥을 놓치지 않는다.[3]

레딕이 1949년에 쓴 글에서 장구한 세월의 도전에도 불구하고 조금도 풍화되지 않은 완벽함을 발견할 수 있다. 또한 인터뷰 기법이 사뭇 오랜 시간을 거슬러 저널리즘의 한 가지 도구로서 정리된 이론에 기반하고 있다는 사실도 깨닫게 된다. 인터뷰의 기법은 잘 정돈된 매뉴얼에 기초한다. 그 운영자의 능력에 따라 예측하지 않았던 변인을 발생시키면서 놀라운 진실로 안내하기도 하고 풍요로운 콘텐트의 보고가

---

1) Zinsser, 1985, p.79.
2) Brady, 1976, p.68.
3) Reddick, 1949, p.94.

되어 주기도 한다. 요컨대 인터뷰는 상당히 조심스럽게 준비된 다음에 시작되어야 할 취재의 한 기술이다. 이 책들 외에도 미하엘 할러(Michael Haller)가 쓴 『인터뷰, 저널리스트를 위한 핸드북(Das Interview; Ein Handbuch für Journalisten)』(2008)과 피올라 팔켄베르크(Viola Falkenberg)의 『인터뷰이를 위한 인터뷰의 이론과 실제(Interviews Meistern)』(2001)도 반드시 읽어 보아야 할 것이다. 할러는 "인터뷰 상황의 이중성은 저널리즘 인터뷰의 주요 특징이다. 개인적인 대화이지만 언제나 공적인 구경거리이기도 하다."[4]고 규정한 다음, 대화에서 가능한 한 합의에 이르고자 한다면 네 가지 차원을 고려해야 한다고 충고한다. 첫째는 질문 또는 편집진의 인터뷰 목표(의도), 둘째는 매체의 신문방송학적·기술적 특성, 셋째는 답변자의 개인적 관심, 넷째는 대중의 기대와 요구이다. 할러의 정리는 매우 명쾌하다.

> 각각의 인터뷰 질문의 목적과 방법은 (…중략…) 서로 다른 전달 목표를 갖는다. 어떤 경우에는 사건이나 테마가, 또 다른 경우에는 답변하는 인물이 중심에 놓이며, 종종 양쪽의 비중이 동일한 경우도 있다. 그러나 항상 인터뷰는 주목할 만한 가치가 있거나 사건에 대한 유용한 정보를 제공할 수 있는 인물들의 지식과 견해 뿐 아니라 사고방식까지도 이들이 언급한 진술을 통해서 신빙성 있는 형태로, 가능한 한 흥미로운 방식으로 보여주어야 한다.
> 한 인물이 사건에 대해 무엇을 어떻게 이야기하고 자신이 말한 내용에 대해 어떤 태도를 취하는가 등의 요소들은 모

---

4) Haller, 2008, p.54.

두 인터뷰에 녹아들어 전체적인 정보의 형태를 띠게 된다. 그래서 인터뷰의 정보 가치가 인터뷰 상대자가 전달한 지식에만 있는 경우는 매우 드물다. 대개 인터뷰의 정보 가치는 인물과 테마 사이의 흥미로운—또한 놀라움을 주는—조합에 있다.[5]

지겨운 질문, "소감은?"

현실을 염두에 두고 고찰할 경우, 스포츠 기자의 인터뷰는 다른 취재 분야와 마찬가지로 몇 가지 형태로 나누어 볼 수 있다. 우선 스포츠 기자에게 가장 자주 닥치는 경우로서 경기장에서 경기 직전이나 직후, 가끔은 중간에 선수와 감독 또는 관계자 등을 대상으로 하는 긴박한 현장 인터뷰가 있다. 경기장이나 숙소, 훈련장이나 그 밖의 정해진 장소에서 다소 시간을 두고 계획적으로 이루어지는 기획성 인터뷰도 있다. 특정한 목적을 가지고 취재원이 여러 기자를 상대로 하는 기자회견 형태의 인터뷰도 가능하다. 그런데 한국의 스포츠 기자들이 현장에서든 훈련장에서든 많이 던지는 첫 질문은 '소감'이다. '경기를 마친 소감', '오늘 승리를 거둔 소감', '홈런을 친 소감' 등. 소감 못지않게 많이 등장하는 단어는 '기분'이다. '완봉승을 기록한 기분이 어떠냐', '결승골을 터뜨리는 순간 기분이 어땠느냐'……. 어떤 경우에는 기자가 선수나 감독에게 "우선 오늘 경기에 대해서 간단하게 정리를 해 주시죠." 하고 요구하는 경우도 있다.

---

5) 앞의 책, p.54~55.

마감 시간의 압박 속에서 신속하게 기사로 옮길 코멘트를 얻어내기 위하여 어쩔 수 없다는 사실은 감안해야 한다. 그래도 이런 광범위하고 질문인지 아닌지 알기도 어려운 애매한 종류의 질문을 받았을 때 취재원의 소감이나 기분은 간단하게 정리하기가 쉽지 않을 것으로 짐작한다. 문제는 이렇게 정리되지 않은 종류의 질문이 미리 약속한 시간에 상당한 시간을 들여 진행하는 인터뷰에서도 심심찮게 취재원에게 던져진다는 점이다. 인터뷰에도 분명 매뉴얼이 있다. 그리고 이러한 매뉴얼은 기자라면 누구나 알고 있음직한 내용을 담고 있다. 인터뷰 방식에 대한 요령과 테크닉은 자못 다양하고 대부분 간단하게 설명하고 이해할 수도 있는 내용이다. 다음에 제시되는 항목들은 대부분 미리 예정된 인터뷰를 할 때 유의해야 할 사항들이다. 현장에서는 그날의 상황이 인터뷰의 방향을 결정하는 경우가 허다하다. 그러나 기획된 인터뷰라면 좀 더 정교하게 준비된 질문과 인터뷰 진행 요령이 필요할 것이다. 우선 『스포츠 기자 핸드북』을 들춰보자. 펜시는 다음과 같은 충고를 한다.

❶ 인터뷰 대상에 대한 자료를 충분히 찾아 읽고 검토하라.
❷ 반드시 해야 할 질문을 미리 작성해 두어라.
❸ 인터뷰할 대상자의 스케줄에 맞추어 인터뷰할 날짜와 시간을 결정해라.
❹ 인내를 가지고 인터뷰 대상자를 대해라.
❺ 프로필과 관련한 기사를 쓰고자 할 경우 연대순으로 질문하라.
❻ 연도를 반드시 물어 확인하라.
❼ '왜'냐고 물어라. '이유'를 알아야 한다.
❽ 인터뷰를 마친 뒤라도 확인과 보충 질문을 하기 위해 전화번호를 적어 두어라.

❾ 접촉이 가능한 주변 인물들을 빠짐없이 인터뷰하라.

❿ 응원단장 같은 말투로 질문하지 마라.

⓫ 많은 취재원들(코치와 선수, 관계자 등)은 기자가 자신들의 편이 되어주기를 기대한다는 사실을 인식하라.

⓬ '결정적인 순간'에 대해 질문하고 확인하라.

⓭ 신문 등 인쇄매체의 기자라 해도 녹음기, 컴퓨터, 비디오카메라, 사진기 등의 기초적인 조작법은 익혀 두어야 한다.

⓮ 윤리적인 문제가 따르는 '오프 더 레코드' 요구는 피해야 한다.

⓯ 최근에 보도된 인터뷰 대상자에 대한 기사를 제시하고 그 보도의 진위를 물어 확인 또는 부인하는 답변을 확보하라.

⓰ 인터뷰는 차분한 분위기에서 진행하라.

⓱ 인터뷰 대상자나 관계자를 비롯한 주변 인물에게 홍보용이든 배경 설명을 위한 것이든 도움이 될 만한 자료가 있다면 달라고 요청하라.

⓲ 스포츠에서만 사용되는 특수 용어나 비속어는 정확하고도 조심스럽게 사용하라.

⓳ 공문서를 적극적으로 열람하여 자료로 삼으라.

⓴ 논란이 될 만한 내용을 담은 질문은 인터뷰의 초반보다는 말미에 하는 게 좋다.

㉑ '최후 진술' 듣기를 잊지 마라.

㉒ 에피소드는 인터뷰를 부드럽고 풍요롭게 한다.

㉓ 어떤 스타나 권력자 앞에서도 위축되어서는 안 된다.

㉔ 특히 구단주를 비롯한 고위층을 인터뷰할 때 동어반복과 상투적 답변에 만족해서는 안 된다.

㉕ 인터뷰 대상자의 예상하지 못한 '고백'에 대비하라.

이 스물다섯 가지 항목 중에 이해할 수 없거나 부당하다고 생각되는 항목이 있는가? 필자는 없다고 생각한다. 예를 들어 '인터뷰 대상에 대한 자료를 충분히 찾아 읽고 검토하라'거나 '반드시 해야 할 질문을 미리 작성해 두어라'는 대목은 이의가 있을 수 없다. '맨땅에 헤딩'이 기자의 숙명이고 유능한 기자는 직관을 가지고 즉흥적으로 취재하고 인터뷰해도 훌륭한 기사를 작성할 수 있다고 믿는다면 물론 그대로 해도 좋다. 그러나 분명, 그렇게 해서 얻는 것이 있다면 잃는 것도 적지 않을 것이다. '인터뷰할 대상자의 스케줄에 맞추어 인터뷰할 날짜와 시간을 결정해라'는 부분은 옳은 말인 것 같으면서도 그 중요성을 간과하기 쉽다. 가장 곤란한 경우는 기자가 마감 시간에 맞추어야 하기 때문에 인터뷰 대상자가 원하는 시간에 만나기 어려울 때이다. 이럴 때도 기자는 최대한의 예의, 기본적으로는 호의를 가지고 인터뷰 대상자의 양해를 얻어야 마땅하다. 인터뷰 대상자가 기자의 편의에 따라 움직여주기를 기대하는 태도는 옳지 않다. 기자가 인터뷰 대상을 압도하는 이른바 '갑'의 위치에서 활동하던 시대는 지나간 지 오래다. 인터뷰 대상자들의 호의와 헌신하려는 태도 없이는 스포츠 저널리즘의 온전한 기능도 쉽지 않게 된 것이다. 그런 요소들은 강요해서 얻어낼 수 없다.

깡패 같은 인터뷰의 기억

필자는 이와 관련해서 아주 부끄러운 기억을 간직하고 있다. 1991년 6월의 일이다. 필자는 1992년 바르셀로나올림픽 축구 아시아 지역 1차 예선을 취재하기 위해 말레이시아의 콸라룸푸르에 출장을 갔다. 그 해 6월 29일부터 7월 5일까지 네 경기가 열렸는데, 모두 1992년 같은 장소에서 열리는 최종예선에 진출하기 위한 관문이었다. 당시 한국은 독일의 저명한 지도자 데트마어 크라머(Dettmar Cramer) 씨가 이끌고 있었고,

김삼락 씨가 보조하였다. 보조라고는 했지만 크라머 씨의 원칙주의와 김삼락 씨의 국내 축구인으로서의 '체면 의식'이 맞부딪쳐 조화로운 모습은 보기 어려웠다. 한국의 기자들은 해외 출장을 나가면 첫 기사에 인상적인 내용을 담아 송고하려는 의욕이 강하다. 독자들의 시선을 한눈에 사로잡고, 국내에서 기사를 기다리는 부서장 등 선배들에게 좋은 인상을 주기 위하여 멋진 소재와 세련된 기사를 얻어내기 위해 최선을 다한다. 이 때 가장 쉽고도 효과적인 방법은 스타 선수를 인터뷰하는 일이다. 당시 한국 올림픽 축구대표팀의 인기 선수는 서정원·곽경근·노정윤·이임생 등이었다. 이들 가운데 서정원·노정윤·이임생 선수는 나중에 대한민국 굴지의 스타가 되어 월드컵 무대를 밟는 영광을 누렸다.

필자는 서정원 선수와 곽경근 선수를 골라 인터뷰하였다. 그런데 그 방법이 몹시 비상식적이고 강압적이었다. 요즘의 기준에 비추어 본다면 있을 수 없는 일을 콸라룸푸르에서 벌인 셈이다. 필자는 이른 아침 사진 기자와 함께 그들이 묵고 있는 호텔에 찾아갔다. 그리곤 곧바로 서정원 선수와 곽경근 선수가 묵는 방의 문을 두드린 다음(그 다음 기척을 기다리지 않고 문을 밀고 들어갔지만) 그들을 깨워 호텔 지붕으로 데려갔다. 선수들은 아무 불평 없이 취재에 응했다. 서정원 선수는 즐거운 표정까지 지으며 이것저것 묻고 농담을 하기도 했다. 필자와 사신기자는 선수에게 경기를 앞둔 각오와 같은 몇 가지 틀에 박힌 질문을 하면서 사진을 찍었다. 불편한 동작이 많이 들어간 '연출 사진'이었다. 선수들이 아침 식사도 하기 전에 침대에서 일어나 하기에는 적당하지 않았다는 생각이 든다. 기사와 사진을 묶어 오전 기사를 전송하고 아침 식사를 마친 다음 올림픽대표팀의 훈련장에 나갔다. 훈련 분위기는 평소와 다름이 없었다. 그러나 훈련이 끝난 다음 점심 식사를 하는 자리에 축구협회의 직원이 찾아왔다. 그는 완곡한 어조로 크라머 감독이 몹시 화가 났으며, 다시 이런 일이 재발할 경우 정식으로 문제를 삼겠다고 했다는 말을 전했다. 당시 필자의 솔직한 심정은 '상식을 벗어난 취재를 했으니 참으로 미안하고 다음부터는 그러지 말아야겠다.'는 반성과는 거리가 멀었다. 심한 불쾌감, 그리고 "싹수머리 없는 외국인 코치가 어디다 대고 이래라 저래라야? 내일 한번 더 해야겠구만. 노정윤이를 할까?" 같은 오기 어린 심사에 사로잡혔다.

필자는 잘못을 인정하고 사과하는 대신 함께 출장을 간 타사의 동료 기자들에게 이 사실을 알렸다. 그들의 반응은 한결같았다. "싹수없다.", "혼을 내줘야겠다.", "기자가 취재하는데 감독이 왈가왈부하게 방치해서는 안 된다." 대충 이런 식이었다. 당시 한국은 콸라룸푸르에서 벌어진 4경기를 모두 이겼고, 이듬해 1월 같은 장소에서 열린 최종예선에서도 3승 1무 1패를 기록해 바르셀로나로 가는 티켓을 따냈다. 크라머 감독이 좋은 성적을 거두었기에 망정이지, 그러지 못했다면 한국의 언론이 그를 그냥 두지 않았을 것이다. 물론 크라머 감독은 한국 축구계와 언론의 집요한 배척을 견디지 못하고 얼마 지나지 않아 감독에서 고문(또는 총감독)으로 밀려났다. 최종예선이 끝난 다음에는 올림픽 팀에서 완전히 손을 뗐다. 선수들이 그를 '할아버지'라고 부르며 100% 신뢰하고 사랑했지만 그런 점은 고려되지 않았다.6) 필자의 경우에는

---

6) 훗날 지도자로 성장한 크라머 감독의 애제자 서정원·김귀화 씨 등은 그들에게 가장 큰 영향을 준 지도자로 크라머 감독을 꼽기도 하였다. 특히 서정원 씨는 2007년 8월

콸라룸푸르에서의 불쾌감에도 불구하고 크라머 씨의 인격과 능력은 신뢰했기에, 그의 퇴진을 기분 좋게 바라보지는 못했다. 그리고 오랜 시간이 지난 다음 필자는 당시에 혼이 나야 할 사람은 크라머 씨가 아니라 필자였으며 콸라룸푸르에서 얼마나 부끄러운 행동을 했는지를 깨닫게 되었다. 그 깨달음을 얻기까지 꽤 긴 시간이 필요했다. 만약 지금이라면 필자는 절대로 그와 같은 방식으로 선수들을 인터뷰하지 않았을 것이다. 또한 선수들도 그런 식의 인터뷰 요구에 절대 응하지 않았을 것이다. 아마도 필자는 많은 비난에 직면했을 것이고, 기자단이나 협회로부터 징계(또는 불이익)를 받았을 수도 있다.

인터뷰 대상자를 존중하라

스포츠 기자는 상식의 기반 위에서 최대한 예의와 인내심을 발휘해야 한다. 특히 스포츠 분야의 취재원들은 미디어 인터뷰에 익숙하지 않은 경우가 적지 않다. 대학 초년생 선수, 또는 프로나 실업팀의 새내기 선수들은 언론과의 접촉 기회가 많지 않았을 것이기 때문에 상당히 위축되고 경직된 자세로 인터뷰에 응할 가능성이 크다. 이럴 경우 스포츠 기자들은 답답함을 자주 느끼고 때로는 강요하는 듯한 강압적이서나 진술을 빼앗아내는 듯한 질문으로 상황을 더욱 악화시키는 수가

12일 '이데일리'와의 인터뷰에서 크라머 감독과의 만남을 '신선한 충격'이었다고 표현하였다. 그는 크라머 감독이 "지도 방식, 훈련 스타일 등 모든 게 국내 지도자들과 너무 달랐고 실력은 물론 선수들을 감독에게 빠져들게 하는 뭔가가 있었다. 선수들의 심리적인 부분을 세밀하게 파악해서 그들이 가진 것을 최대한 이끌어 내는 능력이 탁월했던 것 같다."고 기억하였다.

있다. 그러므로 『스포츠 기자 핸드북』이 소개하는 유진 웹(Eugene J Webb)과 제리 샐러닉(Jerry Salancik)의 언급은 유의해 읽어둘 만하다. 이들이 함께 연구해 1966년에 공동 명의로 발표한 저널리즘 관련 논문(「The Interview, or The Only Wheel in Town」)의 첫 장(The art of the interview)에서, 인터뷰 대상자가 답변을 하는 데 여러 가지 문제가 있을 수 있다고 지적하면서 네 가지 경우를 예로 들었다.

> 첫째, 잠재적 소스인 인터뷰 대상자가 원하는 정보를 모르고 있을 수 있다. 둘째, 소스인 대상자가 원하는 정보를 알고 있고 밝힐 뜻도 있으나 그것을 제대로 표현할 능력이 없을 수도 있다. 셋째, 소스인 대상자가 의향은 있으나 밝히기를 원하지 않을 수도 있다. 넷째, 소스인 대상자가 의향은 있으나 필요한 정보를 잊어버려서 밝힐 수 없는 경우도 있을 것이다.[7]

첫 번째의 경우라면 달리 방법이 없다. 최선은 인터뷰 대상자와의 대화를 통하여 대안을 찾는 일이다. 인터뷰 대상자는 기자가 자신을 통해 알고 싶어 한 내용을 알 만한 다른 취재원을 생각해 낼 수도 있다. 기자가 대화 도중에 다른 누군가를 만나 물어보면 되겠다는 영감을 얻는 수도 있을 것이다. 질문의 방향을 전환하여 원하는 정보의 윤곽만이라도 파악하거나 대화중에 떠오른 다른 의문과 궁금증, 호기심을 풀어볼 수도 있다. 이런 방법으로 낭패라고 생각했던 상황에서 망

---

7) Webb & Salancik, 1966, p.3.

외(外)의 소득을 얻는 경우도 허다하다. 아무튼 어떤 경우에라도 원하는 정보를 말할 수 없는 인터뷰 대상자를 상대로 역정을 내거나 인격적으로 모욕을 해서는 안 된다. '그런 것도 모르느냐'고 짜증을 내는 기자는 빈곤한 정보 수집 능력 때문에 인터뷰 대상자를 잘못 정한 자신을 먼저 꾸짖는 것이 옳다.

"왜?"

스포츠의 현장에서는 예측하지 못한 일이 빈번하게 발생한다. 스포츠 기자는 경기 취재를 자주 하게 되는데, '각본 없는 드라마'라는 표현이 말해 주듯 경기의 결과는 예측하기가 어렵다. 축구 경기를 취재할 때, 전반을 2 : 0으로 앞선 팀이 후반에 세 골을 내주고 역전패하는 경우가 흔하다. 축구 경기 흐름은 다양한 이유 때문에 반전되기도 한다. 선수 교체나 위치 변경, 감독의 작전 변경, 예상치 않았던 중심 선수의 부상 등은 갑작스럽게 경기 내용을 뒤바꾸는 주요 요인이다. 또한 승리를 낙관한 한쪽 팀의 선수들이 전염병에라도 걸린 듯 느슨한 플레이를 하다가 경기의 주도권을 상대팀에 넘겨주고 그 기세에 밀려 속절없이 역전패를 당하는 예가 허다하다. 이런 경기를 보도할 때, 기자는 경기의 흐름을 정확하게 기사로 작성해 독자에게 전달해야 할 뿐 아니라 그 이유도 설명할 수 있어야 한다. 기자가 상당한 수준의 전문적 식견을 가지고 있다고 해도 일방적인 분석으로 기사를 시종한다면 설득력 있는 기사가 되기도 어렵거니와 기사의 충실함과 입체감, 생동감 등 고급한 기사의 조건을 갖추기 어렵게 된다. 따라서 그 날 경기를 한 선수와 감독, 주변 전문가들의 시각을 반영할 필요가 있다. 이 경우에 질문은 구체적이어야 하고, 그 원인을 알아내기 위해 '왜'라는 질문을 던져야 함은 당연하다. 예를 들어 '갑'이라는 팀의 선발 멤버로 출장해 잘 뛰던 A라는 선수가 다른 선수와 교체돼 나갔다고 하자. 기자는 아주 뛰어난 식견을 갖추지 않았더라도 A가 빠진 뒤 '갑' 팀이 고전했다는 사실을 알 수 있다. 하지만 왜 그랬는지를 정확하게 알기는 어렵다. 설령 알았다고 하더라도 독자가 납득하고 공감할 수 있는 기사를 쓰기 위해서는 입체적인 설명을 더할 필요가 있다. 이 때 가장 중요한 절차가 경기에 출전한 선수나 감독과 하는 인터뷰이다. 기자는 마땅히 감독에게 '왜'냐고 물어야 한다. 왜 A를 교체해 불러들였는지, 뭐가 문제였고 왜 그런 문제가 생겼다고 생각했는지, 나아가 왜 A가 그런 문제의 원인이었다고 생각했는지 물어야 하는 것이다. 또한 '갑' 팀의 선수들은 이 같은 감독의 판단에 대해 어떻게 생각하는지도 알아 둘 필요가 있다. 당장 기사로 옮기지 않더라도 긴 호흡으로 '갑' 팀의 상황을 주목하면서 나중에라도 이때의 인터뷰 내용을 참고할 기회가 있을지 모른다. 펜시는 이렇게 설명하고 있다.

> 인터뷰 대상자가 자신의 입장이나 신조, 중요한 선택 등에 대해 설명하도록 해야 한다. 왜 그렇다고 믿는가? 이번이 선수로서 가장 좋은 기량을 발휘한 최상의 시즌이었다면 그 이유는 무엇인가? 이 팀이 지난해보다 나은 실적을 보인 이유는 어디에 있는 것인가? 자신의 코치 방식이 상대팀보다 낫다고 믿는다면 그 이유는 무엇인가? 이처럼 이유를 캐묻는 질문 외에도, 어떻게 해서 그렇게 되었는지 과정을 확인

하는 질문도 역시 중요하다. 프로 선수들은 쉽게 흥분하거
나 지나치게 과묵한 성격 탓으로 어떤 결과가 빚어진 이유
를 정확하게 설명하지 못하는 경우가 있다. 가령 독특한 골
프 스윙이나 트레이드 마크처럼 된 특정한 스타일을 몸에
익힌 이유나 또는 특정한 시점에서 특정한 플레이를 펼친
이유 등을 제대로 설명하지 못하는 것이다. 그럴 때는 이렇
게 묻는 것이 효과적일 것이다. "당신의 스윙 폼을 나에게
한 번 보여 달라…… 그때 어떻게 했는지 한번 시범을 보여
달라…… 어떻게 해서 그렇게 하게 되었는가?" 상대방의 시
범을 살펴보면 그가 설명하지 못하는 이유를 알아내는데 도
움이 될 수 있다.[8]

스포츠 기자의 주소록은 두꺼워야 한다

모든 기자는 유목민이기도 하고 농민이기도 하다. 언제나 새로운 이
슈를 좇아 끝없는 길을 걸어가야 하는 존재인 동시에 기자라는 숙명으
로부터 자유로울 수 없다. 그런데 스포츠 기자는 사회부 기자와 달리
사막의 오아시스에 고립된 것 같은 느낌에 자주 사로잡힌다. 무슨 뜻
이냐 하면, 취재 범위 안에 있는 인물과 환경에 변화가 적다는 것이다.
종목의 차이는 있을지언정 스포츠 기자가 취재하는 대상은 사건을 취
재하는 사회부 기자의 취재원처럼 변화무쌍하지 않다. 스포츠 기자가
낯선 인물을 취재하게 되는 경우는 새롭게 스포츠 분야에 발을 들여놓
은 관계자들이나 외국인을 인터뷰할 때뿐이다. 이번 달에는 입시 부정

---

8) Fensch, 1997, p.20~21.

을 파헤치고 다음 달에는 빈민촌의 실상을 르포하는 사회부 식의 수렵형 취재는 스포츠 기자에게 흔히 주어지는 임무도 아니고 기회도 많지 않다. 이런 이유로 인해 스포츠 기자는 취재원들에 대해 상당히 시시콜콜하게 알게 되고 이 세세한 이해가 때로는 취재를 어렵게 만드는 경우도 있다. 취재원과의 인간관계는 아주 미묘한 것이다. 그러나 스포츠 기자가 인터뷰를 함에 있어 세세한 부분에 대해서도 소홀해서는 안 된다는 진리에는 변함이 없다. 취재원의 주소와 전화번호, 이메일 주소 같은 연락처는 언제나 가장 최근의 것으로 정리되어 있어야 한다. 늘 만나는 취재원이라 하더라도 그 때마다 확인해 두는 것이 좋다. 성공한 사람들을 취재하다 보면, 그들이 가진 기자의 명함이 기자가 가진 그들의 명함보다 많다는 사실을 알게 될 것이다. 연락처의 용도는 다양하다. 새 기사를 취재하기 위한 인터뷰 때도 필요하지만 인터뷰를 마친 다음 부족한 부분을 보충하거나 인터뷰를 기획할 때와는 다르게 변한 주변 상황 또는 인터뷰 대상자의 신변 변화가 있을 때도 반드시 인터뷰를 보충하고 기사를 수정해야 할 경우가 흔히 있기 때문이다. 솔직히 말해 두세 가지 보충 질문 때문에 인터뷰 대상자를 다시 찾아가야 한다면 몹시 귀찮고 수고로운 일이다. 이런 수고를 아끼려면 인터뷰 대상자의 전화번호를 알아 두어야 한다. 공개되지 않은 전화번호라면 다른 사람에게 알리지 않겠다고 약속해야 하고 또 그런 약속은 지켜야 한다.

여러 사람에게 시시콜콜 물어라

인터뷰를 할 때 인터뷰 대상자 한 사람만 인터뷰하는 일은 매우 게으른 행동이다. 할 수만 있다면 보다 많은 사람을 접촉하여 입체적인 정보를 확보해 두어야 한다. 고등학교 졸업반 선수 가운데 아주 전도가 유망한 선수가 있다면, 그 선수만 인터뷰하는 것으로는 부족하다. 그를 선수의 길로 들어서게 한 지도자나 담임교사가 있을 수 있다. 공부를 시키는 대신 운동을 시킨 부모의 생각도 들어볼 필요가 있다. 동료 선수들은 그에 대해 어떻게 생각하는지, 현재 지도하는 코치나 감독은 앞으로 이 선수를 어떻게 지도할 것인지, 라이벌 팀의 선수나 지도자는 이 선수를 상대로 경기할 때 어떤 어려움을 겪을 수밖에 없는지, 그 이유는 무엇인지 등 기자가 물을 수 있고 물어야 할 항목은 일일이 헤아리기조차 쉽지 않다. 그러나 어떤 경우에라도 그 선수만 달랑 불러내어 그 날 경기를 마친 소감을 묻고 앞으로의 포부나 들은 다음 인터뷰를 마무리하는 일은 없어야 한다. 그 선수가 지닌 가능성이 크고 깊고 다양한 만큼 인터뷰 내용과 방식도 다양해야 하는 것이다. 다음의 기사를 읽어 보자.

우리 나이로 일흔. 손자 재롱 보는 낙으로 살 나이다. 그런데 이 할아버지, 울긋불긋한 옷을 입고 손자뻘 되는 청춘들과 함께 노래를 부르고 함성을 지르는 낙으로 산다.

장종수 씨(69)는 축구판에서 인정하는 '국내 최고령 서포터'다. 프로축구 FC 서울의 공식 서포터스 모임인 <수호신>

회원인 그는 지난 5년간 FC 서울의 경기를 한 번도 빠지지 않고 경기장에서 봤다. 상암동 서울월드컵경기장에서 열리는 홈 경기는 물론이고, 대구·부산·광주에다 바다 건너 제주까지 원정 서포팅에 빠지는 법이 없다. 이뿐만 아니다. 2006년 독일 월드컵 이후 국가대표팀 경기는 국내와 해외를 막론하고 개근했다. 물론 6월 12일 개막하는 2010 남아공 월드컵에도 그는 태극전사를 응원하러 간다. 그에게 축구는 여가가 아니라 삶 자체다.

장 씨는 지난 23일 광주월드컵경기장에서 열린 프로축구 FC 서울과 광주 상무의 경기를 다녀왔다. 단관(단체관람) 버스를 타고 내려가 경기를 보고 다시 버스로 올라왔다. 집에 도착하니 새벽 3시였다. 간단히 샤워를 하고 옷을 갈아입은 후 김포공항으로 출발했다. 도쿄행 비행기를 타기 위해서였다.

24일 밤 한·일전이 열린 사이타마 스타디움에서 그는 1000여 명의 한국 응원단과 함께 목청이 터져라 "대~한민국"을 외쳤다. 경기도 2 : 0으로 기분 좋게 이겼고 응원에서도 대한민국은 6만의 일본 응원단을 압도했다. 밤늦게 숙소로 돌아온 그는 잠깐 눈을 붙인 뒤 아침 일찍 나리타 공항으로 출발했다.

"힘들지 않으십니까."라고 물었다. "물론 힘들지요. 그런데 우리가 이겼잖습니까. 이기고 나면 엔도르핀이 마구 솟아나는지 피곤한 줄도 몰라요. 며칠 동안 골 장면이 눈앞에 어른거려 실없이 웃곤 합니다. 물론 경기에 지면 며칠간은 잠을 청하기가 어렵죠."

장 씨는 축구 응원이 매우 강한 중독성이 있다고도 했다. 해외 원정은 무박 2일, 심지어 무박 3일의 강행군일 때가 많다. 중동이나 중앙아시아 원정 경기의 경우 밤새 비행기를 타고 10시간 가까이 날아가 현지에 도착, 간단히 요기를 한 뒤 경기장으로 가서 현수막을 펼치고 응원 준비를 한다. 경기가 끝나자마자 공항으로 출발해 다시 밤 비행기를 타야 한다. "비행기 안에서 몇 시간씩 꼼짝 없이 좁은 좌석에 앉아 있는 것도 힘들고, 무거운 장비를 들고 이동하는 것도 쉬운 건 아니지요. 응원을 마치고 나면 몸이 녹초가 되는 경우가 많아요."

'왜 이 고생을 사서 하나.' 싶은 생각이 들다가도 경기 날짜가 돌아오면 '이거 내가 안 가면 안 되는데.' 하면서 주섬주섬 응원 장비를 챙기게 된다는 것이다. 장 씨는 "누가 돈을 주고 이 일을 하라고 하면 몇 백만 원을 준다고 해도 못할 겁니다. 내가 좋아서, 안 가면 안 될 것 같아서 하는 거죠."

그는 서포팅이 건강에도 좋다고 예찬론을 폈다. "젊은 친구들과 함께 두 시간 내내 서서 발을 구르고 소리를 지르며 박수를 치면 운동량이 상당합니다. 집에 있는 것보다 이렇게 밖에 나와서 여러 사람들과 함께 응원하다 보면 스트레스도 풀리고 정말 좋다니까요."

50년 넘게 서울에서 살고 있는 장 씨는 TV가 없던 시절 라디오로 축구 경기를 들으며 경기 장면을 상상하던 축구광이었다. 1950년대부터 A매치를 보러 다녔다는 그는 당시 최고의 센터포워드 최정민 선수의 플레이를 생생하게 기억한다. "그때는 선수들이 헤딩하는 법도 제대로 몰랐죠 무조건 공을 높이 멀리 차면 좋은 줄 알았으니까요. 그런데 최정민 선수는 공 다루는 솜씨가 확실히 달랐어요. 그 선수가 골을 넣을 때마다 관중이 엄청나게 환호했던 기억이 납니다."

1983년 프로축구가 생기면서 그는 축구에 대한 목마름을 해소할 수 있었다. 매주 열리는 프로축구 경기를 보기 위해 전국 방방곡곡을 다녔다. 그러다가 '최정민의 데자뷰'를 만났으니 그가 바로 박주영(25·AS 모나코)이었다.

"2004년 10월 말레이시아 쿠알라룸푸르에서 열린 아시아 청소년축구대회 결승에서 박주영 선수가 중국 선수 다섯 명을 올챙이 몰듯 몰고 다니다가 골을 넣었잖습니까. 그 장면을 보고 심장이 뛰었어요. '야, 우리나라에도 저런 선수가 나왔구나.' 감탄을 하면서 곧바로 팬이 됐죠."

박주영이 2005년 FC 서울에 입단하면서 장 씨는 서포터스로 가입해 활동하게 된다. A매치 해외 원정을 따라 나서게 된 것도 박주영이 국가대표로 활약하면서부터다. 그래서 그의 별명은 '주영이 할아버지'다.

"주영이 사진을 티셔츠에 커다랗게 인쇄해서 입고 다녔더니 지나가던 사람들이 수군수군 하더라고요. A매치 때는 주영이 걸개그림을 경기장에 걸려고 하다가 못 하게 막는 사람들과 승강이도 많이 했어요."

박주영이 AS 모나코에 입단한 뒤 아랍에미리트(UAE) 두바이에서 A매치가 열렸다. 장 씨는 어렵게 구한 AS 모나코 유니폼을 입고 응원을 했다. 그걸 본 박주영이 달려와 "할아버지 언제 오셨어요. 그 유니폼은 어디서 사셨어요."라며 반가워서 어쩔 줄 몰라 하더란다.

장 씨의 휴대전화에는 귀여운 박주영 캐릭터가 그려진 휴대전화 고리가 달려 있다. 그는 자비로 '박주영 핸드폰 고리'를 2000개 구입했다. 경기장에 박주영 유니폼을 입고 오는 아이들에게 우리 주영이 응원 많이 해줘."라며 하나씩 나눠 준다.

우리 사회에는 '나이에 맞게 행동해야 한다'는 암묵적 통념이 있다. 젊고, 튀고, 활동적인 행동을 나이든 사람이 하면 당장 '체신머리 없다'는 싸늘한 반응이 돌아온다. 장 씨도 처음 서포터 활동을 할 때 고민이 많았다고 한다. "나처럼 나이 많은 사람이 울긋불긋한 유니폼 입고 설쳐대면 주위에서 뭐라고 할까, 젊은 사람들과 제대로 어울릴 수는 있을까 걱정이 많았죠. 그런데 우리 회원들이 '열정만 있으면 됩니다.'라고 용기를 주더라고요. 그래서 시작하게 됐죠."

지방으로, 해외로 축구 경기를 보러 쫓아다니는 그를 두고 '돈 많고 여유 있는 노년'이라 짐작할 수도 있겠다. 장 씨는 젊은 시절 의류 사업과 레스토랑 운영 등으로 돈을 좀 벌긴 했다. 하지만 가정사는 순탄하지 않았다. 20여 년 전 부인과 사별했고, 지난해는 유일한 혈육인 딸도 먼 나라로 떠나보냈다. 지금은 서울 변두리에서 강아지 한 마리와 함께 산다. 외로움을 쫓아버리려고 더욱 축구에 매달리는지도 모른다.

장 씨는 "우리 세대는 먹고살기 바빠 젊었을 때 자신만의 취향이나 취미를 가질 엄두를 못 냈죠. 그래서 젊은 층과 틈새가 더 벌어졌는지도 모르지요. 하지만 지금 40~50대들이 노년이 되면 지금과는 많이 다르겠죠."라고 말했다.

그는 '클린 서포팅'을 지지한다. 축구 응원 문화가 지나치게 과격해지는 건 좋지 않다는 것이다. 그는 FC 서울 유니폼을 입고 라이벌 팀 구장에 갔을 때 손자 같은 상대 서포터로부터 험한 욕을 듣기도 했다고 한다.

"우리 팀에 불리한 판정이 나왔을 때 '심판 눈 떠라'고 하는 정도는 애교로 봐줄 수 있죠. 그런데 상대 팀이 조금 거친 플레이를 했다고 해서 '그 따위로 축구 하려면 나가 뒈져라' 노래를 부르는 건 아니라고 봐요. 축구장에는 가족 단위로 오는 분도 많잖아요."

장 씨는 6월 10일 남아공 출발을 앞두고 마음이 설렌다. 홍콩을 거쳐 남아공까지는 20시간이 넘는 여정이지만 두렵지 않다. 현지 치안이 워낙 불안하니 몸조심하시라는 권고에도 "다 사람 사는 곳 아니겠어요. 단체로 움직이면서 돌출

이 기사를 쓴 기자는 젊은이들 못잖은 열정을 가지고 축구 대표 팀 응원을 다니는 69세의 축구 애호가 장종수 씨를 인터뷰했다. 잘 정리된 기사이다. 인터뷰는 오직 장종수 씨만을 대상으로 했다. 우리는 이 인터뷰 기사를 통해 장종수라는 개인이 얼마나 축구에 빠져 지내는지 알 수 있다. 축구광이 된 동기도 알 수 있고, 축구 응원을 다니는데 어떤 노고가 필요한지도 잘 알 수 있다. 그렇지만 69세의 나이로 10대 또는 20대가 대부분일 듯한 축구 응원단에 끼여 응원하는 일은 예사롭지 않다는 점에서 주변에 그의 모습이 어떻게 비치는지, 젊은이들과 어울려 응원을 다니고 관중석에서 함께 응원하면서 겪게 되는 부조화나 갈등 같은 것은 없는지, 요컨대 밖에서 장종수 씨를 바라보는 시각과 그 시각에서 본 장종수 씨의 실루엣은 전혀 알 수가 없다. 이 같은 부분을 약점으로 지적할 수는 없다. 왜냐하면 사실 이 기사에서 기자는 장종수 씨 개인의 삶과 내면을 보여주는 것만으로도 69세 베테랑 서포터의 펄펄 끓는 듯한 체온을 충분히 실감할 수 있다고 판단했을 수도 있다. 그러나 기자가 본 장종수 씨의 모습과 10대 또는 20대 축구광이 바라본 모습은 같지 않을 것이다. 다음의 기사는 어떨까.

---

9) 중앙SUNDAY, 2010. 5. 30.

'칭기즈칸의 나라' 몽골에서 온 소년들이 한국에서 농구 선수의 꿈을 키워가고 있다.

동국대 농구팀의 이성(19)과 이용(18)은 몽골 출신이다. 이들의 외모는 함께 뛰는 동료들과 다를 바 없다. 그러나 이들은 한국에서 나고 자란 농구 선수들과는 다른 사연을 갖고, 또 다른 꿈을 안은 채 땀을 흘리고 있다.

3일 동국대 체육관에서 이용을 만났다. 대부분의 운동 선수가 훈련 도중 잠시 인터뷰를 하면 "훈련에서 빠지게 이야기 좀 오래 하면 안 되느냐."고 애교 섞인 '민원'을 넣기 일쑤인데, 이용은 다소 어눌한 한국말로 또박또박 대답을 하면서도 연신 코트만 바라봤다. 몇 마디 나누지 않았는데 '이제 훈련하러 가도 되느냐'는 눈빛이었다. 서대성 동국대 감독은 "이용과 이성 모두 농구에 대한 열정이 있고 뚜렷한 목적이 있는 게 남다르다."고 말했다. 이날 이성은 할아버지가 위독하다는 소식을 듣고 며칠간 몽골에 다녀오느라 자리를 비운 상태였다.

이용은 '연습생' 신분이다. 아직 한국 국적을 취득하지 못해서다. 2007년 한국에 온 그는 2010년까지 만 3년 이상을 거주해야만 한국 리그에서 뛸 수 있는 자격을 갖추게 된다.

한국 국적을 따려면 만 5년 이상 거주해야 한다. 현재 대진고 2학년 신분인 이용은 2011년 동국대에 입학하면 그때부터 대학리그에서 뛸 수 있다. 아직 경기에 나설 수 없지만 그는 동국대에서 함께 훈련하고, 또 경기를 지켜보면서 연일 땀을 흘리고 있다.

이용은 키가 1m 97㎝나 되지만 빠르고 유연하다. 아직 연습생이라 유니폼 상·하의의 번호도 다르다. 그러나 2년 후면 프로팀 스카우트의 시선을 사로잡을 재목이다.

　서 감독은 이용의 가능성을 높이 평가했다. 그는 "용이가 정식으로 한국 무대에서 뛰려면 아직 2년이 더 필요하다. 그동안 여유 있게 여러 가지를 더 가르칠 수 있을 것 같다. 한국 문화에도 빨리 적응하고 있다."고 말했다. 이용은 키가 1m 97㎝라 센터로도 뛸 수 있는 신장이지만 스피드가 있고 드리블과 슛을 좋아하기 때문에 다양한 포지션을 소화할 수 있을 것으로 보인다. 서 감독은 "장신 가드나 슈터로 키운다면 더 큰 경쟁력이 생길 것."이라고 말했다.

　이용은 "프로 선수가 되고 싶다. 김승현(오리온스)의 화려한 플레이를 제일 좋아한다."면서 "한국에서 농구도 잘하고 돈도 많이 버는 게 꿈."이라고 웃었다. 아직 경제적으로 크게 발전하지 못한 몽골에서는 한국 프로농구 선수가 받는 연봉(1군 최저연봉 3500만원)이 큰돈이다.

　부모가 모두 몽골 사람인 이용과 달리 이성은 어머니가 중국동포라 귀화 과정이 좀 더 수월했다. 이성은 2006년 한국에 와서 2007년 한국 국적을 취득했다. 그는 강원사대부고를 거쳐 올해 동국대에 진학했다.

　이성은 고교 시절부터 미리 주목받았다. 키 1m 98㎝의 포스트 플레이어로, 미들슛과 리바운드가 좋다. 그는 지난해 강원사대부고에서 뛸 때 약체로 평가됐던 팀을 전국체전 8강에 올려놓으며 농구인들 사이에서 이름이 오르내리기 시작했다.

　이성은 프로에서 자리를 잡은 후 몽골에 있는 어머니와 남동생을 한국으로 불러 함께 사는 게 꿈이다. 그는 몽골의 수도 울란바토르에서 기차로 14시간이나 떨어진 산샨드시 출신이다. 일곱 살 때 아버지가 세상을 떠난 뒤 계속 집안 형편이 넉넉하지 못했다고 한다. 농구를 곧잘 하던 이성은 몽골 대표팀 감독을 맡고 있는 박성근 전 성균관대 감독의 눈에 들어 한국땅을 밟게 됐다. 2007년 한국으로 건너 올 때 "꼭 성공해서 다시 만나자."며 어머니와 함께 펑펑 울었다고 한다. 꼭 성공하겠다는 뜻으로 이름도 '성(成)'이라고 지었다.

몽골에서는 농구가 국민적인 인기를 얻고 있다. 자국 프로리그는 없지만 열악한 환경에서도 누구나 농구를 직접 즐긴다. 한적한 평원에서 양을 치던 소년들이 나무 줄기에 철사로 림을 만들고, 짚 같은 재료를 이용해서 만든 공으로 골을 넣는 게임을 즐기는 게 다반사다. 이런 풍경들은 이성과 이용이 한국으로 오는 데 다리를 놓았던 박성근 감독이 전한 이야기다. 서대성 감독은 "유목민의 후예라서 그런가. 정말 자유분방하더라."고 웃으면서 "몽골에서 했던 것과는 비교도 안 될 만큼 고된 훈련에 많이 힘들어하고 있다. 이런 생활에 적응을 하도록 만들어야 한다."고 말했다.

서 감독은 이들에게 갖가지 벌을 주면서 규율에 적응하도록 만드느라 애를 먹었다고 했다. 이성과 이용이 가장 무서워하는 벌은 '휴대전화 압수'다. 여느 학생들과 다를 바 없다.

한국 생활에 적응하는 게 쉽지 않지만 몽골 출신의 친구와 함께 있다는 게 큰 의지가 되고 있다. 이들은 꾸중을 듣거나 경기가 잘 안 풀리는 날이면 숙소 옥상에 올라가 "잘해 보자."고 서로를 위로하곤 한다. 몽골의 가족과 친구들이 보고 싶을 때는 PC방에서 E-메일을 보내며 향수를 달랜다고 했다.

꿈을 이야기할 때는 진지해도 좋아하는 음식과 연예인 이야기를 할 때면 천진난만하게 활짝 웃는 게 영락없는 10대 소년이다. 이용은 좋아하는 음식을 묻자 "카레와 삼겹살이다. 내가 좀 많이 먹는다."면서 밝게 웃었다. 동국대 관계자는 "내륙 지방인 몽골 출신이라서 그런지 육류를 무지 좋아

한다. 반면 생선회는 입에도 못 댄다."고 전했다.

이용은 좋아하는 연예인을 묻자 "손담비"라고 대답하면서 수줍게 웃었다. 몽골에서 한국 드라마의 인기가 높은데, 이용은 그중에서도 <미안하다 사랑한다>를 제일 재미있게 봤다고 했다.

이용은 요즘 하이틴답게 장난기가 가득하다. 그의 누나는 올해 스물여덟로, 몽골항공사에서 승무원으로 일한다. 이용이 한국에 올 때 뒷바라지를 해준 은인이 있다. 홍대부고와 동국대에서 농구를 하다 출가한 성국 스님이다. 성국 스님 때문에 불교 재단인 동국대와 인연이 닿았다. 성국 스님은 "하루는 '나도 싱글이다. 누나를 소개해 달라'고 농담을 했더니 숨도 안 돌리고 '누나는 나이 차가 커서 안 되고, 어머니는 소개해 줄 수 있다'고 하더라."며 껄껄 웃었다.

몽골에서는 한국을 '솔롱고스'라고 부른다. '무지개의 나라'라는 뜻이라고 한다. 이성과 이용은 오늘도 '무지개의 나라'에서 프로 선수가 되는 꿈을 꾸고 있다.[10]

먼 나라 몽골에서 온 청년들이 한국의 한 대학교 농구팀에서 운동하며 미래를 향해 꿈을 키운다는 기사는 소재 자체가 흥미롭다. 기자는 이 선수들을 인터뷰하면서 주변 인물들에 대해서도 충분한 인터뷰를 함으로써 기사의 내용을 풍요롭게 받쳐 내고 있다. 서대성 동국대 농구부 감독, 아마도 체육부 직원일 '동국대 관계자', 몽골에서 일하면서 이들을 한국에 소개한 박성근 전 성균관대 농구부 감독, 이들이 한국에 올 때 뒷바라지를 해준 성국 스님 등을 인터뷰했다. 아마 이 기자는

---

10) 중앙SUNDAY, 2009. 9. 6.

가능하기만 했다면 몽골에 있는 두 선수의 부모도 인터뷰했음직하다. 아무튼 취재 기자 입장에서 코멘트를 들어볼 만한 대부분의 인물들을 인터뷰했다. 함께 뛰는 동료 선수들과 농구 전문가들의 평가를 곁들였다면 금상첨화였겠지만 아쉽게도 빠졌다. 다채로운 인물을 인터뷰함으로써, 농구로 성공하기를 꿈꾸며 한국에 온 몽골 청년들의 삶은 아주 입체적으로 독자들에게 제시되었다. 크고 작은 에피소드들은 청년들의 내면을 들여다보게 해주고, 감독의 말은 이 선수들이 가진 가능성의 크기를 짐작하게 해준다. 어떤 경우에라도 인터뷰 대상자 뿐 아니라 그 주변에 대해서도 폭넓게 인터뷰해 두는 자세는 기자가 좋은 기사를 쓰는 데 결코 불리하지 않은 환경을 제공한다. 시간과 여건이 허락한다면, 인터뷰 대상자의 주변을 샅샅이 뒤져 한 마디라도 들어 두는 것이 좋다. 그러면 기사를 쓰는 데 부족함이 없을 정도로 충분하고도 충실한 인터뷰를 했는지 어떻게 알 수 있을까. 방열 교수는 『스포츠 보도론』에서 펜시의 책을 인용하여 다음과 같은 요령을 제시하였다.

> 이런 의문이 제기될 수 있다. 큼직한 기사를 쓰기에 충분한 정도의 인터뷰를 했다는 사실을 어떻게 확인할 수 있는가? 이에 대한 이상적인 답변은 '한 바퀴 완전히 돌 때까지' 인터뷰를 하라는 것이다. 우선 인터뷰를 할 때마다 상대방에게 "내가 또 누구를 만나야 하는가?" 하고 질문을 던진다. 비중 있는 기사를 쓰기 위해 A를 인터뷰하고 A가 B, C, D를 만나야 한다고 말한다면 A를 둘러싼 주변 인물과의 인터뷰는 완전히 한 바퀴 돈 셈이 된다. 이쯤 되면 일화 같은 것도 같은 내용을 되풀이 듣게 된다. 기사를 쓰기 시작할

같은 편이 되려 하지 마라

'응원단장 같은 말투로 질문하지 마라'는 열 번째 충고는 '많은 취재
원들이 기자가 자신들의 편이 되어주기를 기대한다는 사실을 인식하
라'는 열한 번째 충고와 관련이 있을지 모른다. 펜시는 '응원단장 같은
말투로 질문하지 마라'는 충고를 하면서, "가령 '정말 멋진 게임이었죠?'
라는 식으로 질문을 던진다면 '네'라는 답변 밖에 나올 것이 없다. 이런
답변이야말로 기사를 쓰는데 거의 도움이 되지 못한다. 질문이 아닌,
말문을 트는 식의 언급이라고 하더라도 이런 투의 첫마디는 서툴고 실
속이 없는 것이다."라고 적고 있다. 조금도 틀림이 없는 말이다. 펜시는
마치 한국의 스포츠 현장을 환히 들여다보고 있기라도 한 듯 이런 충
고를 하고 있다. 프로 스포츠가 인기를 끌면서 프로 구단을 출입하는
기자들은 구단 관계자나 선수단과 친밀한 관계를 유지하기 위해 도에
지나친 스킨십을 시도하는 경우가 있다. 필자는 언젠가 농구 경기를
취재하기 위해 나갔다가 구단 사무실에 들러 차를 마시던 도중에 매우
어처구니없는 대화를 들은 적이 있다. 한 기자가 프로 구단 단장을 만

---

11) 방열, 2001, 128면.

나자 "제가 나오기만 하면 이깁니다. 오늘도 이겼네요. 야, 이거 아주 미치겠네요." 하고 거듭 강조하였다. 그러자 그 단장은 마지못해 입을 열면서 "자주 취재를 나와 주시면 좋죠."라고 대답하였다. 자신이 취재를 하면 홈 팀이 승리한다고 강조한 그 기자는 자신에 대한 주목과 구단의 친근한 태도를 요청했는지 모르지만 구단 관계자 입장에서는 그다지 반갑지 않은 인물일 수도 있다. 심할 경우 뭔가 딴 생각을 하는 이상한 기자 정도로 치부할 수도 있다. 이런 기자는 동료 기자와 구단 관계자들 양쪽으로부터 혐오감을 불러일으킬 소지가 있는 인물이기도 하다.

취재 기자가 인터뷰 대상자와 같은 편이 될 수만은 없다. 정말이지 많은 코치와 일부 선수들은 기자가 그들 편이 되기를 기대한다는 점을 인식해야 한다. 때로는 그러한 그들의 요구가 당연한 권리인 것처럼 여기는 취재원도 있다. 특히 인기 있는 프로 스포츠 관계자들은 그들의 구단이나 클럽하우스를 방문하는 기자들이 그들 편에 서서 취재하고 기사를 작성해 주기를 강력히 희망하고, 또한 당연히 그래야 한다고 생각하는 경향이 있다. 필자의 경우에도 이런 경우는 흔히 경험하였는데, 그 양상은 매우 다양하여 취재 기자가 의식을 못하는 경우도 허다하다. 예를 들어 필자가 1990년에 프로축구를 취재할 때 H구단을 담당하였는데, 그 구단의 모든 담당자들은 필자를 취재 기자기 이니라 구단의 일원 내지는 상담 보조원 정도로 여기는 듯한 인상을 강하게 받았다. 구단의 웬만한 업무 진행 상황이나 주요한 이슈에 대한 판단 내용을 정확하게 알 수 있었으나 모든 내용을 기사로 옮기는 데는 어려움이 따랐다. 주요한 사안들이 자연스럽게 '오프 더 레코드'의 범주

에 포함되거나 거의 자동으로 '엠바고'에 걸리는 듯 한 갑갑함을 자주
느꼈다. 어느 날 필자의 사무실로 전화를 한 H 구단 관계자가 "우리
허진석 기자님 좀 바꿔 주십시오."라고 말했다가 필자의 선배 기자에게
혼쭐이 난 적도 있다. 이 어려움을 극복하는 데 상당한 노력이 필요했
다. 결국 해법은 원칙의 고수에 있었다. 불가근 불가원(不可近 不可遠)의
원칙은 세월이 지나도 변치 않는 가치를 지니고 있다.

　언론에 적대적인 태도를 보이는 스포츠 팀 관계자들도 많다. 펜시는
이럴 경우 스포츠 기자는 다음과 같은 최소한 네 가지 대응 방안을 가
지고 이런 사람들을 상대할 수 있다고 정리하였다. 첫째, 인터뷰에 나
선 취재 기자에게 호전적인 태도를 보일 경우 협상을 벌이는 방법이
있다. 둘째, 코치 대신 보조 코치를 인터뷰하는 방법이 있다. 아니면
본래의 인터뷰 대상자 주변 사람과 인터뷰를 한다. 즉, 일종의 우회 취
재인데 이 방법은 임시변통일 뿐 근본적인 해결 방법은 아니다. 감독
대신 코치와 인터뷰해서 원하는 답변을 얻어 내기도 힘들뿐더러 밀도
높은 기사를 작성하는 데도 제한이 따를 수밖에 없는 것이다. 셋째, 경
쟁 관계에 있지 않은 언론사의 기자와 취재 메모를 교환한다. 이것도
좋은 방법이기는 하지만 취재원이 "내가 언제 당신에게 이런 말을 했
느냐."며 항의할 경우 대답할 말이 많지 않다. 특히 인터뷰는 직접 취
재이기 때문에 기자회견과는 다르다. 취재원도 자신의 인터뷰 내용과
인터뷰에 대해 충분히 숙지하고 확인하려는 경향이 강하므로 즐겨 사
용할 방법은 결코 아니다. 넷째, 코치의 호전적인 태도를 그대로 기사
에 쓰는 것이다. 이 방법은 나름대로 일리가 있고 때로는 효과적일 수
도 있다. 그러나 주의할 점은 기사를 쓸 때 가능한 한 정확하게 다뤄야

한다는 점이다. 그래야만 이 기사로 인해 어려움을 겪게 될 때 기자보다는 그 코치 자신에게 근본적인 책임이 있음이 입증된다.

녹음기 사용법을 숙지하라

현장을 취재하고 주요 선수를 인터뷰할 때 취재 기자를 곤혹스럽게 하는 경우 가운데 하나는 기사가 나간 다음 취재원, 즉 인터뷰 대상자가 전화를 걸어와 예상 못한 항의를 할 때이다. 이럴 때 대부분의 취재원들은 "오늘 아침에 나간 기사 잘 읽었다. 대단히 감사한다. 특히 사진이 참 잘 나갔더라. 그런데 기사에 실린 나의 말은 그 의도가 잘못 해석된 것 같다. 나는 절대 이런 뜻으로 말하지 않았다. 이렇게 쓰면 독자들이 나에 대해 안 좋은 생각을 갖게 될 것이므로 정정기사를 원한다."는 식으로 말한다. 이런 경우에 대비해서라도 신문이나 잡지의 기자들은 비록 방송 기사를 쓰지는 않더라도 녹음기, 보이스 레코더, 비디오카메라, 사진기 등의 기초적인 조작법을 익혀 둘 필요가 있다. 라디오나 TV기자는 대체로 이런 전자기기를 잘 다룬다. 그러나 신문기자는 이런 기기 활용에 익숙하지 못한 편이다. 그러나 신문기자들도 성능 좋은 녹음기를 사용하지 않으면 안 될 상황이 많다. 예를 들어 물의를 빚을 만한 문제를 취재할 때는 녹음 인터뷰가 언급 내용의 정확성을 뒷받침하는 확실한 증거가 될 수 있다. 이런 녹음테이프는 또한 완벽하지는 못하더라도 명예훼손 제소에 대항할 수 있는 신빙성 있는 증거 자료가 된다. 인터뷰 대상자가 '와전됐다'는 식으로 발뺌할 때도 반박할 수 있는 확실한 증거자료 구실을 할 수가 있다. 인터뷰를 일단 녹음해 놓으면 마감시간이 늦춰져 당장 기사화할 필요가 없는 때라도 아무런 문제가 없다. 며칠이나 몇 달 아니 몇 년이 지난 뒤라도 그 내용을 손쉽게 활용할 수 있다.

보이스 레코더나 아날로그식의 테이프를 사용하는 녹음기는 기사의 결점을 보완하는 도구로도 활용할 수 있다. 장문의 기사 초고를 써놓고 보니 너무 단조롭거나 생기가 없고 또 스타일도 마음에 들지 않을 수 있다. 아니면 초점이 분명하지 않거나 스타일 면에서 취약성이 드러날 수 있다. 이럴 경우 초고 내용을 녹음한 다음 가만히 들어보면 보완하거나 다시 써야할 허점이 그대로 드러난다. 인터뷰를 할 때는 일단 녹음기를 준비하고 있어야 한다. 필요할 경우 기자는 녹음기의 활용이 인터뷰를 더욱 정확하고 분명하게 진행하는데 도움이 된다는 점을 충분히 설명해야 한다. 인터뷰 대상자가 녹음기의 사용에 거부 반응을 보인다면 그의 의사를 존중한다. 그러나 그에 앞서 녹음기의 사용이 매우 중요하고 받아 적는 것보다 훨씬 정확하다는 점을 설득해야 한다. 사실 녹음기의 사용을 거부하는 인터뷰 대상자는 많지 않다. 녹음테이프나 파일을 하나 더 복사해 인터뷰 대상자에게 주는 것도 좋은 방법이다. 정확한 인용 보도를 확신시키는 수단이 될 테니 말이다. 사실 한국의 기자들은 녹음기 사용에 대단히 인색한 편이다. 특히 스포츠 기자들은 정도가 심한데, 그 이유는 아마도 경기 현장에서 기사를 작성하여 송고하기까지 허용된 시간이 너무 짧기 때문일 것이다. 필자는 1995년에 미국프로농구의 플레이오프를 취재하기 위하여 휴스턴과 올란도 등지를 방문한 적이 있다. 경기가 끝난 뒤 거의 모든 기자들이 녹음기를 사용하고 있었는데, 당시 필자의 눈에는 매우 생소한 모습이었다. 그들은 기자회견석 앞에 놓인 탁자에 녹음기를 놓아두었다. 자리를 잡지 못한 기자들은 기자회견에 참석한 선수나 감독의 목소리가 흘러나오는 장내 스피커 앞에 녹음기를 가져다 대고 음성을 녹음하기도 하였다. 최근의 취재 현장에서는 녹음기의 사용 빈도가 늘었다. 그 이유는 많은 언론사에서 몇몇 지면이나 보도 공간을 빌어 롱 저널리즘[12]을 추구하면서 인터뷰 내용을 정밀하게 기사에 적용하기 위해서일 것이다. 월간 또는 주간 잡지의 인터뷰 기사라면 보통 원고지로 따져서 최소한 25장 이상의 텍스트를 작성하게 된다. 따라서 이 정도 되는 양을 온전히 취재수첩에 급하게 휘갈긴 메모나 기억만으로 채워내기는 현실적으로 불가능한 일이다.

오프 더 레코드가 헤퍼서는 안 된다

고통을 수반하지 않는 성취라면 반드시 경계해야 한다. 기자들은 종종 아주 낭패스런 상황에 직면할 때가 있다. 취재원이 아주 쉽게 중대한 가치가 있는 정보를 전달하면서 "근데 이건 오프 더 레코드로 해 주세요."라고 말하는 경우가 대표적이다. '오프 더 레코드(off the record)'란 사전적으로 기록에 남기지 않는 비공식 발언이라는 뜻으로, 제보자가

---

12) 미국에서는 이미 1970년대부터 텔레비전의 도전을 극복하기 위한 전략으로 소위 말하는 '롱 저널리즘(Long Journalism)' 운동이 진행돼 왔다. 파편적 정보 전달로는 전자매체를 당할 수 없다는 자각이 있었기 때문이다. 그래서 뉴욕타임스나 워싱턴 포스트 등 주요 신문은 예외 없이 역사적·사회문화적 문맥을 기사 속에 녹여 독자에게 전달하려 애쓴다. 다양한 관점을 취재해 포함시키는 것은 물론이다. 결과는 1000단어 이상으로 늘어난 장문의 기사들이다(이재경, 중앙일보, 2005. 11. 17).

기자를 비롯한 보도 관계자에게 정보를 제공하면서 보도·공표하지 않는다는 조건을 붙이는 일이다. 즉, 제보자의 이야기를 정보로서 참고만 해 두어야지, 기사화해서는 안 된다는 뜻이다. 이런 요구를 받았을 때 기자는 그 발언을 공표하지 않겠다고 약속하거나 자유 또는 취재권(取材權)을 지키기 위하여 이를 거부하거나 양단간에 결정을 해야 한다. 오프 더 레코드는 그 개념이 간결하지만 보도 현장에서는 지키기 어려운 일면이 있다. 인터넷을 통해 쉽게 입수할 수 있는 오프 더 레코드에 대한 정의는 매우 절충적이다. 예를 들어 '네이버'의 '매스컴 용어 사전'에는 "정부기관의 관리가 언론에 어떤 정보를 제보하거나 또는 기자와 회견할 때 그 정보의 배경이나 상황의 이해를 위해서 알려주기는 하지만, 그 출처는 공표하지 말도록 약속의 조건을 붙이는 것, 또는 이러한 조건으로 제보하는 정보를 백그라운더(backgrounder)라고 한다. 이와는 달리, 그 출처를 밝혀도 좋다고 하면서 알려 준 것은 온 더 레코드(on the record)라고 한다. 오프 더 레코드의 약속은 지키는 것이 취재기자의 기본적 자세이지만 그 정보가 여론의 조작을 위한 것이나 언론의 규제를 위한 것인 경우에는 지키지 않을 수도 있다. 한편 경우에 따라서는 제보자의 언급 중에서 언론에 보도나 인용되지 않은 말을 오프 더 레코드라고도 한다."고 정리돼 있다. 그런데 네이버는 '경제 용어 사전'에서도 오프 더 레코드에 대한 항목을 올려놓고 있다. 여기에는 "기록에 남기지 않는 비공식 발언이다. 소규모 집회나 인터뷰에서 뉴스 자료를 제공하는 사람이 오프 더 레코드를 요구하는 경우 기자는 그것을 공표하지 않겠다고 약속하거나 취재를 유보하거나 한다. 이는 발언자를 보호하면서도 가치를 높이는 방법으로 흔히 이용되지만 남용될 경우는 오히려 정보조작에 이용되는 단점이 있다. 이것은 원래 제공자와 기자 사이의 폐쇄적 공간에서 정보가 오고 갔을 경우를 상정했을 때만이 가능한 원칙임에도 불구하고, 최근에는 인터넷 토론 등 컴퓨터 통신상에서 비(非)보도를 전제로 한 발언이 신문지상에 인용, 발표되어 논란을 빚고 있다."라고 정리되어 있다. 여기 오프 더 레코드의 현장 사례를 보여주는 기사가 한 꼭지 있다.

버락 오바마 미국 대통령이 백악관 출입기자들과 오프 더 레코드(off-the-record · 비보도전제) 점심을 함께했다. 취임 이후 기자들과 이런 비공식적 식사는 처음이다. 까닭은 다름 아닌 기자들 달래기다.

오바마 대통령이 12일(현지시간) 백악관으로 출입기자 10여 명을 초청, 햄버거로 점심을 같이했다. 비보도를 전제로 한 식사였다. 그동안 출입기자들은 오바마 대통령이 역대 어느 대통령보다 기자회견을 하지 않은 데 상당히 불만스러워했다. 게다가 매일 대통령을 밀착 취재하는 출입기자들보다 칼럼니스트나 유명한 TV프로그램 진행자, 작가 등과의 인터뷰가 훨씬 많았다. 이런 상황은 백악관 공보팀과 출입기자단 사이에서 늘 내연하는 갈등 요소로 작용돼 왔다.

마사 쿠마 토우선대학 교수의 조사에 따르면, 그의 기자회견 횟수는 선임 대통령들보다 훨씬 적다. 취임 후 1년 6개월 동안 오바마 대통령은 36회 회견을 했다. 빌 클린턴 대통령은 그 기간에 66회, 아버지 조지 부시 대통령은 54회였다. 또 소수의 출입기자들과 간단한 일문일답은 지금까지 67회로 집계됐다. 재임기간 중 기자회견은 부시 205회, 클린턴 356회, 아버지 부시 93회였다.

오프 더 레코드 점심은 오바마 대통령의 홍보 전략의 하나다. 오바마 대통령은 그동안 진보성향 칼럼니스트나 학자 등과 이런 식사자리를 많이 가져왔다. 현안에 대한 자신의 견해를 솔직히 밝히고 의견을 듣고, 구하곤 했다. 정치전문 인터넷매체 폴리티코는 이번 점심을 대통령이 기자들에게 '손을 뻗친 것'이라고 표현했다. 전반적으로 자신에게 우호적이지 않은 분위기를 바꿔보자는 것으로 풀이된다. 오바마 대통령은 정책 결정 과정에서 느낀 여러 소회를 기자들에게 솔직히 얘기한 것으로 전해졌다.

뉴욕타임스(NYT) 기자는 이번 초청에 응하지 않았다. 공식 설명은 없었지만 오프 전제조건을 수용하지 않았기 때문인 것으로 알려졌다. NYT는 대통령과 유력 정치인, 유명 인사들이 참석하는 백악관 출입기자단 주최 연례만찬에 2008년부터 참석하지 않았다. 행사가 너무 오락 위주인 데다 취재원들과 불필요한 유착관계가 이뤄질 수 있다는 게 이유였다.[13]

한편 펜시는 『스포츠 보도론』에서 이 문제를 매우 현실적으로 다루고 있다. 그는 "인터뷰 도중에 상대가 '원하는 이야기를 해주겠지만 내가 말한 것으로 인용 보도는 하지는 말아 달라'고 한다면 어떻게 하겠는가?"라고 묻는다. 그리고는 "이런 상황에서는 어떤 조건도 받아들여서는 안 된다. 들은 내용을 활용할 생각을 하지 말아야 한다."고 단언하였다. 또한 "소스를 밝히지 않고 들은 이야기를 기사에 쓴다면 그 결과는 어떻게 될까?" 하고 물은 다음 "우선 인터뷰 대상자가 자신의 의도나 목적을 위해 거짓말을 하면서 일정한 방향으로 유도하려 했을 수

---

13) 국민일보 쿠키뉴스, 2010. 8. 13.

도 있다.”고 설명하였다. 그의 마지막 물음은 “기자가 그에게서 들은 정보를 확인하지 않은 채 또 그의 이름을 소스로 밝히지 않은 채 기사에 썼다가 명예훼손으로 피소되었다면 어떻게 될까?”이다. “기사에는 바이라인으로 기자의 이름만 밝혀져 있으니 그런 제소를 피할 방도가 없을 것이다.”라는 것이 펜시의 결론이다. 또한 그는 레너드 코페트(Leonard Koppett)의 글을 인용하여 자신의 입장을 투철하게 드러내보였다.

레너드 코페트(Leonard Koppett)는 『스포츠의 환상과 현실 : 스포츠와 저널리즘 및 사회에 대한 기자의 관점(Sports Illusion, Sports Reality; A Reporter View of Sports, Journalism and Society)』(1981)이란 저서에서 이런 문제와 관련해 다음과 같이 기술하고 있다.

사람들은 갖가지 생각과 주장, 판단, 의도를 지니고 있지만 그런 것이 신문이나 방송을 통해 자신의 것으로 공표되는 것을 대체로 원하지 않는다. 그러나 기자는 이런 주장이나 판단, 의도를 될 수 있는 한 많이 알아내 주변에서 벌어지는 상황을 더욱 분명하게 파악하고자 한다. 따라서 기자는 비밀유지와 공익성이라는 두 가지 자율 규제의 원칙을 철저하게 지켜야 한다. 비밀유지의 몇 가지 형태를 살펴보면 다음과 같다.

❶ **오프 디 레코드** : 내가 말했다는 것은 밝히지 말라 그리고 다른 방법으로 확인할 수 있다면 이 정보를 활용해도 좋다.

❷ **알고 있되, 기사화하지 말 것** : 상황이 이러이러하다는 것을 알고 있되, 내가 OK할 때까지는 기사화해서는 안 된다.

❸ **출처를 밝히지 말고 전한 그대로 기사화할 것** : 내가 전한
그대로 정보를 활용하되 기사에서 출처를 밝혀서는
안 된다.
❹ **사적인 비밀** : 이러이러한 일이 벌어졌는데 그게 꼭 기
사화해야 할 일인가?
❺ **극비** : 이런 사실이 알려지면 난 끝장이다. 당신의 양
심에 맡기겠다.

기자는 그때그때 부딪히는 상황에 따라 어떤 가이드라인을 적용하는
것이 타당한 것인가를 결정해 그에 맞춰 움직여야 한다. 인터뷰 상대
자와의 합의는 암묵리에 이뤄질 수도 있다. 가령 기자가 "소스로 당신
의 이름을 밝히면 안 되겠지요?"라고 말할 때 상대가 한눈을 찡끗하면
서 씩 웃을 수도 있는 것이다. 코페트는 취재원과 관련한 4가지 '금기
사항'을 다음과 같이 지적했다.

모범적인 저널리스트는 뉴스 소스와 관련해, 비밀 유지와
공익성의 제반 원칙을 충실하게 지키면서 4가지 '금기 사
항'[14]을 범하지 않을 것이다.

❶ 취재원의 비열한 언행을 용납하지 않는다.
❷ 취재원과 밀착하는 식의 우정 관계를 맺지 않는다.
❸ 취재원이 화를 내는 것에 신경을 쓰지 않는다. 그렇다
고 해서 상대에게 그런 점을 보이기 위해 부아를 돋워

---

14) Fensch, 1997, p.25~26.

선행 인터뷰를 참고하라

인터뷰 대상자는 한 기자에게만 질문할 기회를 주지 않았을 수 있다. 여러 매체와 기자들에게 자신의 입장을 설명하기 위해 비슷한 인터뷰를 여러 번에 걸쳐 했을 수 있다. 인터뷰는 기자의 인터뷰 대상자에 대한 인식과 상황에 따른 이해의 차이 때문에 그 결과가 매체마다 다르게 나타날 수 있다. 같은 사안을 놓고 각각의 기자가 어떻게 인식하느냐는 매우 중대한 문제이다. 또한 인터뷰 대상자가 자신의 의도를 관철하려고 노력하기 때문에, 기자의 인터뷰가 특정한 방향으로 유도될 수도 있다. 기자들은 흔히 인터뷰 대상자가 이전에 해둔 인터뷰의 결과를 참조하여 새로운 화제로 넘어가기를 즐긴다. 이 방법은 효율적인 인터뷰를 가능하게 하고, 기사의 객관성과 정확성을 보장받게 한다는 점에서 반드시 거쳐야 할 과정의 하나이기도 하다. 그런데 현장에서 흔히 봉착하는 문제는 인터뷰 대상자가 기존에 한 인터뷰의 내용에 대해 기자의 인식과는 다른 말을 할 때가 적잖다는 것이다. 이런 문제들을 정리하기 위해서라도 인터뷰 대상자의 이전 인터뷰를 검색해 두는 일은 걸러서는 안 될 과정이다. 펜시는 이와 관련하여 "자신이 쓰고자 하는 기사와 연관이 있는 최근의 신문기사가 있다면 그 내용에 대한 인터뷰 대상자의 생각을 물어서 확인할 필요가 있다. 그러다 보면 뜻밖의 내용이나 또는 인용하기 좋은 언급이 나올 수도 있다. 상대로 부터 최근의 기사나 보도 자료에 대해 확인 또는 부인하는 언급을 끌어내다 보면 그런 자료의 내용을 더욱 분명하게 파악할 수 있을 뿐만 아니라 그런 기사에 대한 상대의 입장이나 태도도 확실하게 알 수 있다."15)고 정리하였다. 그 좋은 예가 다음의 인터뷰 기사이다.

상처 입은 '국민 타자'의 얼굴은 편안해 보였다. 14일 일본 도쿄 근교 이나기[稻城]시 요미우리랜드의 자이언츠 2군 경기장. 게임에 앞서 훈련을 마친 이승엽(34)은 기자를 보곤 "어쩐 일이냐."며 반갑게 맞았다.

"얼굴이 좋아 보인다."고 하자 이승엽이 말했다. "절에서도 닦고 있어 그런가 봅니다." 해탈(解脫)이라도 한 것 같은 그가 다시 말했다. "이젠 스트레스 쌓이는 단계는 넘어선 것 같아요. 속이야 쓰리지만 웃어야지 어쩌겠습니까?"

이달 초 1군 복귀 3일 만에 다시 2군으로 강등됐던 이승엽은 "남 보기 창피했겠다."는 기자의 말에 "쪽팔리기만 했겠느냐."고 반문했다. 이승엽은 요즘 한국에서 자신이 갑자기 뉴스의 중심이 된 것을 잘 알고 있었다.

"왜 그런지 모르겠지만 너무 앞서 가더라고요. 난 아무 말도 안 했는데 요미우리와는 끝났다는 둥, 짐 싸는 일만 남았다는 둥 이상한 기사가 너무 많이 나와 더 머리가 아픕니다."

그는 "난 한 번도 한국에 돌아가겠다고 말한 적이 없다."고 목소리를 높였다. "한국에 갈 데가 어디 있느냐."며 반문하더니 "삼성 구단 측에도 걱정하지 말라고 전해 달라. 난

---

15) 앞의 책, p.26.

돌아갈 뜻이 전혀 없다."고 했다.

최근 "이승엽이 돌아온다 해도 자리가 없다."는 선동열 감독의 발언과 삼성 복귀 땐 연봉 문제가 걸림돌이 될 것이라는 추측 기사들에 대해 다분히 감정이 상한 듯한 모습이었다.

이승엽은 "아직 나는 요미우리 선수."라며 "계약 기간이 남아 있는 만큼 지금은 이 팀 선수로서 최선을 다해야 한다."고 했다. "혹시 포스트 시즌 경기인 '클라이맥스 시리즈'에 출전하는 것을 기대하느냐."고 물었다.

"가능성이 있든 없든 일단 준비는 하고 있어야 하잖아요? 안 부를 것 같지만 혹시 모르니까요." 미련이 잔뜩 묻어나는 말이었다. 요미우리와의 4년 계약이 끝나는 올 시즌 후 이적 문제에 대해서도 말을 아꼈다.

이승엽은 "대리인이 잘할 것으로 믿는다."며 "나는 몸만 잘 만들고 준비만 잘하고 있으면 된다."고 했다. "이대로 한국에 돌아갈 순 없습니다. 명예회복 해야죠." 이승엽은 연봉 문제에 대해 "지금은 그런 것에 신경 쓸 처지가 아니다."며 "칼을 갈고 있다."고 했다.

이승엽은 요즘 정말 건실한 생활을 한다고 했다. "아침 7시 40분에 집에서 나와 저녁 7시쯤 귀가합니다. 집과 운동장만 왔다 갔다 하죠. 그동안 알고 지냈던 사람들도 거의 만나지 않습니다."

아버지 이춘광 씨와의 전화통화도 뜸하다는 그는 "아버지께 '무소식이 희소식'이라고 말씀드렸다."며 웃었다. 자신의 어려운 처지를 부모에게도 내색하기 싫은 듯했다.

이승엽은 "이제 운동만 하는 게 거의 생활이 됐다."며 "그 덕분인지 몸 상태는 아주 좋다. 고질인 허리 통증도 전혀 느끼지 못한다."고 했다. "한국 기자분들도 거의 못 봤어요. 7월인가 한 분 왔는데 별 얘기 안 했어요. 그래도 기사를 잘 만드시더라고요. 떨어지는 포크볼 대처법을 연마한다면서."

이승엽은 좋지 못한 성적에도 한국 팬들이 여전히 많은 관심을 보여주는 것이 고맙다면서 "프로가 성적으로 말해야 하는 데 면목이 없다."고 했다.

그는 올해 외아들 은혁(5)이 외국인 학교에 입학하면서 '학부형'이 됐다. "애 엄마(이송정 씨)가 얼마나 아이를 철저히 관리하는지 몰라요. 저녁 8시면 잠자리에 들게 하죠. 정말 다른 사람 같다니까요." 이승엽은 "같은 학교의 한국인 학부모들과 가끔 모임을 갖기도 한다."며 보통남자 같은 모습을 보여주기도 했다.

지바 롯데 마린스의 김태균과도 거의 만나지 못했다는 이승엽은 "올겨울 결혼하는 후배에게 조언 한마디 해달라."고 하자 "내가 무슨 말을 해주겠느냐. 오히려 내가 조언을 들어야 할 판."이라고 했다.

좋지 못한 자기 성적에 대한 자책감이 물씬 느껴졌다. 그래도 이승엽은 여전히 한국 프로야구에 관심이 많았다. 오는 19일 은퇴경기를 하는 삼성의 선배 양준혁 이야기를 꺼내며 "너무 아쉽다."고 했다.

"2500안타를 코앞에 두고 그만둬야 한다니 얼마나 아쉽겠어요. 타격만큼은 정말 뛰어난 선배였는데. 또 한 명의 신(神)이 사라지네요." 이승엽은 "복귀설 때문에 조금 서운했지만 여전히 나는 삼성 맨."이라며 "젊은 후배들이 아주 잘하던데 삼성이 올해 우승했으면 좋겠다."고 덕담을 건넸다.[16]

이승엽 선수를 인터뷰한 기자는 아마도 최근에 보도된 인터뷰 대상자에 대한 기사를 화제로 삼은 다음 그에 대한 언급을 얻어냈을 것이

---

16) 조선일보, 2010. 9. 16.

다. 인터뷰를 시작할 때 아주 효과적인 방법이다. 위의 인터뷰 기사는 기본적인 포석으로 시작되어 대화를 발전시켜 나간 좋은 사례라고 본다. 일본 프로야구 요미우리 자이언츠의 2군 훈련장을 배경으로 한 인터뷰는 1군에서 주전으로 뛰지 못하는 대선수의 심리를 섬세하면서도 정확하게 독자에게 전달하고 있는 것이다. 인터뷰 장소 선정도 인터뷰의 성공에 큰 영향을 주는 요소이다. 가장 좋은 인터뷰는 기자와 인터뷰 대상자가 단둘이 마주 앉았을 때 이루어진다. 경기가 끝난 다음 라커룸에서 인터뷰하는 방법은 별로 권하고 싶지 않다. 라커룸에서 인터뷰를 한다면, 인터뷰 대상자는 기자가 묻는 말에 집중하기보다는 주변에서 지켜보거나 비록 다른 곳을 보고 있다 해도 귀는 자신을 향해 열어 두고 있을 것이 분명한 동료를 의식해 부정확하거나 소극적인 답변을 하기 쉽다. 물론 라커룸의 분위기가 생생하게 전달되어야 할 경우라면 문제가 다르다. 예를 들어 흥분된 목소리를 전할 필요가 있는 우승 직후의 라커룸 인터뷰는 살아 숨 쉬는 느낌을 독자에게 제공할 수 있다. 한편, 인터뷰 대상자가 자주 출입하는 식당이나 술집, 카페도 피해야 할 장소이다.

자료를 챙기고, 민감한 질문은 인터뷰 말미에 하라

인터뷰 대상자나 관계자를 비롯한 주변 인물에게 홍보용이든 배경설명을 위한 것이든 도움이 될 만한 자료가 있다면 달라고 요청하라. 어떤 기관이나 단체건 인터뷰를 한 언론 기관에 자료를 제공하는 데 인색하지 않다. 희귀한 자료여서 반출을 꺼리는 경우도 있지만 그럴 때는 복사를 한 뒤 원본을 반환하겠다거나 사진을 찍겠다는 설득이 가능할 것이다. 자료에 대한 반환 약속은 반드시 지켜야 한다. 재판 기록이나 이혼, 소송 관련 기록은 누구나 열람할 수 있는 공문서이다. 기사를 쓰는데 이런 기록이나 문서가 필요하다면 얼마든지 열람할 수 있고 또 열람해야 한다. 이런 문서들은 인터뷰를 하는 기자가 갖춰야 할 기초 자료일 수도 있다. 또한 박물관과 도서관에도 기자에게 필요한 자료들이 산재해 있다.

필자는 『스포츠 공화국의 탄생』(2010)이라는 책을 발간할 때 소강 민관식 장학재단과 수원박물관이 소장한 사진 자료를 상당량 활용했다. 소강 민관식 장학재단에서는 자료 제공에 적극적이었으나 수원박물관 측은 상당한 제한을 두었다. 처음에는 사진 제공을 달갑지 않게 여겼고 이후에는 자료 제공 사실을 책 어딘가에 반드시 명기해 달라고 요구했다. 기자가 기관이나 단체의 홍보담당자와 접촉할 때는 이들이 '소속된 기관이나 단체의 방침'에 충실한 사람들이란 점을 반드시 기억해야 한다. 경우에 따라서는 이들이 기자가 선수나 스포츠 팀 운영자와 접촉하는 데 방해꾼이 될 수도 있다는 사실을 알아야 한다. 홍보담당자들은 분명히 기자들에게 도움을 주는 사람들이다. 그렇다고는 해도 그 동기가 절대 순수할 수만은 없다. 그러기에 펜시는 "이들이 누구에게서 월급을 받는지 항상 유념해야 한다."고 적었을 것이다.

"월급 주는 사람이 누군지 잘 생각해 봐." 하는 식의 농담은 사실 블랙 코미디지만 월급쟁이라면 누구나 한번쯤 들어봤음직한 농담이다. 이 말을 듣고 "지금 저 사람이 자기 회사 사장이 누군지 모르거나 이름을 까먹었나 보다." 하고 생각할 사람은 없다. 사실은 어느 사회에서나 그 바닥 사람들만 사용하는 특수한 말이 있게 마련인데, 그 중에 일부는 일반화되어 비속어나 은어로 분류되는 경우도 있다. 스포츠의 경우에도 마찬가지다. 스포츠 종사자들이 사용하는 특수 용어를 스포츠 기자들도 능숙하게 사용하는 편인데, 이런 특수 용어를 구사해 가며 하는 인터뷰는 인터뷰 대상자의 긴장을 풀고 친숙한 느낌을 불러일으키는 좋은 점이 있다. 특별한 경우가 아니라면 약간의 비속어를 알아 두는 것도 좋은 일이다. 그러나 그러한 특수 용어나 비속어를 그대로 내보내서는 곤란한 경우가 많으니 기사를 쓸 때에는 각별히 유의해야 한다.

기자가 누군가를 인터뷰한다는 사실은 그 인터뷰의 대상자가 특정한 시기에 관심의 대상이라는 점을 전제한다. 그렇지 않다면 화제가 되고 있는 인물이나 사안에 대하여 의미 있는 진술을 할 가능성이 있는 인물로 간주됐다고 봐야 할 것이다. 이러한 인물과의 인터뷰는 스포츠에서는 그러한 경우가 상대적으로 적기는 하지만 종종 논란거리를 제공할 수도 있다. 이럴 경우, 논란이 될 만한 내용을 담은 질문은 인터뷰의 초반보다는 말미에 하는 것이 정석이다. 당연한 일이 아니겠는가. 논란이 될 만한 예민한 질문을 인터뷰를 시작하자마자 던져서 분위기를 서먹하게 또는 인터뷰 대상자를 격앙하게 만든 다음에 깊이가 있는 고품질의 인터뷰를 진행하는 일은 사실상 불가능하다. 인터뷰 대상자를 흥문하게 만들어서 예상 못했던 발언을 끌어내고자 한다면 모를까 쟁점으로 떠오를 가능성이 있는 화제로 단숨에 넘어가는 일은 미숙한 기자나 하는 짓이다. 또한 인터뷰 대상자를 흥분시켜 의도하지 않았던 발언을 하도록 유도하는 방법은 결코 신사적인 인터뷰 기술에 속하지 않는다. 예를 들어 억울하게 감독이나 코치의 자리에서 쫓겨났다고 생각하는 사람을 인터뷰하는데 대뜸 "당신이 해임된 건 그 때 이러저러한 일을 했기 때문이 아니냐."는 식으로 물으면 인터뷰 대상자가 정상적인 태도로 기자를 상대하기는 어려울 것이다. 약물 복용 문제, 또는 습관적인 음주 문제로 팀에서 퇴출당하거나 대표 팀에서 제명된 선수에게 "먼저 당신의 약물 복용 문제부터 짚고 넘어갑시다."라고 했다가는 인터뷰를 거부당할 수도 있다. 두어 시간 차분히 대화를 진행하다가 민감한 사안에 대해 질문을 한다면 인터뷰 대상자도 차분한 가운데 말을 골라 가며 대답할 가능성이 크다. 인터뷰 대상자가 상당히 오랜 시간 동안 인터뷰가 진행됐음에도 불구하고 질문에 대답하지 않거나 불쾌해 한다면 그와 같은 정황을 완곡하게라도 기사에 반영할 수 있다. "그는 인터뷰 말미에 기자가 이러저러한 질문을 했으나 끝내 답변하지 않았다." 또는 "그는 이러저러한 질문에 불쾌감을 드러냈다."라고 쓴다면 독자도 인터뷰 현장의 분위기를 알 수 있을 것이다. 또한 인터뷰 대상자의 구체적 답변을 듣지 못했다고 해서 그 인터뷰가 실패했다고 생각할 필요도 없다. 왜냐하면 인터뷰 대상자의 말과 행동, 때로는 침묵조차도 진실을 드러내는 경우가 적지 않고, 독자들 또한 예민하게 상상력과 추리력을 발휘하게 돼 있기 때문이다.

어떠한 경우에라도 '최후 진술' 듣기에 인색해서는 안 된다. 다소 시간이 부족하더라도 인터뷰 대상자가 마저 하고 싶은 말이 있다면 들어두어야 한다. 사실 인터뷰 대상자는 하고 싶은 말이 있는데도 기자가 묻지 않았기 때문에 못 하고 넘어가는 일이 비일비재하다. 그가 입안에 남겨 둔 말이 값진 정보나 기사의 소재일 경우도 있다. 이토록 값진 '이삭줍기'를 포기할 수는 없는 일이 아닌가? 그 이삭 속에 결정적인 말이 숨어 있을지도 모른다. 적극적인 인터뷰 대상자는 자기가 예상했던 질문이 나오지 않으면 반대로 기자의 질문을 유도하는 경우도 있다. 한때 스포츠연예 일간지인 『스포츠서울』에서 야구 취재팀을 지휘한 적이 있는 신명철 대기자는 언젠가 필자에게 이런 말을 했다. "임선동이 고등학교 졸업반이 됐을 때, 그를 인터뷰한 적이 있다. 장래가 유망한 청소년 선수에 대해 충실히 인터뷰하고 막 헤어지려는 참인데 임선동이 묻지도 않았는데 '기자님, 저 사실은 연세대에 갈 겁니다.'라고 하더라. 처음에는 어안이 벙벙했다. 임선동은 그 날 내가 대학교는 어디로 진학할 생각이냐고 물을 줄 알았는데 다른 질문만 들었던 것이다." 이런 예에서 보듯 기자가 알고 싶은 것과 취재원들이 하고 싶은 말이 일치하지 않는 경우는 흔히 있는 일이다.

공감할 수 있는 에피소드는 인터뷰를 즐겁게 한다

기자들은 사전에 계획하지 않은(전혀 상상해보지 못했던) 인터뷰를 하게 될 때도 있다. 때로는 행운에 힘입어 꽤 괜찮은 인물과 인터뷰를 할 경우도 있다. 필자는 2000년 시드니올림픽을 취재하러 갔을 때, 일본인 소설가 무라카미 하루키[村上 春樹] 씨를 만난 일이 있다. 메인 프레스센터(MPC)의 복도를 걷나가 마주쳤다. 그는 올림픽 다큐멘터리 판딘 잭사를 제작하는 일본 매체의 청탁을 받고 시드니에 갔다. 그 결과물은 나중에 책으로 묶여 『승리보다 소중한 것』이라는 제목으로 우리나라에도 번역 출판되었다. 막 지나치는 하루키 씨를 불러 세운 필자는 그에게 인터뷰를 하자고 제안했고, 그는 좋다고 했다. 필자는 하루키 씨를 중앙일보 취재 부스로 불러 사진을 찍고 인터뷰했다. 며칠 뒤 야구장에서 하루키 씨를 다시 만났다. 한국과 일본이 동메달을 놓고 경기했다. 그는 조용히 경기를 관전했다. 뒤지던 한국이 8회에 경기를 뒤집었다. 그러자 하루키 씨는 손바닥으로 취재석 책상을 내리쳤다. 그러곤 벌떡 일어나 경기장을 떠났다. 필자의 기억 속에 생생한 하루키 씨의 모습이다. 필자는 그가 표리부동한 인물이라고 생각하지 않는다. 본능에 충실했을 뿐이라고 이해하고 있다. 하루키 씨는 2008년에 발간된『승리보다 소중한 것』이라는 저서를 통하여 냉철한 지성과 풍부한 인문적 지식, 그리고 따뜻하고 섬세한 문학적 감수성을 충분히 보여주었다.

기사 5

'어느 날 문득 나는 여행을 떠나지 않고는 견딜 수가 없었다'

에세이집『먼 북소리』에서 3년 동안이나 유럽을 떠돈 방랑의 변을 담백하게 피력했던 일본 작가 무라카미 하루키(村上春樹·51). 스스로를 '상주적(常主的) 여행자'라고 부르는 그가 올림픽의 향연에 이끌려 시드니를 찾았다.

그를 만난 것은 전혀 뜻밖이었다. 국내에서 발간된 책자에 실린 사진보다 훨씬 나이 들어 보이는 그의 얼굴에서 무라카미 하루키임을 알 수 있게 한 징표는 반짝이는 두 눈이었다.

그는 올림픽 관련 다큐멘터리를 쓰기 위해 자료 수집차 경기장 곳곳과 시드니 전역을 쏘다니고 있었다. 그는 베스트셀러 장편『상실의 시대(원제 : 노르웨이의 숲. Norwegian Wood)』로 국내에 폭넓은 독자층을 보유하고 있다.

현대를 살아가는 방황하는 젊은이들의 인생에 대한 짙은 허무와 고뇌를 노래해온 잿빛 시선의 작가에게 '지구촌 최고의 축제'는 어떻게 비춰졌을까. 지난 25일 올림픽파크 내 메인프레스센터에 마련된 중앙일보 부스에서 하루키를 인터뷰했다.

일본어 통역이 있었지만 그는 비교적 유창한 영어로 달변을 늘어놓았다.

그는 "경기장 출입이 가능한 ID카드 받기가 너무 어려웠다. 세상에 하루키가 필요하다는데 ID카드를 안주겠다고 하더라."며 약간의 오만이 깃들인 너털웃음을 시작으로 말문을 열었다.

— 올림픽에 무엇하러 왔나.

"올해말 시드니 올림픽에 관한 다큐멘터리 형식의 작품을 출간할 예정이다. 경기장의 분위기를 담기 위해 지난 9일 시드니에 와 낮에는 경기장을 찾아다니고 밤에는 컴퓨터 앞에 앉아 글을 쓴다. 올림픽이 끝나는 다음달 3일 일본으로 돌아간다."

— 개막식은 봤는가.

"한마디로 너무 길고 지루했다. 한정된 시간에 많은 것을 보여주려는 욕심이 지나쳤다. 너무 지루해 덴마크가 입장할 때쯤 경기장을 박차고 나와버렸다. 그리고 숙소 앞 생맥주 카페에 들러 맥주를 마시고 취해버렸다. 카페에서 TV로 입장식 장면을 잠깐씩 보았는데 그것도 재미있었다."

— 남북한이 손을 잡고 함께 개막식에 입장했다.

"일본에서도 남북 동시입장에 비상한 관심을 보이고 있다. 유감스럽게도 개막식 도중에 나와버려 직접 보진 못했지만 정말 믿기 어려운 일이다. 한국인들의 꿈 가운데 하나가 이뤄진 것 아니겠는가. 무척 잘된 일이라고 생각한다(그는 "원더풀"을 연발했다)."

─경기 가운데 특히 관심이 가는 종목은.

"브리즈번에 가서 일본과 브라질의 축구 경기를 관전했고 올림픽파크 내의 야구장에도 갔었다. 그러나 정말 관심이 많은 것은 육상이다. 마라톤과 1만m, 트라이애슬론 등이 가장 보고 싶은 경기다. 유도나 태권도 같은 격투기 종목에는 별 관심이 없다."

─육상에 관심이 많은 이유는.

"에세이에서도 자주 썼듯이 나는 트라이애슬론을 즐기는 아마추어 육상 선수다. 달리기는 인간의 가장 원초적인 운동 아닌가. 달리기 하는 데는 아무런 기구도 필요 없다. 오직 자신과의 싸움만 있을 뿐이다. 치열한 싸움 끝에 얻을 수 있는 희열감은 안 해본 사람은 느낄 수 없다. 달리기의 묘미는 바로 그런 데 있다."

─올림픽이 중반을 넘었다. 어떻게 평가하는가.

"올림픽을 내 눈으로 직접 본 것은 처음이다. 이전의 올림픽을 보지 못해 비교하기가 곤란하다. 그러나 느낌을 말하자면 너무 복잡하다는 것이다. 사람도, 경기종목도 너무 많다. 종목 수를 좀 줄일 수도 있지 않을까."

─바람직한 올림픽의 방향은.

"올림픽의 본뜻이 너무 변질됐다. 예를 들어 펩시콜라 상표가 붙은 제품은 경기장에 갖고 들어갈 수 없다. 올림픽을 지원하는 경쟁 회사의 입김 때문이다. 관중들은 또 너무 국수적이다. 경기장에 가면 "오지, 오지(Aussie : 호주인을 뜻하는 애칭)"를 외치는 관중들의 비명소리만 들려 비위가 상한다. 금메달 수로 국력을 비교하는 듯한 태도도 잘못됐다. 스포츠는 스포츠 자체로 즐기면 된다. 스포츠를 가지고 왜 애국심을 들먹이나. 선수들이 메달을 딸 때도 국기 게양식 같은 것은 차라리 없애버리는 것이 낫다."

－시드니의 생활은 어떤가.

"교통이 너무 혼잡해 경기장에서 차이나타운에 있는 호텔로 돌아가기까지 1시간 이상 걸린다. 차이나타운에 숙소를 잡은 것은 그곳에서 사람들이 정말로 살아있는 듯한 생생한 감을 느낄 수 있기 때문이다. 올림픽에서는 경기만 보는 것이 아니라 사람들을 보고, 필요하면 그때그때 메모를 한다."

－메모광인가.

"원래 메모를 많이 하는 편은 아니다. 모든 것을 받아들이기 위해 노력하고 있다. 다행히 나는 다른 사람들에 비해 기억력은 타고났다. 그리고 글 쓰는 동안 동시에 생각을 한다. 이건 하늘이 준 재주인 것 같다."[17]

인터뷰를 하는 동안 필자는 소설가인 하루키 씨에게 너무 시사적인 질문을 많이 퍼붓고 있다는 사실을 깨달았다. 하루키 씨도 어지간히 지루하고 힘든 눈치였다. 『승리보다 소중한 것』에서 "세상에서 가장 지루한 것을 꼽으라면 올림픽 개회식은 분명 10위안에 들 것이다."라고 썼고, 거금 10만 엔을 주고 들어간 개회식 중간에 자리를 떠버린 하루키 씨가 아니던가. 이때 필자는 문득 그가 쓴 책, 『먼 북소리』의 한 구절을 떠올렸다.

> 버스가 와서 우리는 음식 값을 지불하고, 일주일 전부터 버리려고 마음먹었으면서도 버리지 못했던 너덜너덜한 나이키 조깅화를(어찌된 영문인지 내가 그건 버릴 때마다 누

---

17) 중앙일보, 2000. 9. 26.

군가가 다시 주워다 주었다) 종이봉투에 넣고 둘둘 말아, 슬
며시 테이블 밑에 놓은 채 버스에 올라탄다. 버스가 발차한
다. 어휴, 간신히 버렸다고 생각했는데 그러나 이번에도 실
패하고 말았다. 이야니스가 쫓아오며 버스를 불러 세운다.
　"키리오스(당신), 이것 두고 갔어요."라며 너덜너덜 다 떨
어진 내 나이키 조깅화를 내민다. 그 조깅화는 아무도 잊어
주는 사람이 없는 과거의 작은 실수처럼 나를 집요하게 따
라다닌다. 할 수 없이 나는 "고맙습니다."라고 말하고 그 종
이꾸러미를 받아든다. 달리 무슨 말을 하겠는가? 이렇게 우
리는 크레타 섬 산골짜기의 조그마한 마을을 떠났다. 앞으
로 다시는 찾아오지 않을 그 마을을.

　필자는 위의 대목을 떠올리며 "그때 그 조깅화는 결국 어떻게 됐느
냐."고 물었다. 사실 『먼 북소리』에는 그 조깅화의 운명이 분명하게 기
록되어 있다. 하루키 씨는 "레티몽에 도착했을 때 나는 이번에야말로
성공하리라 생각하며 버스 좌석 밑에다 신발을 넣은 종이봉투를 처박
아두고 내렸다. 그러나 밤이 지나고 날이 밝을 때까지 나는 내내 조마
조마했다. 혹시 누군가가 호텔 방문을 노크하고 그 조깅화를 불쑥 내
밀까봐. 하지만 다행히 아무도 오지 않았다."라고 썼던 것이다. 그러나
필자는 버리려고 은근슬쩍 떨어뜨려 두고 온 조깅화를 이야니스가 기
어이 찾아다 준 그 에피소드가 너무 재미있어서 '결국은 버렸다'는 다
음 구절을 기억해 내지 못하였다. 하루키 씨도 난감했을지 모른다. 그
러나 그는 "그 뒤에다가 썼듯이 다른 곳에서 결국 버렸다."고 대답했다.
그리고 우리는 한참을 낄낄거렸다. 마치 옛날의 그 일을 함께 겪었으

며, 지금 막 생생히 기억나기라도 한다는 듯이. 분위기는 상당히 부드러워졌고, 필자는 그 뒤로 30여 분이나 더 하루키 씨를 취재 부스에 붙들어두고 이런 저런 질문을 할 수 있었다. 이런 일을 통해 필자는 인터뷰를 할 때 인터뷰 대상자의 과거 언행이나 저술에 대해 알면 인터뷰가 훨씬 쉬울 수 있다는 사실을 배웠다. 인터뷰를 하는 동안 적절한 대목에서 구사하는 에피소드는 분위기를 부드럽게 바꾸어 줄 뿐 아니라 생각하지 않았던 재미있는 언급을 선물하기도 한다.

느닷없는 고백에 당황해선 안 된다

슈퍼스타는 팬들을 매혹시킨다. 팬들은 전기에 감전된 것처럼 스타 선수의 플레이에 도취되어 그의 인간적인 요소 어떤 부분에 대해서도 인식하거나 판단하려 들지 않는다. 스타는 경기장 안의 플레이만으로 마치 증류를 해 놓은 듯 투명한 이미지만을 팬들에게 제공한다. 남성 스포츠 스타라면 10대 소녀들로부터 30~40대의 여성에 이르기까지 두터운 층을 이룬 팬들의 지지를 받는다. 그의 높은 인기는 일종의 권력처럼 작용해서 그가 종사하는 스포츠 분야에서 적지 않은 영향력을 발휘하게 된다. 이런 선수들을 인터뷰할 때, 기자들은 상당히 불편을 겪는 수가 있다. 국내에서는 흔치 않은 일이지만 미국이나 유럽처럼 스포츠 시장이 큰 지역에서 활동하는 스타 선수들은 매스 미디어와의 인터뷰를 앞두고 질문해도 좋은 내용과 질문해서는 안 될 내용을 제한하는 경우도 있다. 이러한 장애가 없는 경우라 해도, 기자 자신이 인터뷰 대상자의 명성과 높은 인기에 압도되어 질문을 하는 데 있어 자기 검열의 기제를 작동하는 경우도 없지 않을 것이다. 특히 기자는 구단주를 비롯한 고위층을 인터뷰할 때 동어반복과 상투적 답변에 만족해서는 안 된다. 존 브래디(John Brady)는 그의 책『인터뷰 기법(The Craft of Interviewing)』(1976)에서 스포츠 일러스트레이티드(Sports Illustrated) 기자 존 언더우드(John Underwood)의 말을 아래와 같이 인용하고 있다.

> 유명한 운동선수에게 주눅이 드는 경우가 있다면 그런 사람의 내면을 들여다본다는 것은 거의 불가능한 일이고 따라서 상황인식도 왜곡되게 마련이다. 스포츠 영웅들의 실상을 가만히 들여다보면 함께 골프를 치는 친구들과 약간 다를 뿐이다. 화학 과목에서 A를 받은 대학생과 아인슈타인은 수준차이가 엄청나지만 프로 선수와 대학선수는 종이 한 장 차이밖에 없다.[18]

인터뷰를 진행하는 기자가 맞부딪치게 되는 예상 못한 상황 가운데는 인터뷰 대상자가 뜻밖의 '고백'을 해서, 원래 의도했던 바와 다르게 대화가 진행되는 경우도 있다. 아주 흔한 경우는 아니지만 기자가 졸지에 인터뷰 대상자의 상담원 내지는 심리치료사, 카운슬러 같은 존재로 둔갑해 버리는 희한한 경우다. 이럴 경우 우선 인터뷰는 제대로 진행되기 어렵다고 봐야 한다. 기자의 심리 상태는 혼란에 빠질 것이고, 인터뷰 대상자의 발언은 본질과는 무관한 방향으로 치달을 가능성이 크다. 인터뷰의 결과물이 왜곡된 형태로 나타나거나 내용 면에서 부정

---

18) Brady, 1976, p.57.

확할 가능성이 큰 것이다. 기자는 인터뷰가 그러한 방향으로 흘러가지 않도록 주의해야 한다. 만약 이런 조짐이 나타난다면 사실 확인이나 필요한 데이터 수집 등 취재 기능은 모두 '나중 문제'가 돼 버리는 것이다. 펜시는 이런 경우를 언급하면서, "인터뷰 진행은 대상자나 기자에게 다 같이 성격 분석의 시간이 되고 만다. 성장 배경, 여러 가지 모티브, 형태, 개인적인 역정 등이 분석 대상이 되는 것이다."라고 짚었다. 펜시의 판단에 의하면 이럴 경우라도 망해버린 인터뷰는 절대 아니다. 그는 이런 경우를 당할 경우 "기자는 벌어지는 상황과 인터뷰 진행 방식, 그리고 상대가 자신과의 인터뷰를 인식하는 형태 등을 예의 주시해야 한다. 이런 인터뷰는 특이한 논픽션을 집필하는 데는 상당한 도움이 될 때가 있다. 빈틈없는 준비와 직업의식에 투철한 경우, 직관에 의존하는 이런 의미 있는 인터뷰를 통해 뛰어난 논픽션을 한편 만들어낼 수 있다."19)고 조언하고 있다.

---

19) Fensch, 1997, p.30.

2장 관찰 기법

좋은 기자는 매의 눈과 박쥐의 귀를 가졌다 _ 관찰의 의미 _ 비 참여관찰 (Non-participant Observation) _ 참여관찰(Participant Observation) _ 비 노출 관찰(Unobtrusive Observation) _ 체계적 문헌분석(Systematic Analysis of Documents) _ 개인적 체험기사(Personal Experience Stories)

신문의 스포츠 면이나 방송의 스포츠 뉴스 시간을 지배하는 콘텐트는 '현장의 소식'이다. 인터뷰조차 현장의 생생함을 돋보이도록 하기 위한 장치로 활용되는 경우가 많다. 예를 들어 프로야구의 이대호 선수가 홈런을 쳤고, 그 홈런이 장외로 날아간 큰 타구였다고 하자. 방송의 스포츠 기자가 관중 가운데 한 사람을 인터뷰해 "그렇게 큰 타구는 처음 봤어요."라는 코멘트를 얻었다면 이 코멘트는 가치가 없지는 않지만 빠진다고 해도 기사의 구성요건에 위협이 될 정도는 아니다. 중요한 내용은 이대호 선수의 홈런이고 그 홈런이 만들어낸 경기의 흐름과 결과이다. 이러한 내용을 전달하는 역할은 역시 기자가 기사를 통해 해야 한다. 그리고 좋은 기사는 세밀하고도 정확한 관찰에 기초하지 않고는 얻어낼 수 없다. 기자의 관찰 능력이 이토록 중요하기에, 스포츠 보도의 기술을 다루는 책자는 대개 관찰 기법과 관련한 장을 두고 있다. 이 책을 쓰는 데 기반이 되는 방열 교수의 『스포츠 보도론』과 토머스 펜시의 『스포츠 기자 핸드북』이 모두 관찰 기법에 대한 설명을 빠뜨리지 않았다. 그러나 실제 취재와 기사 작성을 위한 매뉴얼을 필요로 하는 현장 기자에게는 방 교수의 책이 그 양이나 깊이라는 면에서 펜시의 책에 비해 비교할 수 없을 만큼 유용하다. 방 교수의 『스포츠 보도론』은 그가 책을 펴내면서 언급했듯이 브루스 개리슨이 쓴 『스포츠 보도』를 편역(編譯)한 것으로서 내용이 사뭇 충실하다. 따라서 이 장에서는 주로 방 교수(즉 Garrison)의 저술 방식을 수용하여 관찰 기법을 논하되, 방 교수의 책에서 인용된 신문 기사의 상당수를 비교적 최근의 텍스트로 교환하여 독자의 이해를 돕고자 하였다.

좋은 기자는 매의 눈과 박쥐의 귀를 가졌다

스포츠 기자들은 경기장과 스포츠계 주변에서 일어나는 일에 대한 자신의 관찰력에 크게 의존한다. 경기의 취재를 비롯한 가장 기본적인 스포츠 보도는 경기장에서 벌어지는 상황을 직접 보고 기록하는 일로부터 시작된다. 뛰어난 관찰 능력을 가진 스포츠 기자들은 경기의 진행 상황뿐 아니라 경기의 결과에 영향을 미치는 작은 움직임까지도 관찰할 수가 있다. 이들의 눈은 단지 경기장 안에 고정돼 있지 않다. 경기의 흐름을 놓치지 않으면서도 경기 상황 밖에서 벌어지는 주변 인물들의 움직임과 관중석의 분위기까지 한눈에 넣고 머릿속으로 분석과 종합을 되풀이한다.

　박지성(29·맨체스터 유나이티드)이 올 시즌 첫 골과 두 개의 어시스트를 기록하며 훨훨 날았으나 알렉스 퍼거슨(69) 감독은 이를 지켜보지 못했다. 유럽축구연맹(UEFA) 챔피언스리그 준비 차 스페인으로 날아간 탓에 자리를 비웠다.

　맨체스터 유나이티드(이하 맨유)의 마이크 펠란 수석코치는 23일(이하 한국시간) 영국 스컨소프 글랜포드파크에서 열린 스컨소프(2부리그)와의 2010~2011시즌 잉글랜드 칼링컵 3라운드에서 5대 2로 이긴 뒤 현지 방송사 스카이스포츠와의 인터뷰에서 퍼거슨 감독의 불참 사유를 밝혔다.

　펠란 코치는 "퍼거슨 감독이 (챔피언스리그 2차전 상대인) 발렌시아의 스페인 프리메라리가 경기를 관전했다. 레인저스와의 1차전에서 비겼던 만큼 발렌시아와의 2차전을 준비하는 것이 중요했기 때문."이라며 "(칼링컵 지휘와 챔피언스리그 준비 중 하나를) 선택해야만 했다."고 말했다.

　맨유는 오는 29일 챔피언스리그 조별리그 2라운드에서 발렌시아와 격돌한다. 맨유는 챔피언스리그 조별리그를 1위로 통과하기 위해 발렌시아를 반드시 물리쳐야 한다. 매 시즌마다 레알 마드리드와 바르셀로나의 2강 구도로 점철되는 프리메라리가에서 발렌시아는 지난 시즌을 3위로 마쳤고 올 시즌에도 3승 1무로 초반 선두를 점할 정도로 무서운 상승세를 보여주고 있다.

　따라서 퍼거슨 감독은 발렌시아의 전력을 탐색하기 위해 칼링컵 3라운드를 포기했던 것이다. 퍼거슨 감독의 빈자리에는 펠란 코치가 대신 앉아 맨유 선수들을 지휘했다. 스컨소프는 맨유가 퍼거슨 감독의 지휘 없이도 이길 수 있는 상대적 약체.

　그러나 박지성에게는 퍼거슨 감독의 부재가 여간 아쉬운

게 아니었다. 시즌 초반 득점은커녕 부진한 경기력으로 일관했던 박지성은 이날에만 세 개의 공격포인트를 작성하며 부활의 신호탄을 쏘아 올렸다. 1 : 1로 맞선 전반 36분 동료 수비수 크리스 스몰링의 역전골을 어시스트했고 3 : 1로 앞선 후반 9분에는 오른발 슛으로 골그물망을 흔들어 올 시즌 첫 골을 터뜨렸다.

후반 26분 승부에 쐐기를 박는 동료 공격수 마이클 오웬의 득점까지 어시스트 한 뒤 공격수 베베와 교체됐다. 박지성이 골과 도움, 승리를 모두 쟁취하며 올 시즌 들어 가장 완벽한 경기력을 보여준 날이었으나 이를 지켜봤어야 할 퍼거슨 감독이 자리를 비워 아쉬움을 남겼다.[20]

이 기사는 독자에게 잉글랜드 프로축구 대회인 칼링컵에서 맨체스터 유나이티드가 스컨소프를 5 : 2로 이겼다는 정보만을 전달하고 있지 않다. 기사를 읽는 독자는 박지성 선수가 출전하여 1골 2어시스트를 기록하는 빼어난 활약을 했다는 사실과 맨체스터의 알렉스 퍼거슨 감독이 이례적으로 경기를 지휘하지 않았다는 사실도 알 수 있다. 그러나 궁금증을 남기지는 않았다. 기자는 왜 퍼거슨 감독이 자리를 지키지 않았는지 맨체스터가 처한 상황을 곁들여 자세히 설명하였다. 또한 퍼거슨 감독의 공백이 박지성 선수에게는 어떤 의미가 있는지도 충분히 설명하였다. 경기장을 지키는 기자는 이 기사에서와 같이 많은 요소들을 고려하면서 경기장 주변을 스쳐가는 시간과 상황에 주목한다. 물론 이 기자는 텔레비전 중계와 외신의 보도에 의존하고 있다. 그러

---

20) 국민일보 쿠키뉴스, 2010. 9. 23.

나 경기장 밖의 요소들에 주목할 줄 모른다면 이렇게 많은 정보를 담은 기사를 쓰기 어려웠을 것이다.

기업은행과의 경기에서 기아의 최인선 감독은 왜 팀의 간판이자 주포인 허재를 후반 내내 벤치에 앉혀 두었을까.

"연습 중 왼쪽 눈 아래가 찢어졌다. 의심스러우면 확인해도 좋다."

경기가 끝난 후 최 감독은 별다른 감정을 드러내지 않은 채 '부상'을 이유로 들었다. 그러나 이 날 허재는 스타팅 멤버로 코트에 나섰고 게임을 앞두고는 "본때를 보여 주자."며 동료들을 독려하는 성의를 보여 주었다. 과묵한 허재의 성품에 비춰 보면 대단한 성의였다.

허재는 "오늘은 컨디션이 좋지 않았다."는 짧은 한 마디를 남기고 경기장을 떠났다. 그러나 최 감독이 게임을 놓치면서까지 허재를 벤치에 앉혀 둔 것은 의문이었다.

허재는 전반 15분경 벤치로 불려 나갈 때까지 2리바운드, 2어시스트를 올리며 나름대로 팀플레이를 펼쳤다. 그러나 후반 스타팅으로 잠시 기용됐던 허는 2분도 되기 전에 다시 벤치로 불려 나갔고 영영 코트에 들어서지 못했다.

기아는 93~94시즌 두 다리에 피멍이 든 만신창이의 허재를 풀가동한 일이 있고 지난해 10월 코리안 리그에서도 발목이 성치 않은 허재를 계속 기용했다. 허재의 상처는 언제 아무는가. 허의 컨디션은 언제까지 나쁠 것인가.

허재 대신 팀 공격을 떠맡은 강동희(29점, 3점슛 7개, 7인터셉트), 김영만 (22점, 5리바운드)의 분전에도 불구하고 기아는 기업은행에 75 : 70으로 무너져 7승 4패를 마크했다(1일, 올림픽 제1체).

위의 예문은 『스포츠 보도론』에 실렸다. 농구를 다룬 이 기사에서
기자는 경기의 흐름과 기아 소속인 허재 선수의 기용 양상을 동시에
관찰하면서 두 요소를 결합해 한 꼭지의 기사에 녹여 넣었다. 이 기사를
읽는 독자는 기자 팀 내부에 뭔가 문제가 있어 허재 선수가 제대로 출전
하지 못했으며 허재 선수가 빠진 팀은 기업은행과의 어려운 경기에서 이
길 만한 힘이 없었다는 기자의 시각에 동화되기 십상이다. 이 기사에서
기자는 별다른 주장을 하고 있지 않지만, 기아 팀 내부의 상황에 대해 강
한 의혹을 제기하고 있다. 기자의 시각을 강력하게 반영하고 있으면서도
기자는 기사 뒤에 몸을 숨기고 있다.

기사 3

---

21) 중앙일보, 1996. 2. 1.

온 국민의 관심을 모았던 멕시코전에서 보여준 차범근 감독의 예상치 못한 용병술은 아직도 의문을 자아내고 있다.

또 그 용병술은 일반 팬들조차 의문을 제기할 만큼 명쾌하게 납득이 가지 않는 부문이 많은 것도 사실이다. 멕시코전 패배 이후의 선수단 분위기도 궁금하지 않을 수 없다.

첫 경기가 끝난 뒤 이틀이 지난 15일 낮. 월드컵 대표 팀의 베이스캠프인 파리 외곽의 노보텔 생컹텡에선 한국 취재진들을 위한 기자회견이 열렸다.

차범근 감독을 비롯한 황선홍, 최용수, 노정윤 등 관심의 초점이 되고 있는 당사자들이 모두 참석, 마치 청문회장을 방불케 하는 질의와 답변을 1시간 여 동안 가졌다. 때로는 살얼음판을 걷는 듯한 긴장감이 흘렀고 때로는 웃음도 터졌다. 하지만 웃음은 극히 일부였다.

최용수는 기자회견이 진행되는 동안 캔 주스를 두개나 마시면서 답답한 속내를 드러냈다. 차 감독이 "다혈질적인 성격 때문에 레드카드를 받을까봐 스타팅 멤버에서 제외했다."는 말을 할 때는 한숨을 내쉬기도 했다.

상의를 얼굴 위까지 끌어올리는 동작을 반복하는 등 복잡한 심사를 내비친 최용수는 기자들의 단도직입적인 질문에 차 감독을 의식한 듯 다소 부담스러워 하면서 "선수기용은 전적으로 감독의 권한이며 뛰지 못한데 대한 불만은 전혀 없다."고 밝혔다. 하지만 "컨디션은 정상이다. 훈련 때 보지 않았는가."라며 출격 명령만 떨어지면 언제든지 그라운드에 나설 준비가 다 돼 있음을 드러내 묘한 여운을 남겼다.

시집가는 날 등창난 격인 황선홍은 착잡한 표정을 감추지 못했으며 "마지막 벨기에전은 주사를 맞고라도 뛰고 싶다."며 비장한 각오를 밝혔다.

남은 경기 출장이 불투명한 노정윤은 "물병을 집어던진

것은 전적으로 월드컵 출장의 기회를 잡고도 몸이 제대로
따라주지 않은데 대한 불만의 표현이었다."면서 선수교체에
대한 무언의 시위는 아니었다고 해명했다.
　스포츠서울 취재팀은 독자들이 가장 궁금해 하는 부문을
집중적으로 질문, 의문의 실체를 밝히도록 노력했다. 질문과
답변 사이의 미묘한 흐름을 잘 음미하면 과연 무엇이 잘못
이고 어느 것이 오해인지를 어느 정도 알 수 있을 것으로
보인다.[22]

축구를 다룬 위의 예문에서는 농구 기사에서와 달리 기자의 의도가
분명하게 드러난다. "스포츠서울 취재팀은 독자들이 가장 궁금해 하는
부문을 집중적으로 질문, 의문의 실체를 밝히도록 노력했다. 질문과 답
변 사이의 미묘한 흐름을 잘 음미하면 과연 무엇이 잘못이고 어느 것
이 오해인지를 어느 정도 알 수 있을 것으로 보인다."라고 쓴 부분은
완곡함을 가장했을 뿐 사실은 아주 노골적이다. 최용수 선수의 몸짓과
행동, 발언 내용을 전하는 모든 문장이 의혹의 확대를 지향하고 있다.
따라서 기자는 기사를 기획할 때부터 차범근 감독의 선수 기용에 심각
한 잘못이 있었다는 문제의식에서 출발한 것 같은 인상을 준다. 기사
가 묘사하고 있는 것과 같은 상황에서 사실 취재원들의 발언은 중립적
일 수밖에 없다. 중립적이라는 말은 취재원이 구사하는 모든 언어가
가치중립을 지향한다는 뜻이 아니다. 플러스 요소를 지닌 언어와 마이
너스 요소를 지닌 언어가 교차하는 가운데 그 평균치가 중립의 좌표에

---

22) 스포츠서울, 1998. 6. 16.

놓이는 경우가 대부분이다.

　기자들은 취재원의 여러 가지 발언 가운데 유의미하다고 생각되는 언어를 선택하여 기사 작성에 활용한다. 취재원의 언어를 선택하는 단계에서 기자의 판단과 가치관이 개입한다. 이런 이유 때문에 기자는 선입견, 통념, 단정의 유혹으로부터 자유롭기 위하여 끊임없이 자신의 의식과 감정을 다스려야 한다. 또한 스포츠 기자들은 경기와 관련 없는 기사작성을 위해서도 관찰기술을 향상시켜야 한다. 기자들은 인터뷰 중에 포착되는 말 이외의 다른 단서를 이용해서 취재원이 사실을 말하고 있는지 그렇지 않은지 알 수 있다. 선수를 소개하는 인물 기사를 쓸 때는 관찰기술이 가장 큰 도구가 된다. 정확한 관찰을 통하여 분위기와 배경 등에 대한 다양한 묘사가 가능하다. 기술적 성격이 강한 기사를 작성하기 위해서는 집중적이고 세밀한 관찰이 필요하다. 책이나 잡지 기사를 쓰는 스포츠 라이터든 일간 신문 기사를 쓰는 기자이든 현대의 스포츠 저널리스트들에게 있어 관찰 기법은 보도 기술의 근간을 이루는 요소이다. 스포츠 기자는 자신이 독자의 눈과 귀, 그리고 코라는 생각으로 취재 대상에 접근해야 한다. 각종 정보를 수집하여 기사를 작성하되 정보 수집가로서 독자의 마음속에 올바른 이미지를 심어줄 수 있는 정확한 정보를 관찰을 통해서 추출할 수 있어야 한다.

관찰의 의미

　경기를 비롯한 스포츠 행사를 지켜보는 일은 스포츠 기자가 해야 할 주된 역할이다. 스포츠 보도에 있어서 기자의 관찰은 가장 중요한 요소이다. 기자가 노련하고 체계적으로 관찰한다면 보다 유익한 취재의 결과물을 얻을 수 있다. 그런데 기자들은 종종 관찰자로서의 위치를 망각한다. 그 결과 눈앞에 펼쳐지는 현상을 그저 바라보기만 할 뿐 정확하게 인식하지 못하는 경우가 있다. 기자들이 현상과 현실을 인지하느냐 그렇지 못하냐에 따라서 유익하고 흥미로운 기사와 평범하거나 무의미한 기사와의 거리차가 발생한다. 그런 만큼 관찰력은 기자의 가장 큰 무기가 될 수밖에 없다. 뛰어난 기자들에게는 그들의 주변에서 벌어지는 상황을 보통의 기자들에 비해 훨씬 빠르고 정확하게 감지하고 실체를 파악할 수 있는 능력이 있다. 이런 능력은 타고나는 면이 있지만 학습을 통하여 훈련되는 부분도 적지 않다. 관찰 능력의 향상을 위하여 개발된 교육 방법도 많다. 이들 대부분은 현장에서 이루어지는 실무 교육을 통하여 이루어진다. 인류학, 사회학 및 심리학 등 사회과학의 연구 성과가 기여하는 부분도 있다. 관찰 기법의 주요 특성 가운데 하나는 유효성(validity)이다. 기자에게 관찰은 일종의 보험 역할을 하는데, 다른 형태의 정보원들로부터 수집한 정보의 정확성을 감별할 수 있는 수단이 된다. 기자들은 취재원들의 구두 답변에만 의존할 수 없다. 따라서 모든 정보 요소에 대해 면밀히 관찰함으로써 취재원이 사실과 다른 정보를 제공하거나 일부 또는 전부를 은폐하고자 하는지, 논리적으로 모순이 있는 말과 행동을 하는 것은 아닌지 일 수 있다. 또한 세심한 관찰은 실체가 불분명하고 사실 여부가 모호한 일에 대해 확인 수단이 된다. 기자들은 취재원의 소극적이고 애매한 태도나 정보 요소들의 난삽함, 교묘한 방해 요소들로 인하여 보편적인 방식으로 기사 정보를 수집하기 어려운 난관에 봉착하곤 한다. 이러한 문제를 해결하는 방법 가운데 매우 유용한 수단이 바로 직접관찰이다. 현장에서 벌어지는 상황과 현상, 사건들을 직접적으로 살펴보고 사람들을 만나 인터뷰함으로써 확인하는 일이다. 직접관찰의 효과는 취재원에 대한 인터뷰나 자료가 되는 문헌 조사의 효과를 능가할 때가 많다.

비 참여관찰(Non-participant Observation)

관찰기법은 인터뷰 및 문헌조사 등 정보수집의 결과물이라는 기반 위에서 위력을 발휘한다. 관찰과 인터뷰, 문헌조사라는 취재의 세 가지 요소는 거의 동시에 진행되어야 한다. 이 세 가지 요소를 따로 떼어 한 가지만 적용해서는 정확한 취재를 하기 어렵다. 대부분의 기자들은 누군가를 인터뷰할 때 인터뷰 대상자의 옷차림과 인터뷰 현장에서 오간 대화의 분위기, 인터뷰 대상자의 얼굴 표정과 몸짓 하나하나를 빠짐없이 기록할 것이다. 이러한 관찰은 정확한 기사를 쓰기 위해 빠뜨려서는 안될 작업이다. 직접관찰은 인터뷰와 마찬가지로 생동감으로 가득 찬 기사를 쓸 수 있게 해준다. 잘 취재된 기사의 문장은 살아 숨 쉬는 듯 취재 대상의 세세한 부분까지 빠뜨리지 않고 독자에게 전달한다. 그러나 관찰을 통해 취재를 완성하지 못한 기자들의 기사는 불완전할 것이다. 다음의 예문은 2004년 아테네올림픽을 취재한 기자가 현장을 방문해 세세히 살펴보고 팩트(fact)에 기초해 써내려간 기사다. 기자의 내레이션으로 구성된 이 기사에서 기자는 관찰과 팩트의 힘에 의존해 자칫 사적 진술에 그칠 수 있는 위험으로부터 기사를 보호하고자 노력하고 있다.

거대한 대리석 구조물, 근대올림픽이 탄생하던 1896년 '태반' 역할을 한 곳이 바로 한쪽이 터진 타원형 구조를 지닌 파나티나이코 스타디움이다. 이 유니크한 구조는 고대 원형극장의 변형이며 온전히 대리석만으로 이뤄졌다는 점에서 그리스의 건축 혼을 그대로 담았다. 시칠리아나 북아프리카에 흩어진 그리스계 유적 가운데는 대리석 대신 그 지방의 퇴적암이나 화산암을 사용한 건축물의 흔적이 많다. 대리석은 말하자면 '원조'임을 보여주는 징표와도 같다.

U자형 스타디움의 열린 방향으로는 멀리 아크로폴리스의 폐허가 지중해의 태양 아래 바짝 마른 아테네 시가지와 매연 속에 아련한 피레우스 항을 내려다보고 있다. 한낮의 태양은 그림자조차 두부모처럼 잘라내 가도의 차량들은 직사각형의 그림자를 차 바닥에 매달고 달린다. 이 무서운 태양의 열기는 마라톤 전투의 승전보를 전하기 위해 아테네까지 내처 달린 병사가 탈진한 나머지 쓰러져 숨졌다는 일화를 전설이 아닌 사실로 믿게 한다.

마라톤 평원으로부터 아테네까지의 거리는 근대에 실측한 결과 40㎞남짓이다. 그러나 8월 12일 또는 9월 12일로 추정되는 전투가 벌어진 그 날, 한낮의 대지를 날뛰나던 탈수증이나 일사병에 걸려 목숨을 잃었을 수 있다. 아테네 사람들은 길을 나서려는 나그네에게 "물을 많이 마시고 햇볕을 오래 쬐지 말라."고 당부한다. 마라톤에서 파나티나이코 스타디움에 이르는 마라톤 코스 중간에는 승전보를 전하기 위해 달린 그리스 병사의 청동상이 세워져 있다. 그 다급하고 고통과 환희에 가득 찬 몸짓은 지친 나그네의 마음을 아프게 한다.

파나티나이코 스타디움은 양궁장이자 마라톤 경기의 골인 지점이다. 한국선수단은 양궁과 마라톤에서 모두 금메달을 기대하고 있다. 그러니까 결과가 한국의 기대대로 나타난다면 파나티나이코 스타디움은 한국 스포츠 사에 길이 남을 이름이다. 한낮의 태양 아래 버스 정류장에서 꼬불꼬불한 구시가지 골목을 지나 경기장 안으로 통하는 긴긴 낭하를 통과한다. 그 과정은 108년의 세월을 거슬러 올림픽의 추억을 되살리는 타임 캡슐을 개봉하는 의식처럼 느껴진다.

파나티나이코 스타디움은 관중석에서 내려다볼 때와, 양궁 사대나 육상 트랙 위에 섰을 때 전혀 다른 감각을 경험하게 만든다. 관중석에서 보면, 스타디움은 아크로폴리스 방향으로 소실점이 끝없이 물러서면서 어떤 생명체가 속살을 숨기는 듯하다. 그러나 경기장 한복판에서 느끼는 것은 태양의 에너지를 모조리 끌어 모은 오목거울이 초점을 트랙이나 사대에 선 선수에게 집중시키는 것 같다. 아크로폴리스 방향으로 터진 공간은 선수에게 마치 영겁을 지나 고대 올림픽의 시간으로 초대받는 느낌을 줄 것이다.

파나티나이코 스타디움에서 경기가 마감되는 마라톤은 이 경기장의 마력으로부터 꽤나 자유로울 것이다. 그러나 양궁이라면 문제가 다르다. 대리석의 건축물 전체가 엄청난 태양에너지를 축적했다가 폭발하듯 대기 속으로 방출하기 때문에 거대한 열기 덩어리가 유령처럼 허공을 맴돈다. 이 열 덩어리들은 스타디움 안에 소용돌이를 만들고 외부에서 흘러든 바람과 때로는 몸을 섞고 때로는 반목하면서 예상하기 어려운 대기의 흐름을 형성한다. 바람의 방향은 잠시라도 일정하지 않다.

한국선수들은 8월 14일 이곳에서 마지막 훈련을 했다. 과녁을 바라보며 숨을 죽인 선수들은 마치 대리석 조각 같았다. 반들반들한 대리석 건물의 곳곳에 부딪혔다 쏟아진 광선들이 선수들의 모습을 환히 부각했다. 빛의 소나기 한복판에서 선수들은 더욱 빛났고 더욱 돋보였다. 한껏 부풀어 오른 대기는 고대와 현대, 1896년과 2004년 현재의 추억과 현실 속으로 서두르지 않고 유영했다. 그리고 한국 선수들의 시위를 떠난 화살은 올림픽과 그리스의 꿈, 그 현재와 미래를 꿰뚫었다.

스포츠 기자로서 파나티나이코 스타디움에 대한 매혹은 본능과도 같았다. 알 수 없는 힘에 끌려 한낮의 태양 속을 걸어 그곳에 갔다. 영혼을 빈틈없이 찍어 누르는 듯한 압도적인 힘을 느꼈다. 세계 곳곳에서 모인 올림피언들의 건강한 외침이 결코 외국어로 들리지 않았다. 사진과 기록영화 속에서 파나티나이코 스타디움은 늘 그늘 속에 잠겨 있는 듯했다. 그러나 2004년 올림픽의 해에 주경기장 남쪽에 내던져진 파나티나이코 스타디움은 지중해의 태양 아래 당당할 뿐이었다.[23]

현장을 누비는 기자들은 환경에 지배당할 위험에 노출돼 있다. 특히 스포츠를 취재하는 기자들은 스포츠 경기장이나 스타 선수의 인터뷰 현장에서 감정에 유도될 가능성이 크다. 스포츠는 태생적으로 사람의 가슴을 들끓게 하는 마력을 지니고 있다. 그렇기에 기자들은 더더욱 강한 집중력을 요구받을 수밖에 없다. 기자가 기사거리를 포착하여 행

---

23) 조인스, 2004. 8. 16.

동(취재)에 나섰다면, 그는 냉혹할 정도로 이성적이어야 하고 어떠한 유혹과 방해에도 교란되는 일 없이 팩트의 중심으로 파고들어야 한다. 기자의 움직임은 빛처럼 빠르면서도 소리 없이 수행되어야 마땅하다. 기자에게는 포착한 먹잇감(기사거리)을 시야에서 놓치기 십상인 유혹이 순간순간 닥친다. 그 유혹은 매우 매력적인데, '이 기사거리보다 더 큰 기사거리를 포착할 수 있을 것 같다'는 예상 또는 누군가의 설득이거나 '이 기사거리를 단번에 빼먹을 게 아니라 두고두고 기사화해 앞으로 열 번은 더 기사를 쓸 수 있겠다'는 것과 같은 판단(대개는 정확하지 못한)들이 그렇다. 그러므로 기자는 순간적으로 달라지기도 하는 취재 현장의 환경과 취재 대상의 움직임에 절대적으로 집중해야 하는 것이다. 선수들의 숙소나 훈련장, 코치나 운동 팀 관계자들의 사무실에는 기사가 될 만한 무엇인가가 똬리를 틀고 있다. 현장은 기사의 광맥인데, 좋은 광부(기자)만이 채굴해 낼 수 있다. 기자에게 반드시 필요한 관찰기술뿐 아니라 고도의 인내력과 집중력 역시 타고난 재능을 필요로 하는 것은 물론이지만 경험과 교육을 통한 능력치의 향상도 얼마든지 기대할 수 있다. 사실 특종은 타고난 기자보다는 우직하게 진실의 문을 향해 육박해 들어가는 성실한 기자에게서 많이 나온다.

　관찰에 있어서 결정적인 작용을 하는 요소 가운데 하나는 시각(내지 시야)의 문제이다. 예컨대 한 기자가 경기장에서 선수들의 플레이를 보는 시각은 다른 기자와 다를 수 있다. 시각의 차이는 관찰내용을 정보로 전환할 때 큰 차이를 발생시킬 수 있다. 매우 혼잡한 기자회견장에서 안목이 뛰어난 기자는 그렇지 않은 기자에 비해 기자회견에 참석한 취재원의 표정을 통하여 아주 상세한 정보(또는 그 단초)를 포착할 수도 있다. 모름지기 기자는 치밀해야 한다. 치밀함은 보도의 가장 기본적 요소에 속한다. 기자는 상대방의 발언을 경청해야 하며 이 요구는 설령 기자가 취재원과 대화 형식으로 인터뷰하고 있을 때도 해당된다. 기자는 말을 많이 하는 것보다는 취재원이 많은 말을 할 수 있도록 유도하고 분위기를 조성해야 한다. 스포츠 경기 중에는 논란이 따를 만한 플레이가 나오곤 하는데, 이런 논란은 과거의 경우 전적으로 기자를 포함해 경기를 관찰한 사람들의 시각 차에 의해 발생하였다. 서독과 잉글랜드가 격전을 치른 1966년 잉글랜드 월드컵 결승에서 벌어진 골 판정 논란이 좋은 예이다. 잉글랜드의 제프 허스트 선수가 슛한 공이 크로스바를 맞고 골라인 부근에 떨어졌는데, 심판은 골을 선언했다. 골라인을 넘지 않았다는 것이 서독 선수들의 주장이었지만 받아들여지지 않았고 논란은 최근까지도 계속돼왔다. 비디오를 분석한 전문가들은 골라인을 넘지 못했다는 쪽에 무게를 두고 있지만 명쾌하게 결정이 난 문제는 아니다. 이러한 논란은 최근 눈부시게 발달한 비디오 판독 기술에 의하여 상당히 줄일 수 있게 되었다. 2010년 남아프리카공화국 월드컵에서 잉글랜드와 독일이 8강 진출을 위해 16강전 경기를 했을 때는 잉글랜드의 프랑크 람파드 선수가 슛한 공이 크로스바를 맞고 골라인 근처에 떨어졌다. 주심은 잉글랜드의 골을 선언하지 않았다. 그러나 중계방송 화면은 상하게 외선이 설빈 공이 골라인을 완진히 넘어갔다가 골문 밖으로 튀어 나오는 장면을 정확하게 보여주었다. 시청자들은 즉시 주심과 선심이 잘못된 판정을 했음을 알 수 있었다. 그러나 경기장 안에서는 순식간에 벌어진 이 상황에 대해 정확한 판단을 내리기 어려웠을 수 있다. 기자들도 나중에 비디오를 보고 확인하게 되는 경우가 허다하다. 테니스와 같은 경기에는 비디오 판독 시스템을 이용해 판정의 오류를 바로잡는 제도가 있지만 축구는 2010년 현재 이 같은 제도를 도입하지 않았다. 다음의 기사는 2001년 프로농구 계에서 매우 큰 논란을 부른 사건을 다루고 있다. 경기장 안의 심판과 대부분의 선수, 그리고 기자들도 정확하게 보지 못한 장면이 텔레비전 취재 카메라에 포착되어 결국은 심판의 오심으로 확인된 경기였다.

올 시즌 프로농구 최고의 우량주 삼성과 LG. 21일 그들이 밟은 코트는 서로 달랐지만 한 순간도 서로를 잊지 않고 있었다. 삼성은 잠실에서 SK를, LG는 창원에서 골드뱅크를 상대했다. 공동 선두를 원했던 LG의 꿈은 삼성 주희정의 손에 의해 깨졌다.

삼성은 경기 종료 버저 소리와 함께 터진 주희정(9득점, 7리바운드, 16어시스트)의 결승 레이업슛에 힘입어 96 : 95로 역전승, 24승 7패를 마크해 2위 LG(23승 8패)와의 승차를 한 게임으로 유지했다.

골드뱅크를 91 : 75로 누른 LG 관계자가 라디오 중계를 들으며 '필승 SK'를 주문처럼 외우는 동안 삼성은 마지막 순간까지 피가 말랐다. LG의 희망은 거의 이뤄질 뻔했다.

경기 종료 4초 5를 남기고 94 : 95. 종료 2분 전까지 94 : 89로 앞서 '따돌렸다'고 생각했던 삼성의 방심을 비웃듯 SK는 조상현(20득점)이 내리 6득점하며 1점 차로 뒤집었다. 삼성은 작전타임을 부른 뒤 주희정의 골밑 돌파 작전으로 운명을 걸었다.

주희정의 레이업슛은 큰 궤적을 그렸다. 뒷림을 맞는 순간 넘어가는가 했으나 미끄러지듯 그물 속으로 빨려 들어갔

다. 삼성 벤치의 김동광 감독은 주먹을 허공에 휘두르며 환
호했고 무스타파 호프는 비행기를 타듯 두 팔을 벌리고 코
트를 누볐다.

끝내기는 주희정이 맡았지만 진행은 문경은(33득점)이 책
임졌다. 무릎 부상을 털고 전날부터 코트에 복귀한 '삼성의
얼굴' 문경은은 4쿼터에만 10득점하며 당장이라도 무너질
듯한 팀을 지탱했다.

82 : 83으로 뒤진 4쿼터 4분 레이업슛과 3점포로 87 : 83
을 만드는 장면이 하이라이트. 삼성은 주말 두 경기를 모두
1점차로 승리하는 강한 생명력을 발휘했다.

한편 SK는 삼성의 마지막 공격에서 주희정이 하프 라인
을 밟았다며 골 무효를 주장했으나 주심 한규돈 씨는 이를
묵살했다. 비디오 검토 결과 주희정이 '하프 코트 바이얼레
이션'을 범한 것이 사실로 확인됐다.[24]

관찰하는 기자의 능력과 재능, 가치관과 같은 요소들이 몇 가지 문
제를 발생시킬 수도 있다. 기자의 시력은 분명히 스포츠 경기를 관찰
하는 데 영향을 줄 수 있다. 심지어는 기자가 어느 자리에 앉았느냐도
변수가 된다. 관찰 각도의 한정성이 시야에 장애요소로 작용하는 예가
허다하다. 기자가 정서적으로 안정되어 있느냐 흥분하고 있느냐에 따
라서 시야는 크게 달라질 수 있다. 또한 기자들은 시야를 넓게 가지기
위해 노력하다가 꼼꼼히 챙겨 두어야 할 세세한 팩트들을 놓치는 수도
있다. 모노럴(monaural)한 시야, 즉 일정한 (또는 개인적으로 선호하는)
각도에서 이루어지는 관찰에만 집착하여 진정으로 검토되어야 할 사항

---

24) 중앙일보, 2001. 1. 21.

을 놓치는 수도 있다는 뜻이다. 기자가 지닌 독특한 가치관이나 기자의 학연·지연·개인적인 친소 관계·데스크의 요구와 압박·기자가 속한 언론사 내부의 분위기 등이 상황을 관찰하는 데 객관성이나 판단의 정확성에 영향을 줄 가능성은 늘 있다. 다음은 2009년 프로농구계를 소란하게 만든 대구 오리온스 구단과 김승현 선수의 '이면계약 파문'을 다룬 기사다.

지난 2주 간 한국프로농구는 대구 오리온스와 간판 가드 김승현(31·178cm)의 '연봉전쟁'으로 큰 파문을 일으켰다.

2008~2009 시즌 형편없는 성적에 그친 김승현에게 연봉 삭감 대신 소폭 인상을 제시한 오리온스 농구단, 그에 맞서 더 많이 올려달라며 오히려 큰 소리를 친 김승현의 이상한 싸움은 급기야 이면계약서 논쟁과 황당한 봉합 등으로 이어지며 한바탕 세간을 시끄럽게 했다. 한국농구연맹은 이 사건을 조사 중이며 징계 등의 후속 절차가 남아 있다.

김승현과 오리온스 사이에는 도대체 무슨 일이 있었던 것일까. 김승현은 과연 어떤 선수이기에 이토록 큰 파문을 일으키고 있는 것일까.

김승현은 한때 한국프로농구 최고의 포인트가드로 각광받았다. 김동광, 이충희, 강동희, 신기성 등 한국 최고의 가드를 길러낸 인천 송도고 출신으로 동국대 시절까지는 큰 두각을 나타내지 못했지만 2001~2002시즌 프로농구 대구 동양(현 오리온스)에 입단하면서 천재적인 재능을 발휘하기 시작했다.

키는 작았지만 뛰어난 패스워크가 일품인 김승현은 당시 최고의 용병인 마르커스 힉스와 콤비를 이루며 동양을 정규리그와 챔피언결정전 통합 우승으로 이끌었다. 신인 최초로 정규리그 MVP에 올랐고 신인상과 그 해 어시스트상, 스틸상, 베스트5 등을 모조리 휩쓸었다. 바로 전 시즌에 32연패를 당하며 최하위에 그쳤던 오리온스가 '꼴찌의 반란'을 일으키자 김승현의 주가는 치솟았다.

2002년 부산아시안게임 결승전에서는 중국 장신선수들 숲을 요리조리 빠져 다니며 적시적소에 볼을 투입하는가 하면 번개처럼 공을 빼앗는 등의 활약으로 한국 승리의 일등공신이 됐다. 지금은 미국프로농구(NBA)의 최고선수로 성장한 야오밍을 포함해 최정예를 내세운 중국이 한국에 무릎 꿇은 데는 승부처에서 보여준 김승현의 깜짝 활약이 큰 몫을 했다.

그는 2002~2003시즌에도 동양을 정규리그 우승으로 이끌었고, 이후 매년 베스트5에 뽑혔다. 강동희, 이상민으로 이어지는 최고 포인트가드의 계보를 확실히 꿰차고 '한국 최고의 가드'로 자리 잡았다.

오리온스에서 5시즌 활약한 김승현은 2006년 초 자유계약선수(FA) 신분을 획득했다. 이젠 팀을 고를 수 있는 권리가 생긴 것이다. 당연히 나머지 9개 프로농구팀이 치열한 물밑 경쟁을 했다. 당시 프로농구는 한 팀당 16억 원의 샐러리캡(선수연봉총액상한제)에 묶여 있었지만 공공연히 뒷돈을 주고받는 경쟁이 뜨거웠다.

거액의 뒷돈을 제시하는 다른 구단에 김승현을 뺏길 것을 두려워한 오리온스는 김승현에게 5년간 연봉 10억 5000만 원을 제시했다. 총액 52억 5000만 원이다. 사실 오리온스는 이같이 큰돈을 줄 형편이 안 됐지만 비정상적인 방법을 동원해 돈줄을 마련했고, 김승현의 도장을 받아내는 데 성공했다. 한국농구연맹(KBL)에는 김승현의 연봉을 4억 3000만

원으로 신고했다. 계약서대로 모두 신고하면 나머지 11명의 선수들은 5억여 원을 갖고 연봉을 나눠가져야 하기 때문이다. 이것이 바로 이면계약이다.

그런데 계약 성립 2개월 뒤 부임한 심용섭 현 오리온스 단장은 이를 인정하지 않았다. 우선 돈줄을 제공키로 했던 상대와 약속을 무효화했고, 계약 내용도 이행하지 않았다.

김승현은 2007~2008시즌부터 최근 2시즌 연속 허리디스크 증세로 형편없는 성적을 냈다. 오리온스의 성적도 다시 최하위로 곤두박질쳤다. 그런데 많은 농구인들은 김승현의 부상이 느슨한 정신력, 소홀한 몸관리와 훈련 부족 등에서 비롯됐다고 지적하고 있다.

그의 별명은 KBL 미디어가이드북에도 올라와 있듯 '뺀질이'다. 아마추어 시절 크게 주목받지 못하다가 프로농구에서 꽃을 피우며 일약 최고스타가 된 김승현은 이후 데뷔 초기의 정신력과 끈기를 보이지 않았다. 김승현을 2006년 도하 아시안게임 대표로 뽑아 지도한 최부영 감독(경희대)은 아침 운동에 나오지 않는 그를 나무라다가 "저는 원래 오리온스에서 아침운동을 하지 않아요."라는 대답을 듣고 기가 막혔다고 한다. 2007년 한·중 올스타전이 열리기 전날 밤 동료와 몰래 외출해 만취하도록 술을 먹고 들어오는 어이없는 일도 있었다. 당시 한국 대표팀 사령탑을 맡았던 신선우 감독(전 LG)이 눈감아 주고 경기에 중용하지 않아 조용히 지나갔지만 큰 파문이 날 수 있는 철부지 행동이었다.

오리온스로선 부상으로 팀 기여도가 없는 선수에게 이면계약서대로 10억 원이 넘는 돈을 꼬박 꼬박 지급하기가 싫었다. 오리온스와 김승현의 갈등은 2시즌 째를 거치면서 증폭되더니 결국 최근 연봉협상 과정에서 터지고 말았다.

오리온스는 지난 시즌 명목 연봉 5억 5000만 원 보다 5000만

원 오른 6억 원을 제시했고, 김승현은 그 보다 훨씬 많은 돈 (8억 5000만 원 추정)을 주장했다. 합의점을 찾지 못하고 지난 15일 KBL을 통해 조정을 받게 된 김승현은 재정위원회에 출두해 이면계약서 사본을 제출하고 말았다. "억울하다."는 근거였다.

이면계약서를 통한 뒷돈 거래는 KBL이 샐러리캡의 취지를 살리기 위해 철저히 금지하고 있고, 상응하는 중징계 방침까지 정해져 있는 터라 파문은 컸다. 프로농구 전체의 공공연한 비밀로 인식되던 이면계약서가 선수에 의해 공개되기는 처음이다. "김승현이 판도라의 상자를 열었다."며 농구계 전체가 우려의 눈길을 보냈음은 물론이다.

이면계약서 공개는 모두에게 이로울 게 없었다. 우선 KBL은 프로농구 전체의 이미지 손실을 우려해 먼저 원만한 합의에 이를 것을 권고했다. 그러나 양측은 이를 거부했고, KBL은 6억 원을 제시한 구단의 손을 들어주었다.

현행 KBL 상벌규정대로라면 이면계약이 밝혀질 경우 선수는 최고 1000만 원, 구단은 최고 5000만 원의 재제금을 내고, 계약을 원천무효로 하며 선수가 더 받은 돈은 모조리 돌려주게 돼 있다. 규정에 따르면 김승현은 약 14억 원 정도를 토해내야 했다. 팀은 다음 시즌 신인지명권을 잃어야 한다. 끝없는 정면대결은 구단에도, 선수에게도 손해나는 장사일 뿐이었다.

다음 시즌엔 절대 함께 하지 않을 것 같은 기세로 충돌했던 김승현과 오리온스는 연봉조정을 받은 지 5일 만인 7월 13일 서둘러 봉합하려는 '코미디'를 연출했다. 심용섭 단장과 김승현이 서울 송파구 방이동 LG체육관의 KBL 2군리그 출범식 기자회견장에 예고 없이 불쑥 나타나 "6억 원에 합의했다. 원래 계약서는 하나였고, 이면계약서는 없다."고 발

표했다. 오리발도 이런 오리발이 없다. 팬을 우롱해도 정도
껏 해야 한다.

이제 공은 KBL로 넘어갔다. 이면계약서 사본을 받은 KBL
이 이를 모른 척 한다면 다음 시즌 프로농구의 미래는 없다.
철저한 조사를 통해 이면계약과 뒷돈거래 의혹을 벗겨야 한
다. 한때 프로농구는 뒷돈 거래의 증거를 제시하면 1억 원
을 포상하겠다며 '쇼'를 했던 적이 있다. 일부에선 오리온스
심단장이 현 KBL 전육 총재를 영입하는 데 앞장선 실세라
서 정확한 조사가 이뤄질 수 있을지 의문을 제기할 정도다.

팬들의 가장 큰 관심은 김승현이 재기할 수 있을까에 쏠
린다. 견책, 제명 등의 조치를 취할 수 있는 KBL의 제재를
피할 수 있을 지부터 관심이고, 설령 코트에 다시 선다 해도
이런 잡음을 내고선 다음 시즌의 활약도 기대하기 어렵다는
분석이다.

김승현은 과연 전성기의 기량을 회복하고 최고의 선수로
거듭날 수 있을까.[25]

위의 기사는 김승현 선수를 비난하면서 사실상 한국농구연맹(KBL)을
향해 강력한 징계를 요구하고 있는 의견 기사다. 기자는 김승현 선수
의 허리 디스크라는 부상을 언급하면서 구체적으로 이름을 명기하지는
않은 채 '많은 농구인들'이라는 불분명한 인물 군을 내세워 김승현 선
수의 부상이 느슨한 정신력, 소홀한 몸 관리와 훈련 부족 등에서 비롯
됐다고 단언하고 있다. 읽기에 따라서는 기사를 쓴 기자가 김승현 선
수에 대하여 '원한'이라도 있는 것으로 느껴질 만큼 가차 없는 비난이

---

25) 경향신문, 2009. 7. 28.

이어진다. 기사에 사용한 언어로는 '뺀질이', '오리발', '쇼', '약 14억 원 정도를 토해내야' 등 비속어까지 동원됐다. '형편없는'이라는 표현이 두 차례나 등장해 김승현 선수를 규정하는 데 사용됐다. 31세의 농구선수를 평가하면서 '철부지'라는 표현도 하였다. "견책, 제명 등의 조치를 취할 수 있는 KBL의 제재를 피할 수 있을 지부터 관심이고, 설령 코트에 다시 선다 해도 이런 잡음을 내고선 다음 시즌의 활약도 기대하기 어렵다는 분석이다."라는 문장은 주어를 찾아낼 수 없는 비문(非文)이다. 누가 어떤 근거로 이런 분석을 했다는 것인지 알 수 없다. 결국은 기자의 생각일 가능성이 크다. 어찌됐든 이 기사는 그 품질이나 완성도를 논하기에는 부적절하지만 김승현 선수에 대해 지극히 부정적인 기자의 시선을 적나라하게 반영한 하나의 예이다. 반면, 같은 사안을 주제로 쓴 다음의 기사는 비교적 중립을 유지하면서 전체적으로 프로농구계의 문제점을 지적하고 있다. 분명히 비난의 뉘앙스가 있지만 위의 기사에서처럼 노골적으로 기자의 불쾌한 감정이 전면에 드러나지는 않는다. 짧지만 요점을 짚은 이 기사를 통하여 독자는 문제의 핵심에 접근할 수 있다.

기사 7

수 문만 무성하던 오리온스 김승현(31) 연봉의 실체가 수면 위로 떠올랐다. 몸값이 수십억 원에 이른다는 얘기를 들었던 김승현은 한국농구연맹(KBL)에 계약 조건이 담긴 문건을 제출했다. 성적에 상관없이 5년 동안 연봉 10억 5000만 원으로 총액 52억 5000만 원에 이르는 것으로 전해졌다. 더는 뒷돈을 지급할 수 없다며 연봉 6억 원을 제시한 구단 측에 김승현이 반발했던 이유도 확실해졌다. 김승현은 KBL 재정위원회가 자신의 연봉을 6억 원으로 결정한 것도 받아들일 수 없다는 입장을 분명히 했다.

오리온스와 김승현이 첨예한 갈등을 보이고 있는 가운데 양측 모두 '네 탓'만 외치기는 어렵다. 오리온스는 김승현을 '먹튀'로 여긴다고 하더라도 계약 조건은 이행하는 게 맞다. 만약 털어버리려 했다면 2007년 KBL 이사회의 자정 결의에 따라 진작 했어야 했다. 다른 구단은 어떤 형식으로든 뒷돈을 정리했다. 5월에는 KBL에 선수들의 종합소득신고서를 제출하기도 했다.

김승현 역시 거듭된 부진으로 팀 성적이 바닥을 헤매고 두 명의 감독이 연이어 시즌 도중 경질된 사태와 무관하지 않다. 경기에 출전 못할 정도로 허리가 아프다면서 여가생활을 즐긴 것은 공인으로서 문제가 있다.

프로 출범 후 뒷돈 문제가 끊임없이 제기됐는데도 솜방망이 징계 수준에 그치거나 '제3자'라며 뒷짐을 졌던 KBL의 어정쩡한 태도도 사태를 키웠다.

김승현이 연봉 6억 원을 받아들이지 않으면 KBL은 이사회에서 제재 방안을 논의하기로 했다. 김승현은 옷을 벗을 각오로 법정 공방을 벌일 수 있다. 오리온스와 김승현이 막판에 모종의 타협을 본다는 시나리오도 나온다. 어떤 식으로든 결론이야 나겠지만 그 앙금은 쉽게 가시지 않을 것 같다.[26)]

관찰의 또 다른 측면은 주어진 상황을 관찰하고 묘사하는데 스타일리스트로서의 재능과 의무를 가미하여 기사에 색채를 부여하는 경우다. 색채가 부여된 관찰과 보도는 여러 가지 위험요소(상황에 대한 주관적

---

26) 동아일보, 2009. 7. 11.

반응과 적용이라는)에도 불구하고 독자들에게 현장감을 주고 기자가 인지한 감각적 자극을 직접적으로 제공하는 선작용(善作用)을 수행한다. 이러한 수단은 관찰자들에게 떠올랐을 법한 생각, 그리고 그들이 듣고, 보고, 냄새 맡고, 만지고, 맛보고, 호흡했을 법한 요소들을 글로 옮기는 것이다. 이러한 작업은 독자들이 관찰하였을 것과 똑같은 경로를 통해 관찰하는 관점을 적용할 경우에 기대할 수 있는 최선의 결과를 만들어 낼 수도 있다. 다음은 프로야구 스타 양준혁 선수의 은퇴경기를 보도한 조선일보의 기사다.

조명탑의 불빛이 모두 꺼진 19일 밤 대구 야구장. 캄캄한 마운드 위로 한 줄기 스포트라이트(spotlight)가 비쳤다. 그곳엔 '양신(梁神)'이라 불렸던 프로야구 삼성의 양준혁(41)이 있었다. "야구는 제 모든 것이었습니다. 힘들었던 순간도 행복이었습니다. 하지만 이젠 떠날 때입니다. 지금까지 저에게 베풀어준 사랑을 후배들에게 나누어주시길 바랍니다." 고별사를 말하는 그의 양볼 위로 눈물이 흘렀다. 이날 SK전은 그가 18년 프로생활에 마침표를 찍는 날이었다.

구장을 가득 메운 1만여 팬들은 '신'과의 이별을 아쉬워하며 "위풍당당 양준혁"을 목이 터져라 외쳤다. 대구상고와 영남대를 졸업하고 93년 삼성에 입단한 '대구 프랜차이즈 스타' 양준혁을 향한 작별인사였다. 99년 해태, 2000년 LG로 '원치 않은 이적'을 했다가 2002년 다시 돌아온 그는 "야구를 시작한 대구에서 많은 팬과 함께 끝을 맺어 행복하다."고 울먹였다.

경기 전 양준혁은 울지 않았다. "아직 실감이 안 난다. 내

일이라도 와서 연습해야 할 것 같다."고 어색해했다. 전광판에 소개된 장동건·한효주 등 인기 배우들의 영상 메시지를 보면서 쑥스러운 미소를 지었고, 시구자로 마운드에 오른 아버지 양철식(75) 씨를 뜨겁게 껴안으며 환하게 웃어 보였다.

3번 타자 겸 1루수로 선발 출장한 양준혁이 1회 말 첫 타석에 들어섰을 땐 가수 콘서트장 같은 열광적인 분위기가 이루어졌다. 모든 팬이 일어서서 양준혁의 이름을 외쳤다. 가수 김창렬이 응원 단상에 올라 히트곡 '나 이런 사람이야'를 열창했다.

SK 선발투수 김광현은 자신이 2007년 4월 데뷔전에서 홈런을 내줬던 양준혁을 향해 모자를 벗고 떠나는 선배를 향해 공손히 예를 갖췄다. 하지만 "양준혁 선배를 상대로 삼진 3개를 잡아내겠다. 그게 선배에 대한 예우다."라고 말했던 김광현은 자신의 약속을 지켰다. 양준혁은 첫 타석에서 공 3개에 헛스윙 삼진을 당했고, 4회와 7회에도 모두 삼진으로 물러났다. 9회 말 마지막 타석에선 송은범을 상대로 2루수 땅볼을 치곤 1루까지 전력 질주했다. 항상 최선을 다했던 그의 모습 그대로였다.

팬들은 양준혁의 플레이를 보는 것만으로도 행복해 했다. 1루수로 나와 평범한 송구를 잡아도, 외야수로서 평범한 플라이볼을 처리해도 환호성을 질렀다.

양준혁은 이날 출전 자체가 기록이었다. 그는 2135경기 출전, 7332타수, 2318안타, 351홈런 등 9가지 부문에서 국내 프로야구 통산 최다 기록을 갖고 있다. "이런 축복 속에서 은퇴하는 양준혁은 복 받은 선수"라는 선동열 감독과 이만수 SK 코치의 부러움을 충분히 받을 만한 성적이었다.

양준혁의 마지막을 지켜보려는 팬들의 '티켓 전쟁'도 치열했다. 지난 13일 시작된 인터넷 예매에선 7000장이 25분 만에 동났고, 현장 판매분 3000장도 55분 만에 모두 팔렸다.

　　팬 100여명은 경기 전날부터 구장 주위에 텐트를 치고 지내며 티켓 구하기에 열중했다. 구단 관계자는 "양준혁의 유니폼을 입은 팬들이 평소보다 두 배는 많아 보인다."고 했다. 한 암표상은 "6000원짜리 일반석이 6만~7만원까지 올라갔다."고 말했다.

　　이날 경기는 정규리그 1위를 다투는 양팀의 포스트 시즌 전 마지막 경기이기도 했다. 결과는 SK의 3대 0 승리였다. SK는 정규리그 1위 확정 '매직 넘버'를 '1'로 줄였다. 김광현은 8이닝까지 삼진 8개 무실점으로 호투하며 17승으로 다승 단독 선두에 올랐다.[27]

　　기자라는 신분을 이용한 최소한의 참여가 이점이 될 수도 있다. 왜냐하면 기자의 신문이나 잡지에의 소속은 그로 하여금 어떤 사건이나 상황을 관찰하는데 필요한 더 좋은 시각을 가질 수 있게 해주기 때문이다. 이러한 현상은 스포츠 기자에게 기자석, 코트나 링 옆자리 또는 경기장의 사이드 라인 출입증이 주어지는 경우 확연하다. 기자의 참석은 상황을 바꿀 수도 있다. 즉 기자회견, 대형 개막전(grand opening), 저명인사 참석 등 제반 행사를 언론의 독점행사로 만들 수 있다. 즉 독점적 취재와 보도가 이루어질 가능성이 있다.

　　기자에 의한 직접관찰은 기사에 신뢰감을 줄 수 있다. 기자 자신이 목격자가 됨으로서 보도력을 제고시킬 수 있음은 의심의 여지가 없다. 직접관찰의 또 다른 이점은 전화에 의한 목격자 조사처럼 중간 정보원

---

27) 조선일보, 2010. 9. 20.

을 이용해 상세 정보를 수집하는 경우 발생하는 오차를 피할 수 있다는 점이다. 간접적인 방식인 제보에 의존하는 경우, 기자는 직접관찰의 모든 가치 가운데 가장 유력하고 효과적인 부분을 포기하는 것이며 불완전한 기억력, 편견, 오해, 정보를 왜곡시키는 기타 형태의 간섭을 피하기 어렵다. 다음의 기사는 '지옥의 랠리'라는 악명을 얻은 장거리 자동차 경주 대회인 '파리~다카르 랠리'를 대회에 출전한 한국 팀의 지원 인력들과 함께 따라가며 취재한 기자의 현지 발 보도이다. 대회의 혹독함이 가져온 결과, 한국 팀의 선전, 대회 도중에 벌어진 해프닝 등이 골고루 녹아 있는 기사를 통해 현장을 지켜본 기자만이 쓸 수 있는 생생함이 느껴진다.

역시 '지옥의 랠리'였다. 살아남은 경주차는 절반도 안 되는 53대뿐. 기아 스포티지 2호차도 완주 차량 대열에 당당히 끼었다.

최고 경쟁 부문인 완전 개조(T3) 출전 차량 61대 가운데 T3.3에서 6위에 오르는 한국 모터 스포츠의 작은 승리였다.

21일간 6개국 1만 7백 39㎞를 달려온 2001 파리~다카르 '장미 호수' 인근 최종 골인 지점에 도착했다.

자동차 부문에는 모두 1백 13대가 출전했으나 최종 목적지에 도착한 차량은 53대로 완주율이 46.9%에 그쳤다.

BMW, 푸조팀은 한 대도 완주하지 못했으며, 8대가 출전한 메르세데스 팀은 3대만이 '장미 호수'에 도착할 수 있었다. 42대를 출전시킨 도요타는 16대만 완주에 성공할 정도로 최악의 난코스였다.

지난해에 이어 올해도 스포티지 2대를 출전시킨 기아 팀은 커트 르 덕이 운전한 스포티지 2호차가 17일 16일째 경주부터 계속 구간 10위권에 오르는 막판 분전으로 최종 6위를 차지하는 기염을 토했다.

그러나 스포티지 1호차는 19일 경주에서 코스를 잘못 드는 바람에 막판 탈락해 아쉬움을 남겼다.

르 덕은 "일본의 미쓰비시나 닛산이 10년 만에 거둔 성적을 스포티지가 불과 2년 만에 해냈다."며 "내년 대회에서는 우승을 노리겠다."고 완주 소감을 밝혔다.

자동차 부문에서는 독일의 미녀 드라이버 유타 클라인슈미트가 미쓰비시 파제로를 몰고 전체 구간을 70시간 42분 6초에 주파하며 우승을 차지했다. 그는 파리~다카르 랠리에서 우승한 첫 여성 출전자가 됐다.

클라인슈미트는 마지막 날 경주에서 비신사적인 승부욕을 보인 장 루이 슐레서(프랑스) 덕분에 어부지리로 우승의 영광을 안았다.

1위 히로 마쓰오카(일본)에 이어 두번째로 출발해야 했던 슐레서는 마쓰오카보다 먼저 출발했다. 출발 시간을 지키지 않을 경우 1분당 2분씩 페널티를 받지만 앞서 달리면 페널티를 보상하고도 남는다는 계산이 깔린 고의적인 반칙이었다.

당황한 마쓰오카가 무리하게 주행하다 고장을 일으켜 슐레서의 '반칙 작전'은 성공하는 듯했으나 대회조직위는 슐레서의 '비스포츠적인 행위'에 1시간 벌점을 부여해 슐레서는 3위에 그쳤다.

한편 1백33대가 출전해 76대가 완주한 모터사이클 부문에서는 이탈리아의 파브리지오 메오니, 30대 가운데 18대가 완주한 트럭 부문에선 체코의 태트라 트럭이 우승했다.[28]

---

28) 중앙일보, 2001. 1. 22.

그러나 직접관찰에 의한 정보 수집은 불리한 점도 있다. 직접관찰은 많은 시간을 필요로 하며 출장 등이 필요해질 경우 경비 부담을 발생시킨다. 뿐만 아니라 때때로 기자들이 한 각도에서만 관찰할 수도 있기 때문에 위험스럽고 신빙성을 잃을 수도 있다. 위의 기사를 쓴 기자도 오직 한국 팀의 입장(즉 시야)에서만 대회를 취재함에 따라 감수해야 하는 여러 가지 위험 요소를 피할 수 없었다. 대회의 전체적인 프로필을 그려 보이거나 한국 팀 외의 국제적인 스타들과 그들의 뛰어난 경기력, 그 탁월함의 비결, 생생한 육성 인터뷰와 같은 중요한 콘텐트들을 놓칠 수밖에 없는 약점이 있었다. 이러한 문제를 피하기 위해 데니스 에버렛(Dennis Everette)과 아놀드 이스막(Arnold Ismach)은 몇 가지 예방 내지 해결 방안을 제시하였다. 첫째, 방이나 사무실 안에 있는 물건들 혹은 친구들의 용모 등 세세한 사항을 외우는 등 연습을 통해 자신을 훈련하라. 둘째, 유리한 위치가 오히려 관찰을 흐리게 할 수 있다. 관찰을 원하는 대상과 관찰의 관점을 확실하게 정하라. 셋째, 세세한 사항에 관해 다른 관찰자들과 크로스 체크(cross-check)하라. 넷째, 태도와 얼굴표정 및 육체 언어(body language) 등 비언어적(non-verbal) 대화 수단에 대해 연구하라. 다섯째, 짜증 등 신체적 징후를 찾아내라. 여섯째, 관찰 사항은 가급적 신속히 메모하라.

참여관찰(Participant Observation)

기자가 선수가 되어 대회에 출전하는 방식은 참여관찰의 특수한 사례일 뿐 일반 형태의 관찰에 의한 보도기법은 아니다. 최근 국내언론

에서는 오지 탐험이나 장거리 사막 레이스, 고산 등반 등 특수하고도
예외적인 일부 분야에 직접 기자를 참여시켜 관찰과 보도를 병행케 하
는 경우가 많다. 그러나 실제 스포츠 경기에 이러한 취재방식이 도입
되는 경우는 거의 없다. 물론 참여관찰은 어느 곳에서든 비 참여관찰
못지않게 유용할 수 있다. 정보수집 수단으로서의 참여관찰은 그 기원
을 사회학 및 인류학에 두고 있다. '네이버 백과사전'의 정의에 따르면
참여관찰은 데이터 수집기법(蒐集技法) 중 관찰법의 하나이다. 관찰에는
비통제적(非統制的) 관찰과 통제적 관찰이 있는데, 비통제적 관찰은 다시
비참여적(非參與的) 관찰과 참여적 관찰로 구분된다. 참여적 관찰은 관찰
자 자신이 관찰 대상 집단이나 커뮤니티의 일원이 되어 그 사회과정에
참가하여 관찰·기록하는 방법을 말한다. 있는 그대로의 사상(事象)을
직접 눈으로 보고 관찰할 수 있다는 데에 장점이 있다. 그러나 직접 눈
으로 목격하는 사건이나 상황은 매우 생생하고 박력이 있지만 복잡하
게 얽혀 있는 수가 많기 때문에, 자칫하면 인상본위(印象本位)의 주관적
인 관찰에 빠지기 쉽고, 따라서 관찰과정과 관찰결과의 과학성(科學性)
에 문제가 제기될 수 있다는 단점이 있다. 참여관찰은 어찌 됐든 효과
적인 정보수집 수단으로서 기자들의 인정을 받아왔다.

　가능하기만 하다면, 스포츠 저널리즘에 있어 참여관찰은 보도기법으
로서 매우 효과적이나. 예컨대 코치가 팀을 가르치면서 이에 관련 기
사를 쓴다든지 야구 경기에 진행 요원으로 참가한다거나 골프 대회에
캐디 자격으로 참가하는 일은 독자들에게 현장 체험을 통해 얻은 인상
이나 느낌을 전달할 수 있는 관찰 방법이다. 이런 점에서 참여관찰은
가장 순수한 형태의 관찰이다. 이는 정보원이 기자의 실제적인 직업적

신분을 모르고 있는 경우에 특히 그러하다. 기자들이 격리된 관찰의 벽을 넘어 직접관찰을 할 수 있기 때문이다. 비록 신원을 밝힐 경우에는 기사에 지장이 초래되기도 하지만, 신원미상의 관찰은 윤리적 문제를 야기할 수 있다. 따라서 이 방법은 달리 기사를 취재할 방도가 없을 경우에만 사용해야 한다. 예컨대, 정보원이 어떤 활동이나 관심사에 관한 대답이나 정직하고 정확한 정보제공을 거절할 경우에는 기자가 신분을 숨기고 관찰에 임할 수밖에 없을 것이다. 그러나 기자가 신분을 숨기는 데는 한계가 있으며 도덕적 부담도 적지 않다. 기자 신분을 밝히고 취재하는 것이 더 바람직하다. 기자가 신분을 밝히고 관찰을 시작한다 해도 관찰 대상이 되는 인물들은 관찰자인 기자의 존재에 익숙해져 자신들의 자연스런 태도와 행동을 회복할 가능성이 크다고 본다.

참여관찰의 또 다른 장점 중 하나는 정보원이 기자와의 대화를 꺼리는 경우 인터뷰 대신 이 방법을 쓸 수 있다는 점이다. 이러한 정보원의 예로는, 불법적 스포츠 도박을 운영하는 자, 수준 높고 규모 큰 직업적 스포츠 마케팅 사업종사자, 공공 스포츠 시설 및 공공자금의 관리자 등을 들 수 있다. 또한 참여관찰에 의한 보도는 기자들이 간접적인 관찰에 의존해야 하는 부담을 줄여 준다. 또한 참여관찰은 가장 좋은 시야를 보장해 준다. 자동차를 타고 경주하는 사막 레이스 대회에 기자가 직접 참여하는 것과 상황실의 텔레비전 모니터를 지켜보는 일은 그 정확성과 세부적 작업의 충실도 면에서 비교가 되지 않을 것이다. 상황실의 의자와 레이스에 참여한 차량의 좌석은 엄청난 차이를 갖고 있다. 비록 그 곳이 지원 차량의 조수석이라고 할지라도. 설령 경주에 직접 참여하지 않더라도 같은 종류의 차량을 이용해 경기 코스를 한차례

답사하는 일만으로도 차별적으로 유리한 시각의 확보가 가능할 것이다. 한편으로 스포츠 기자의 보도는 오직 관찰만을 정보수집 수단으로 사용할 경우 다른 방법에 비해 비체계적일 위험이 있다. 관찰은 참여적이건 비 참여적이건 간에 인터뷰 및 조사 등 다른 취재 방식이 확보하고 있는 명확히 정의된 절차를 결하고 있을 가능성이 크기 때문이다. 이 부분은 취재 기자가 극복해야 할 위험이자 도전이다.

미국의 신문 및 잡지가 참여관찰 보도에 일반적으로 사용하는 방법에는 두 가지가 있다. 첫째, 인력사정이 허용하면 기자 자신이 참여자가 될 수 있다. 이 경우 기자는 별도의 시간을 사용해서 직접 참여에 의한 취재활동에 전념할 수 있게 된다. 예를 들어 중앙일보는 1995년 탐험가 허영호 대장의 북극 횡단을 취재하기 위해 레저 전문 임용진 기자를 동행시켰고 2000년 산악인 엄홍길 대장의 히말라야 고봉 등정을 커버하기 위해 산악 전문 김세준 기자를 파견해 캐러밴 멤버로 동행하도록 했다.

매스너도 스티거도, 일인(日人) 오바 미쓰루도 실패했다. 그러나 中央日報원정대는 갖은 역경 속에서도 얼음바다 위의 도보행군을 계속, 세계 최초의 북극해 도보횡단 기록에 난섭 중이나.

中央日報 95한국북극해횡단원정대(대장 許永浩·41)는 얼음이 야산처럼 솟아오른 난빙대를 뚫고 지난달 27일 현재 출발점에서 1백 50㎞나 떨어진 북위 82도 23분까지 전진했다.

현지에 도착해서야 알게 된 사실이지만 사상 최초의 북극해 도보횡단에 도전한 모험가인 라인홀트 메스너(51·이탈리아)뿐만 아니라 미국탐험계의 간판 월 스티거(50), 일본의 자존심 오바 미쓰루(大場光郎·38) 등 지구촌 최고의 모험가들이 마치 약속이나 한 듯 총출동했다.

그러나 금세기 최고의 탐험가 중 한 명인 라인홀트 메스너가 난빙대에 갇혀 출발 이틀만인 지난달 11일 일찌감치 원정을 포기한 것을 비롯해 미국탐험계의 간판인 윌 스티거 역시 지난달 19일 출발지인 콤소몰렉 전방 불과 4㎞지점서 난빙대를 건너보지도 못한 채 베이스캠프로 철수했다.

85도 지점까지 진출, 북극해 횡단을 둘러싼 '韓·日戰'격으로 일본탐험계의 기대를 모은 오바 미쓰루는 도보행군 중 심한 동상에 걸려 긴급구조요청(SOS)을 보낸 끝에 지난달 27일 러시아공화국 최북단인 슬레드니섬으로 후송됐다. 이로써 올들어 북극을 무대로 갑자기 달아오른 국제적인 횡단경쟁은 다른 팀들이 일찌감치 탈락해버린 가운데 中央日報 원정대만 유일하게 북극점을 향해 다가가고 있다.

지난달 12일 슬레드니섬의 땅끝 마을인 콤소몰렉을 출발한 中央日報원정대는 하루 2~3㎞ 전진도 힘들다는 난빙대 속에서 매일평균 5㎞이상씩의 전진속도를 과시함으로써 타국원정대들의 부러움을 사고 있다.

오바 미쓰루의 동상은 심각한 실정. 미쓰루는 지난달 20일께부터 동상에 노출됐으나 무리한 강행군 끝에 26일에야 SOS를 타전함으로써 왼손 네 개 손가락과 오른손 세 개 손가락, 양 발가락 전부가 검푸르게 변색된 중증의 동상으로 현지 의사들에 따르면 발가락 전부를 절단해야 될지도 모르는 불행에 직면했다.

지난 92년 캐나다연안에서 북극점까지의 도보행군을 성공시킨 바 있는 베테랑 탐험가인 미쓰루는 그러나 긴급헬기로 구조된 직후 "내년에 또다시 도전하겠다."고 투지를 보였다.
출발 후 불과 4㎞지점에서 베이스캠프로 철수한 윌 스티거
팀은 '10리도 못 가 발병 난' 불명예를 만회하기 위해 전열을
재정비, 이번 주 중에 재도전에 나서기로 했다. 미국의 노장
탐험가 윌 스티거를 비롯해 줄리 핸슨(42·미국)·다카코 다
카노(32·일본)·마틴 힉넬(34·영국)·빅토르 보야르스키
(44·러시아)등 다국적 팀인 스티거 원정대는 개썰매 3대(개
33마리)로 북극해를 가로질러 오는 6월말~7월초께 캐나다
에 도착할 계획이다. 그러나 이들은 초반의 난빙대 돌파가
거의 불가능하다고 판단, 애초 북위 81도선에서의 출발계획
을 수정해 85도선까지 5백 50㎞를 경비행기로 날아간 다음
'안전지대'인 86도 이후부터 개썰매횡단을 시작하기로 했다.
인간한계를 시험하는 추위와 강풍에 더해 북극은 얼음바다
특유의 자연현상으로 원정대들에게 극지의 위력을 실감시
키고 있다.

지난달 12일 中央日報원정대는 불과 2시간 만에 각각 종
류가 다른 세 가지의 시련을 겪어야 했다. 유빙충돌로 인한
얼음지진→북극곰 출현→갑작스런 리드(Lead) 형성 등의
잇따른 난관에 부닥친 것이다.

이날 오전 11시. 북극해 조류에 따라 밀려다니는 거대한
얼음덩어리(유빙)들끼리 부딪쳐 빚어지는 '얼음지진'은 흡사
고베(神戶)지진처럼 순식간에 주변지형을 변화시키며 대원
들을 집어삼킬 듯 밀려왔다. 어른 키 2~3배를 넘는 얼음덩
어리들이 초속 10~20㎝속도로 굉음을 내며 좌우에서 조여
드는가 하면 충돌로 인한 단층형성으로 나란히 선 대원들을
위 아래로 갈라놓는 등 진땀을 빼게 한 것.

오전 11시 40분. 이번엔 북극곰이 나타나 북극해의 이방
인들에게 위용을 과시했다. 대원을 향해 어슬렁거리며 10m

앞까지 다가온 북극곰을 최재명(崔載明·51) 대원이 준비해 온 산탄총으로 공포를 쏴 물리치는데 성공했다.

이어 낮 12시 30분엔 이날 최대의 난관인 리드가 닥쳤다. 멀쩡한 얼음판이 약간 틈새를 보이다 느닷없이 갈라지는 현상은 북극해 횡단 최대의 장애물. 대원들 주위로 5㎝ 정도의 틈이 생기다 바닷물이 밀려들면서 불과 1~2분 후 넓이 8m 정도의 작은 해협이 형성돼 김승환(金承煥·35)·임영주(林榮周·39·본지 사진부기자) 대원과 나머지 대원들을 멀찌감치 갈라놓고 말았다. 다행히 이 같은 리드형성에 대비해 보트 겸용으로 준비한 썰매 2대를 연결, 즉석 부교(浮橋)를 만들어 위기를 타개했지만 金·林 두 대원은 "하마터면 이산가족이 될 뻔 했다."고 한숨. 대원들은 이날 모두 세 차례의 리드 도해(渡海)를 무사히 성공시켰다.

한편 리드가 대원들을 갈라놓는 바람에 원정대는 애초 무보급 원정을 수정할 수밖에 없게 됐다. 지난달 14일부터 음력 보름 만조현상을 타고 3일째 극성을 부린 리드 형성으로 인해 원정대는 미처 옮기지 못한 40일분의 식량을 포기, 4월과 5월 각각 한차례씩 식량 및 장비를 중간에서 보급받기로 했다.

이밖에 태양 흑점활동으로 인한 잦은 통신두절도 대원들을 안타깝게 하는 요소. 출발 첫날인 지난달 12일부터 19일까지 8일간 베이스캠프와 운행대 간 무전통신이 두절됐는가 하면 이후에도 2~3일 단위로 통신이 끊겨 원정의 외로움을 가중시키고 있다. 그러나 베이스캠프와 운행대는 무전이 안 될 경우에 대비한 인공위성중계 아르고스(Argos) 위치확인 시스템으로 좌표를 주고받음으로써 안전운행에 만전을 기하고 있다.29)

여기는 파유. 베이스캠프가 이젠 1천 2백여m 위에 있다.

3일 아침 산악인 엄홍길 씨의 히말라야 14좌 완등을 위한 중앙일보 K2(8천 6백 11m)원정대가 베이스캠프를 향해 본격적인 캐러밴에 들어갔다.

지난 1일 오후 3시 파유(3천 7백 85m)에 도착해 이틀 동안 충분히 휴식하며 캐러밴을 위한 모든 준비를 마친 원정대는 발걸음을 힘차게 내디뎠다. 영·호남 연합팀 소속 4명이 지난달 27일 K2 등정에 성공했다는 소식을 이미 들은 嚴씨 등 원정대의 표정은 고무돼 있었다. 파유에서 베이스캠프(5천 1백m)는 나흘 거리에 있다. 아직 등정을 위한 전전단계에 불과하지만 '마의 산' K2는 지난 5일 동안 원정대에 상당한 시련을 줬다.

원정 첫날인 지난달 28일 스카르두에서 1백40여명의 포터를 고용한 원정대는 다음날 아스콜리에 도착했다. 이 과정에서 8대의 지프에 나눠 탄 원정대는 차량 한대가 겨우 지날 수 있는 높이 2백~3백m의 위태로운 낭떠러지를 5시간이나 곡예운전했다.

이후부터는 산사태로 붕괴된 도로 가장자리에 남아 있는 오솔길을 2시간여 걸은 끝에 오후 10시쯤 야영지에 짐을 풀었다. 하룻밤 새우잠을 자며 짐꾼 1백40명을 더 모집한 원정대는 숨돌릴 겨를도 없이 이틀 동안 캐러밴을 강행했었다. 이어 아스콜라에서 바르두말에 이르는 12시간(30㎞)의 도보행군 길은 사막과 빙하가 교차했다.

사막지대를 관통하는 행군로의 열기는 전날 밤에 내린 비로 약간 숙지근했지만 숨이 턱턱 막혔다. 갑자기 흘러내린 빙하수가 길 곳곳을 끊는 바람에 수시로 도강을 했는가하면

---

29) 중앙일보, 1995. 4. 1.

한발만 헛디뎌도 천 길 낭떠러지로 굴러 떨어질 아슬아슬한 절벽을 기어올라야 했다. 그때마다 대원과 포터들은 가슴을 졸일 수밖에 없었다. 대원들은 점심식사를 비스킷과 사탕·생수로 때웠지만 현지에서 고용한 포터들은 전날 밤 내린 비로 그들의 주식인 '짜파티'를 준비하지 못해 끼니를 걸렀다.

아스콜리~바르두말 구간에서 가장 힘든 곳은 졸라브리지였다. 폭 80여m의 강 양쪽을 연결하는 쇠줄에 두레박을 걸어놓고 그 안에 사람이 탄 뒤 줄을 당겨 건너는 식의 졸라브리지는 위태롭게 흔들렸다. 뿐만 아니라 두레박 바로 5m 아래는 굉음을 울리며 강물이 넘실거리고 있어 강을 건넜을 때는 전신이 땀으로 흠뻑 젖었다.

파유는 원정의 마지막 문명지역이다. 황무지가 대부분이나 그래도 자그마한 숲이 있고 그럴듯한 간이매점까지 있었다. 여기서부터 베이스캠프까지는 나무그늘 하나 없고 40여 ㎞에 이르는 발토르 빙하만이 계속된다. 이제부터 그야말로 고행이다.

조인스닷컴·코오롱스포츠·파고다외국어학원·삼성전자가 후원하는 원정대는 이날 오후 우르두카스, 4일 고로, 5일 콩고르디아를 거쳐 6일 K2 베이스캠프에 도착할 예정이다.[30]

정반대의 방법을 사용해서 스포츠 보도를 수행할 수도 있다. 즉 인적자원이 부족한 상황에서 그래도 스포츠 편집자들이 특이한 각도에서의 보도(즉 직접관찰에 의한 보도)를 고집할 경우에는 실제 참여자가 기자가 되어 자신의 체험을 기사화하는 것이다. 유망한 한국 중고등학교 농구선수의 미국 프로농구 캠프 참가기나 올스타전 참가기, 외국 프로

---

30) 중앙일보, 2000. 7. 3.

팀에 진출한 축구나 야구선수의 현장 수기, 경기단체 임원의 대회 참가기 등은 좋은 예가 된다. 물론 이러한 방식은 흥미로운 기사로서 독자들에게 어필하는 대신 기사 작성자의 입장에 따라 이해관계가 얽힌 집단 간의 갈등을 야기할 수도 있다. 현지에 기자를 파견하여 취재한 경우라도 특별한 인물에게 경기 관전기를 받아 게재함으로써 새로운 시각 내지는 경기 외적인 사실을 독자에게 알리는 방법도 있다.

김한수 주남아공 대사는 15일 "태극전사들의 공격적이고 빠른 축구가 남아공 월드컵에서 호평을 불러일으켰다."면서 "대한민국의 위상과 저력을 각인시키는데 큰 역할을 했다."고 말했다.

김 대사는 남아공 월드컵에 대한 소회를 담아 연합뉴스에 보내온 기고문을 통해 이같이 밝힌 뒤 "자동차로 열 시간이 훨씬 넘는 거리를 마다 않고 달려 온 교민들이 한마음 한뜻이 되어 열렬히, 그리고 조직적으로 전개한 응원 역시 많은 현지인들의 관심과 찬사를 받았다."고 전했다.

다음은 김 대사의 기고문.

지난 한달 동안 지구촌을 들끓게 했던 2010년 월드컵은 무적함대 스페인의 우승으로 막을 내렸다. 하지만 이번 대회의 진정한 승자는 스페인이 아니라 주최국인 남아공과 아프리카 사람들이라는 평가가 심심치 않게 들린다. 이곳에서는 "모두의 기대를 넘어선 성공적인 대회", "우리는 흠 하나 없이 잘 해냈다." 등의 평가와 공익광고가 줄을 잇고 있다.

사실 아프리카 사람들은 과연 남아공이 월드컵을 제대로 치러낼 수 있을까, 개최국을 바꿔야 하지 않는가 하는 외부의 비판과 불신에 심한 가슴앓이를 했었다. 오죽했으면 필자가 "남

아공 월드컵은 역사상 가장 성공적인 대회로 기록될 것."이라고
언급한 덕담이 "한국이 남아공 월드컵의 성공을 위해 앞장섰다."
라는 대문짝만한 제목으로 기사화됐겠는가.

이제 남아공 월드컵은 역대 관중동원 3위, 흥행수입 1위 등의
기록을 세웠고, 가장 큰 걱정거리였던 치안문제 조차도 강력범
죄가 60%나 줄어든 것으로 발표됐다. 아프리카도 할 수 있다는
자신감과 외국인 투자와 관광객들이 크게 늘어 경제발전에 도
움이 될 것이라는 기대가 부풀고 있다.

또한 극심한 인종차별의 가슴 아픈 과거를 가진 남아공으로
서는 1994년 만델라 대통령의 취임이후 두 번째 국민대통합의
계기를 만들었다는 점에서도 이번 월드컵의 최대 승자라 할 수
있겠다.

우리나라 역시 이번 축제의 승자임이 분명하다. 태극전사들의
공격적이고 빠른 축구는 재미를 선사할 줄 아는 매우 잘하는 팀
이라는 호평을 불러일으켰다. 그동안 맨체스터 유나이티드의 박
지성을 알고, 삼성전자나 LG, 현대자동차는 알아도 이들이 한국
인이고 한국기업이라는 사실은 잘 모르던 현지인에게 태극전사
들의 눈부신 활약은 대한민국의 위상과 저력을 각인시키는데
큰 역할을 했다.

스무시간 남짓을 날아 온 열성 팬들과, 자동차로 열 시간이
훨씬 넘는 거리를 마다 않고 달려 온 교민들이 한마음 한뜻
이 되어 열렬히, 그리고 조직적으로 전개한 응원 역시 많은
현지인들의 관심과 찬사를 받았다.

특히 뜻있는 우리나라 사람들이 봉사활동을 벌이고 있는 작
고 가난한 마을의 어린 흑인 학생들이 사물놀이로 경기장까
지 길잡이 노릇을 하며 분위기를 돋운 것은 감동적인 장면이
었다.

그러나 이곳의 치안문제가 너무 부풀려 알려지고, 경비도
많이 드는 등의 이유로 우리나라에서 온 방문객 수가 너무

적었던 점은 두고 두고 아쉬움으로 남는다. 사실 이곳의 치안 문제는 필자를 포함한 대사관 직원들에게 큰 골칫거리였다.

강력 범죄로 피해를 입는 우리 국민들이 없도록 대사관에서는 본부의 인력지원을 받아 경기 당일을 중심으로 3일간 우리 경기가 열리는 도시마다 임시출장소를 개설하여 응원단의 안전한 이동로를 안내하고, 주의사항을 전달했으며, 필요한 민원을 현장에서 처리해 주었다. 또한 대사관에 월드컵 상황실을 설치해 당직 근무와 24시간 전화응답체제를 시행해 사건·사고에 신속히 대처할 수 있도록 했다.

이러한 신속대응 시스템은 32개 출전국 중 우리나라만이 시행하였는데 오히려 강도피해를 당한 외국인이 처음 혜택을 받았다. 경찰서에서 그 외국인과 의사소통이 되지 않아 해당 국 대사관으로 연락을 했으나 야간이라 전화연결이 되지 않자 경찰이 우리 대사관으로 대신 전화를 해 그 나라 외교관의 휴대전화 번호를 알아낸 것이었다. 이러한 신속대응시스템이 무용지물이 될 정도로 우리 국민에 대한 피해가 거의 없었던 것은 참으로 다행스러운 일이었다.

이는 월드컵 기간에 치안안정에 전력투구한 남아공 정부의 노력에 힘입은 바가 크지만 사전에 현지 상황을 널리 알리는 등 예방활동과 선제대응에 총력을 기울인 우리 정부와 이를 성실히 따라 준 우리 여행객 모두가 승자로 기록될 수 있는 부분이라 하겠다.[31]

비 노출 관찰(Unobtrusive Observation)

이 형식의 관찰이 비 참여적 혹은 참여관찰과 다른 점은 기자가 어떤

---

31) 연합뉴스, 2010. 7. 15.

상황의 구성 주체가 아닌, 다시 말해 참석자들에게 아무런 영향을 미치지 못하는 위치에서 사건을 본다는 것이다. 간단히 말해, 기자는 객체의 일원이 된다. 그는 잠재적 정보원들이 자신이 기자임을 모르는 상태에서 행사에 참석한 군중 속에 섞여 활동한다. 이런 경우는 스포츠에서 의외로 흔하다. 예를 들어 올림픽이나 유니버시아드 같은 종합대회를 취재하는 기자들은 관중과 거의 같은 입장에서 개회식이나 폐회식, 시상식을 관찰할 수 있다. 다음은 1997년 시칠리아에서 열린 유니버시아드의 개회식을 취재한 중앙일보 기자의 현지 보도이다. 기자가 관중석에 끼어 앉아 개회식을 관찰하고 있다. 따라서 독자에게 개회식 행사의 내용을 충실하게 전하는 한편 관중들의 반응도 섬세하게 관찰하고 있음을 알 수 있다.

오후 11시. 시칠리아의 서부도시 마르살라 태생의 테너 피에트로 발로가 시칠리안 심포니의 반주로 마스카니의 오페라 '카바렐리아 루스티카나'의 아리아를 열창할 때 경기장의 조명이 모두 꺼졌다.

순간 시칠리아 제일의 도시 팔레르모시 북쪽 해안에 지어진 축구 전용구장 파보리타 코뮤날레 스타디움은 거대한 노천극장으로 바뀌었다. 관중들은 발로가 부르는 〈돌아오라 소렌토로〉, 〈오 솔레미오〉를 따라 부르며 열광했다.

사르데냐 방향으로 우뚝 솟은 바위산 펠리그리노의 암벽을 푸른 레이저 조명이 밝히는 가운데 하늘을 향해 쏘아 올려진 또 한 무리의 레이저 조명이 경기장면을 환영처럼 펼쳐 보였다.

현지시간 오후 8시(한국시간 오전 3시)에 시작된 개막식이 비로소 완성된 모습을 보이기 시작했다.

개막식이 전하는 메시지는 마침내 뚜렷해졌다. 그것은 '혼돈에서 화합으로', '자유분방함에서 자유로운 지성으로', '작은 섬 시칠리아에서 세계를 향하여' 가는 평화의 메시지였다.

지중해의 오렌지빛 태양이 지고 구름에 싸인 달이 오를 무렵 언제인지 모르게 시작된 식전행사는 혼돈만을 느끼게 했다. 그렇기에 완성된 개막식의 윤곽은 더욱 뚜렷해 보였다.

경기장 세 곳에 마련된 가설무대에서 가라테와 에어로빅 시범, 주변을 시칠리아풍의 장식으로 단장한 당나귀와 말이 축전행렬을 이끄는 것이 식전행사의 전부였다.

입장식도 초라했다.

Corea로 국명을 표기, 30번째로 입장한 한국과 호주·브라질·중국·일본 등을 제외한 대부분의 나라가 기수와 임원 몇 명만 참가시켰기 때문이다. 관중들은 행사와 무관하게 파도응원을 즐기며 따로 놀았다.

개막식이 시작돼 국제대학스포츠연맹(FISU) 회장 프리모 네비올로와 조직위원장 니노 스트라노가 거듭 축사를 읽었지만 관중들은 무시하는 분위기였다. 파도응원과 뜻 모를 함성, 그리고 혼돈의 극한!

그러나 해군의장대 6명의 대회기 게양에 이어 이탈리아의 육상스타 아나리타 신도티가 성화를 점화한 뒤 체조스타 유리 케키가 선수선서를 하는 순간 혼돈은 사라지고 정적 속에 질서가 자리 잡았다.

혼돈 속에서 정결한 질서를 추출한 개막식 분위기는 시질리안 심포니가 저 유명한 '카바렐리아 루스티카나'의 간주곡을 연주, 식후행사의 시작을 알리면서 화합과 평화의 세계를 펼쳐 보였다.

식후 행사의 피날레는 아랍풍이 역력한 시칠리아 전통칼

춤. 살과 피가 난비하는 전투장면을 묘사한 춤이지만 칼과
칼은 서로 부딪쳐 절묘한 화음과 청신한 리듬을 빚어냈다.
비로소 관중들은 유니버시아드의 메시지를 알아차렸다.
스포츠를 통한 경쟁에서 젊은이들의 화해와 하나 됨을 추구
하는 유니버시아드의 숭고한 이념은 자연스럽게 관중들의
가슴 가슴에 아로새겨졌다.
파보리타 코뮤날레 스타디움에서 무려 4시간동안 계속된
개막식은 97시칠리아유니버시아드의 전 과정을 축약해 보
여줬다. 그곳에는 감동과 평화가 있었고 이탈리아인들 특유
의 막힘없는 자유가 있었다.[32]

위의 예와는 다르게 특정 종목과 관련한 문제로 이슈가 되는 취재원
또는 현상을 취재하는 경우라면 관찰의 임무는 지명도가 높은 베테랑
기자보다는 취재원과 해당 종목 관계자들에게 덜 알려진 기자들에게 부
여하는 것이 훨씬 안전하고 효과적일 수 있다. 기자라는 신분이나 취재
의 목적을 일부러 숨길 것까지는 없다. 하지만 기자가 취재 현장에서
취재원들의 시선을 끄는 일은 어떤 경우에라도 바람직하지 못하다.

보도수단으로서의 비 간섭적 관찰과 관련해서 고려해야 할 여러 가
지 윤리적 문제가 있다. 취재 의도를 알지 못하는 불특정 다수의 취재
원들이 과도하게 많은 개인 정보를 자신들의 의지와 관계없이 기자에
게 채집당하는 사례가 적지 않다. 기자가 취재원들이 속한 집단 내부
의 움직임에 어떤 형식으로든 관여함으로써 그들이 취하고자 하는 행
동의 결과에도 영향을 줄 위험도 있다. 이 같은 문제들은 기자가 취재

---

32) 중앙일보, 1997. 8. 21.

와 보도를 하는 데 있어 중대한 도덕적 장애 요인으로 작용할 가능성
도 없지 않다. 물론 경기를 취재하는 스포츠 기자가 관중의 시각에서
경기 내용을 관찰한다면 밀도 있는 취재가 가능할 것이다. 그러한 과
정을 거쳐 생산된 기사의 질은 매우 높을 것으로 기대한다. 선수들의
집단행동을 취재해 보도하는 경우 기자는 선술집 같은 곳에서 팬들과
대화하고 그 결과를 기사에 반영할 필요가 있다. 그럼으로써 기자는
문제를 선수들의 움직임과 구단의 대처 중심으로 양분해 보도하는 상
투성에서 벗어나, 보다 다각적이며 생동감 있는 보도를 할 수도 있을
것이다.

체계적 문헌분석(Systematic Analysis of Documents)

취재 대상에 대하여 관찰하는 방법 가운데 문헌분석이 있다. 문헌분
석은 공공문서나 기존의 보도, 각 경기연맹이 보유한 선수나 시설에
대한 보고서, 주요 이슈에 대한 평가서 등 다양한 문자 정보들을 다루
는 방법이다. 문헌분석 기법은 스포츠 연구법의 한 분야로서 유용하게
사용되기도 하는데 이와 관련하여 제리 토머스(Jerry R Thomas)와 잭 넬슨
(Jack K Nelson)이 함께 쓴 『스포츠 연구법(Research Methods in Physical
Activity)』(2004)은 매우 훌륭한 길잡이가 되어 주는 책이다. 이 책에서 언
급된 방법론은 스포츠 기자가 문헌분석에 의해 취재 활동을 하는 데
있어 유용한 지침이 될 것이다. 이 책의 저자들은 문헌분석(본문에서는
문헌고찰)에 대해 논하면서 단지 선행연구 사례의 검토에만 목적을 두지
않고 "귀납적 추론을 위한 근거로서 활용된다. 연구자는 일반적인 설명

을 전개할 때 특별한 주제 혹은 어떤 현상을 설명한 이론에 관한 적절한 문헌을 찾아내어 이를 종합·활용할 수 있어야 한다."[33]고 설명하였다. 그리고 문헌 고찰의 중요한 두 가지 국면으로 '비평과 완벽성'을 들었다. 이러한 설명은 단지 전문 연구자들 뿐 아니라 스포츠 취재 기자에게도 마찬가지로 중요한 지침이 된다. 전문 연구자들이 문헌 고찰의 기초 단계로서 연구의 주제를 분명히 함으로써 문헌에 접근하는 동선을 단순화하고 체계화할 수 있는 것처럼, 스포츠를 취재하는 기자들은 문헌으로부터 무슨 정보를 구할 것인가를 분명히 해 둠으로써 통상적인 '읽어 보고 메모하기' 방식을 사용할 때에 비해 훨씬 많고 정확한 정보를 수집할 기회를 얻게 된다. 위와 같은 과정으로 조사를 마친 다음에도 시간 여유가 있다면 '두리번'거리고 '뒤적'거려 의외의 소득을 얻는 '이삭줍기'도 가능할 것이다. 스포츠 보도에 있어서 문헌고찰은 그 자체로서 기사를 구성하게 되는 사례를 쉽게 찾기 어렵지만 기획기사나 인물 박스, 르포, 피처 기사를 쓰는 데 있어 긴요하다. 기사를 견고하게 구축할 수 있게 해주고 콘텐트의 설득력을 강화하며 내용을 풍부하게 받쳐 주기 때문이다. 무엇보다도 보도의 생명인 정확성과 객관성을 보장해 준다.

개인적 체험기사(Personal Experience Stories)

스포츠 기자의 남다른 경험이 특별한 기사를 쓰게 해준다. 특정한

---

33) Thomas & Nelson, 2004, p.91.

기자의 독특한 경험은 개인적 관찰의 기회를 제공하는데, 그 결과 일반적인 스포츠 독자들이 읽어보지 못한 흥미로운 내용으로 충만한 기사가 될 수 있다. 즉, 기자의 독특한 경험은 기사를 정당화하고 다른 사람들과 경험을 나누기에 충분할 만큼 흥미로운 내용을 담게 된다. 개인적 체험기사는 피처 기사의 주요 형식이며 잡지 기사에도 자주 활용된다. 가장 위력을 발휘할 때는 인물기사를 작성할 때이다. 다음은 기자의 개인적인 체험이 반영된 전형적인 잡지 인물기사이다.

<table>
<tr><td>기사 13</td></tr>
</table>

지난 1990년. 당시 연세대 재학 중이던 문경은(현재 프로농구 삼성)이 '제2의 이충희'로 각광받으며 거칠 것 없이 스타덤의 정상으로 치달을 때의 일이다.

태릉의 한 매운탕 집에서 필자를 만난 중앙대 정봉섭 체육부장은 조금 열을 받은 듯한 목소리로 이렇게 말했다.

"문경은 만한 슛성공률을 지닌 선수는 대한민국에 넘쳐날 정도로 많다. 그러나 한국농구에 허재 같은 선수는 과거에도 없었지만 앞으로도 다시 없을 것이다."

당시만 해도 자신의 제자를 지나치게 감싸고 띄운다는 생각이 없지 않았다. 그러나 세월이 가고 조금이나마 농구에 눈이 트이면서 정부장의 말이야말로 진리 중의 진리라는 사실을 깨닫게 되곤 한다.

정부장의 말을, 필자는 연세내 최희임 끔득에게서 들었고 고려대 체육위원회의 박한 위원장에게서도 들었다.

그 동안 무수히 많은 '제2의 허재'가 나타났다 사라졌다. 조금만 싹수가 보이는 고교 선수라면 너나없이 제2의 허재라는 찬사를 들었다. 오성식(프로농구 LG)이 그랬고 조우현

(프로농구 동양)이 그랬으며 양희승(프로농구 LG), 정훈(성균관대) 등도 그랬다. 그러나 허재를 대신할 선수는 아직도 나타나지 않고 있다.

허재의 그 무엇이 그토록 위대한가? 무엇이 올해 나이 35세나 된 허재를 아직도 억대 연봉을 받는 프로농구 최고의 스타 자리에 머무를 수 있게 하는가? 지난 시즌 신인왕 김성철은 "아직도 젖먹이나 다름없는 후배들과 경기하면서도 절대 양보를 모른다. 비록 경기에서 이겼을 때라도 허재 형에게 배울 것이 너무나 많다는 것을 느낀다."고 했다.

허재의 농구가 위대한 것은 그가 전 부문에 걸쳐 완벽한 기술을 갖췄기 때문만은 아니다. 적어도 기록만 놓고 볼 때 허재의 득점력은 분명히 현주엽이나 문경은에게 뒤진다. 리바운드는 서장훈한테 안 된다. 어시스트는 이상민과 강동희가 많다. 스틸은 강동희, 주희정 등의 전매특허다.

도대체 뭐가 뛰어나단 말인가?

허재는 다 갖췄지만 조금씩 부족한 구석이 있다. 그러나 조금씩 부족한 듯한 그 기량을 일단 코트에만 올라가면 남김없이 발휘한다. 뛰어난 슈팅력을 지닌 슈터들도 승부의 기로에서는 림을 두려워하는데 비해 허재는 자신의 모든 슛이 성공할 것처럼 자신 있게 바스켓과 대결한다. 이 자신감과 자기 자신에 대한 확신이야말로 허재가 평범한 선수와 다른 점이다.

부러진 손과 뒤틀린 허리로 거의 혼자 뛰는 경기를 펼친 끝에 현대를 상대로 3승을 뽑아낸 98년 챔피언결정전을 기억해보라. 예사로운가? 무릎부상에 허덕이면서도 기어이 결승골을 뽑아낸 지난해 아시아선수권대회 일본과의 경기, 인대가 끊어진 왼손으로 팀을 플레이오프에 올려놓은 지난 시즌의 대분전은 평범한 선수가 보여줄 수 있는 농구가 아니다.

　　허재의 농구인생이 언제 끝날지는 모른다. 허재는 이미 프로농구가 출범할 무렵부터 은퇴가 임박했다는 말을 들었지만 '아직도' 건재하다. 그럼 언제?

　　여기에 힌트가 있다. 나름대로 허재를 잘 이해하고 있는 연세대 최희암 감독은 "대한민국 최고의 테크니션인 허재는 마음만 먹으면 40살까지 현역으로 뛸 수 있다."고 했다.

　　문제는 '품위'다. 허재는 "한계에 도달했을 때는 주저없이 유니폼을 벗겠다."고 했다. 허재가 말하는 한계는 "어려울 때 투입돼 매듭을 풀어주는 해결사" 역할과는 거리가 있다. 허재는 "내 손으로 시작해서 내 손으로 끝낼 수 없을 때", 그러니까 "팀을 이기게 해줄 수 없을 때"를 한계로 생각한다.

　　그러니 그의 은퇴시기를 누가 알 수 있겠는가?

　　일설에는 다음 시즌이 마지막이 될 것이라고 한다. 이 점괘를 놓고 자신만만하게 내기를 걸 용기가 있는 세칭 '농구 전문가'가 과연 있을까?[34]

　　개인적 체험기사는 물론 관찰보도 기법에 기초를 두고 있다. 낸시 켈튼(Nancy Kelton)에 의하면, 이들 기사는 세 가지 구성 요소를 가지고 있다. 첫째는 '관점'으로서 '기자가 상황을 제시하는 고유한 방법은 무엇인가' 하는 점이다. 둘째는 기본적 진실에의 접근 여부로서 '요점이 무엇인가, 경험으로부터 얻은 결론은 무엇인가'에 답해야 한다는 것이다. 셋째는 감정의 개입인데, 기자가 관찰한 내용과 경험 뿐 아니라 이에 대한 기자의 감정적 반응도 필요하다면(편집자 주) 반영하라는 것이다.

---

34) 월간 점프볼, 2000. 7.

3장 조사 기법

Theory and Practice of Sports Reporting From interviewing to writing

조사 보도에는 가끔 정의감과 투지가 필요하다 _ 누구나 조사 보도를 선호하지는 않는다 _ 정보를 사냥하라 _ 의심과 호기심, 그리고 행운 _ 오보(誤報)의 위험

스포츠 취재의 두 가지 주된 방식은 인터뷰와 관찰이다. 이 두 가지 방식 외에 기자들이 취재를 위해 사용할 수 있는 기법이 있다면 조사 기법을 들 수 있다. 미국의 경우에는 1980년대 이후 조사에 의한 스포츠 보도가 그 양과 질 양면에서 빠르게 확대되는 현상을 보였다. 조사에 의한 스포츠 보도는 선수나 체육 프로그램, 스포츠 대리점, 도박, 불법 의약품의 판매 및 사용, 의약품(합법적)의 남용, 불법적 혹은 비도덕적 사업거래, 사기행위, 성적추문, 정치적 배신 및 기만적 체육단체 규정 등 많은 쟁점에 관한 보도에 유용한 방식이다. 미국에서는 스포츠 기자들이 이 같은 보도를 전담해 취재하는 사례가 늘고 있다. 반면 한국의 경우 이 분야는 사건·사회 부문 기자들이 취재와 보도를 주도하는 면이 있다. 예를 들어 특정 선수의 약물 중독이나 교통법규 위반, 음주 사고, 약물 남용, 불륜 등 사생활 추문을 보도할 경우 대부분은 사건·사회 부문 기자들이 전적으로 맡는 것이다. 직업적인 스포츠 선수라고 하더라도 경기장 밖에서 발생하는 문제는 경찰서나 파출소 등 관공서에서 처리된다. 이런 장소들은 한국 언론사의 체제상 사건·사회 부문 기자들의 담당 지역이기 때문에 우선 이 분야 기자들의 초동 취재를 거치지 않을 수 없다. 이러한 취재를 기반으로 사안에 따라 장기적인 조사와 확인이 필요한 취재 과정이 필요해지면 스포츠 기자들이 참여해 입체적인 취재를 시도하게 되는 것이다.

그러나 조사 보도는 단지 사건과 사고, 추문과 같은 단편적이고 일회적인 해프닝을 대상으로 한 기동 취재를 뜻하는 것은 아니다. 1990년 이후 미국의 주요 일간신문들은 전문가를 취재 팀에 참여시켜 스포츠 사업이나 대학 체육, 또한 과거에는 스포츠 세계와 무관하였던 사회, 경제 및 정치적 문제에 대해서까지 조사하였다. 이것은 스포츠 보도 기법의 발전과 스포츠를 둘러 싼 현실의 복합·다층화 경향에 따라 피할 수 없는 일이기도 하다. 1990년 이후 미국 스포츠 미디어에서는 주요 스포츠 기사에 많은 시간과 인내가 필요한 조사에 의한 보도 기법이 적극적으로 채택되고 있다. 스포츠 미디어가 스포츠 활동의 복합성을 의식하면서 그 사업적 성격에 주목하고, 그 내면에 감추어진 문제(부정이나 부조리, 비능률, 낭비, 횡령 등)에 접근하고자 한다면 조사 보도라는 취재 기법을 통하여 해법을 찾아낼 수도 있을 것이다. 이렇듯 '사업'이 개재된 심각한 주제들을 다루기 위해서는 이를 위해 적절한 보도 기법, 즉 긴 시간을 필요로 하는 조사 보도에 의존하는 것이 현명하다. 그렇지 않고 한두 차례의 인터뷰나 단기적인 관찰 취재에 그친다면 보도가 가능한 수준의 기사를 완성해 내기가 어려운 것이 현실이다. 수

사 기관의 잘 훈련된 인력이 사건을 추적하는 수준의 조사가 이루어지
고서야 비로소 완성된 형태의 보고서(기사)가 가능할 것이다. 아직 국내
언론은 이 부문에서 현저한 업적을 이루고 있지는 못하다. 그러나 그
가능성은 얼마든지 찾아볼 수가 있다. 다음은 1990년대 중반 국내 아
마추어 농구에서 공공연히 이루어지는 심판에 대한 매수와 그 결과로
나타나는 승부 조작 혐의를 장기간 추적·조사하여 보도한 기사로서
조사에 의한 보도의 가능성을 보여준 사례이다.

판정불신 무엇이 문제인가

1. 심판 로비 실태

최근 여자실업농구계에서 심판을 외국에서 수입하자는
의견이 강하게 제기됐다. '국내심판들은 못 믿겠다'는 것이
심판수입안의 근거다. 그러나 본지(本紙) 조사결과 여자실업
팀 대부분이 그동안 금품수수가 계속돼 왔다는 충격적인 사
실이 밝혀졌다.

한국농구계의 고질적 병폐로 지적돼온 심판로비와 편파
판정 문제는 구단 고위층과 감독·코치 등 팀 관계자, 심판,
협회 등 농구인들 스스로 총체적으로 만들어온 문제였다.
한국농구의 발전을 위해 심판로비에 의한 편파판정문제는
시급히 해결돼야 한다. 당사자인 팀과 심판들의 각성 뿐 아
니라 협회의 강력한 규제, 언론의 감시, 그리고 이제는 관중
들까지 나서서 뿌리 뽑아야 한다. 본지는 4회에 걸쳐 심판
매수 시도와 로비 실태를 파헤치고 해결책을 제시하고자 한
다.(편집자주)

　국내여자실업농구팀 대부분이 지금까지 심판에게 로비해온 사실이 확인됐다. 본지가 최근 13개 여자실업팀 감독·코치·팀 관계자들을 대상으로 실시한 설문조사 결과 거의 모든 여자실업팀이 심판로비를 해왔다고 응답했고 로비사실을 부인한 팀은 3개 팀 뿐이었다.

　이 같은 결과는 실업팀들이 그동안 심판로비를 부인해온 것을 직접적으로 뒤엎는 것이다. 13개 팀 중 심판로비를 했다고 직접 실토한 팀은 10개 팀이며 이 중 5개 팀은 경기를 앞두고 '이기게 해주는 조건'으로 금품을 제공했다. 경기가 끝난 후 심판들에게 금품 또는 향응을 제공한다고 응답한 곳도 5개 팀이나 된다.

　경기 전 심판을 매수(농구인들은 베팅으로 표현)한다고 응답한 5개 팀 중 필요할 경우 제한 없이 무조건 베팅한다는 팀도 한 팀 있었고 나머지는 한 시즌 1~3회 정도라고 밝혔다. 이중 3개 팀은 '거의 1백% 효과를 봤다(심판의 유리한 판정으로 승리할 수 있었다)'고 응답했다. 돈을 주고도 불이익을 당했다고 응답한 2개 팀은 심판이 양측으로부터 돈을 받고 액수가 높은 팀을 밀어줬다고 주장했다.

　감독이 직접 심판에게 금품을 전달한 팀은 2개 팀, 나머지는 중개인에게 의뢰한다고 응답했다. 농구계에는 이같이 심판로비와 금품전달을 전담하는 중간역이 적잖은 것으로 알려져 있다.

　베팅 1회당 비용은 현금의 경우 50만 원이 기본이며 플레이오프 등 상위권 진출의 고비가 되는 게임에는 1백만 원을 넘는 경우도 있다. 경기 후 '사례'하는 경우는 식사 등 향응과 교통비·목욕비 명목으로 20만~30만원 정도.

　그러나 전임심판들은 '실업팀들로부터 유혹은 있었지만 돈을 받고 편파판정을 한 적은 없다'고 응답했다. 11월 현재

전임심판으로 등록된 12명 중 설문에 응한 7명 모두 '제의
는 받았지만 거절했다'고 주장했다. 즉 '돈 준 사람은 있어
도 받은 사람은 없다'는 얘기다.

이번 설문조사는 가장 판정시비가 잦은 여자실업농구계
에서 실제로 심판매수가 이뤄지고 있다는 사실을 확인하고
있다. 농구팬들을 기만하는 승부매매가 관중들의 눈앞에서
끊임없이 이뤄지고 있다는 충격적인 보고다.35)

2. 심판로비는 총체적 문제

'국민학교 선수들도 심판아저씨가 잘 봐주면 실력이 뒤지
더라도 이길 수 있다는 사실을 안다.'

한 실업팀 감독은 이같은 현실이 '우리를 슬프게 한다'며
절망감을 토로한다. "이제는 참된 승부를 위해 고민해 보고
싶다."는 것이 이번 설문에 응했던 팀 관계자와 전임심판들
의 한결같은 고백이다. 이들은 심판로비가 농구계에서 영원
히 사라져야 할 잘못된 관행이라는데 의견을 같이하고 있
다. 그러나 문제는 아직도 승리를 위해서는 심판로비가 필
수불가결한 것이라고 인식하고 있는 점이다.

설문에 응답한 팀 관계자들은 "베팅(금전로비)을 하지 않
아 이길 수 있는 경기를 진다면 바보."라고 대답했다. "한번
억울한 패배를 당하면 속상하기도 하지만 구단 측으로부터
도 엄청난 질책이 따르기 때문에 다음에는 반드시 베팅을
하게 된다."는 관계자도 있었다. 더 큰 문제는 구단 측에서
"수단방법을 가리지 말고 무조건 이겨라. 돈은 얼마든지 대
겠다."며 감독·코치 등 일선 지도자들에게 심판로비를 강
요하는 사례도 있다는 것이다. 베팅은 모두 구단의 묵인과
지원 아래 이루어지는 것으로 나타났다.

따라서 라이벌전이나 플레이오프 등 빅게임의 경우는 "상

대가 고액베팅을 할 게 뻔하기 때문에 '공정하게만 판정해주면 경기 후 그 이상의 사례를 하겠다'고 심판들에게 제시하기도 한다."고 밝힌 관계자도 있다. 실업팀들은 보통 때에도 "심판들에게 찍히면(?) 재미없다."는 두려움 때문에 경기 후 사례를 잊지 않고 있으며 "평소 심판 관리를 잘 못해 손해를 보는 감독은 자격 미달자"라고 단정하기도 한다.

문제는 심판들에게도 있다. 본인들의 강력한 부인에도 불구하고 실업팀 감독들은 "심판이 미리 손을 벌리는데 어떻게 거절할 수 있는가."고 반문할 정도다. 시즌을 앞두고 실업팀들을 찾아 노골적인 압력을 넣는 심판도 적지 않다는 것이다.

심판들도 할 말은 많다. 한 심판은 로비를 거절하자 팀으로부터 '보복하겠다'는 협박을 받았다고 고백했다. 즉 금품을 받고 유리한 판정을 내려주거나 아니면 신변의 위협을 감수하라는 양자택일을 강요받았다는 얘기다.

본지 설문을 통해 드러난 심판로비의 실상은 그동안 농구계에서 '의식개혁'과 '정당한 승부'를 끊임없이 주장해온 것이 모두 구두선(口頭禪)에 불과했다는 사실을 반증하고 있다. 엄청난 희생을 감수하더라도 대대적인 수술로 근본부터 치료하지 않는다면 한국농구의 고질적 병폐인 판정불신은 사라지지 않을 것이라는 절망적인 메시지다.[36)]

3 모두가 감시자로

농구대잔치 12년 동안 판정시비는 해마다 정도를 더해 왔다. 지난해에는 여자부 준결승에서 판정시비가 발생, 게임이

---

35) 중앙일보, 1994. 11. 16.
36) 중앙일보, 1994. 11. 17.

몰수되는 불상사까지 있었다.

심판문제를 해결하기 어려운 이유는 복합적이다. 심판로비가 워낙 교묘히 이뤄지는 데다 심판요원이 한정돼 강력한 처벌이 어렵다. 따라서 당사자인 실업팀 관계자와 전임심판들의 각성이 우선돼야 심판 문제는 해결될 수 있으며 심판요원확보 및 강력한 처벌 등 협회차원의 대책도 필요하다.

그러나 현재로서는 실업팀들의 각성과 농구협회의 대책이 마련될 조짐은 없다. 이런 이유로 94~95농구대잔치를 '판정시비추방 원년'으로 삼고 농구팬들이 직접 감시자가 되자는 의견이 설득력 있게 제시되고 있다.

심판이 부정을 저질러도 전문가나 알 수 있을 만큼 농구규칙은 복잡 미묘하다. 변명의 여지가 많은 것도 사실이다. 그러나 승부조작에 사용되는 수법은 의외로 단순하다. 조금만 집중력을 발휘하면 부정의 흔적을 찾을 수 있다.

올겨울 농구팬들은 다음의 몇 가지 사항을 주의 깊게 지켜볼 필요가 있다. 심판들이 편파판정을 하는 유형에는 크게 두 종류가 있다. 특정 팀에 노골적인 파울 선언 등 직접적인 피해를 주는 방법과 접전일 때 흐름을 바꿔놓는 지능적인 수법이다. 특정 팀의 주력선수에게 유난히 초반에 많은 파울(3~4개)을 선언하는 것은 직접적인 방법의 대표적 사례다.

이외에도 '특정 팀에 집중적으로 바스켓 굿(득점 인정하고 자유투 1개)을 주는 반면 상대팀에는 득점을 인정치 않는 디펜스 파울을 선언하는 경우', '오펜스 파울을 자주 선언하는 경우', '심판 가까운 데서 벌어지는 특정 팀의 파울을 먼 곳에 위치한 B심판이 번번이 적발해내는 경우' 등의 다양한 방법이 있다.

리드 당하던 팀이 오름세를 탈 때 심판이 코트정돈 등 사소한 이유로 경기를 중단시키는 것은 흐름을 끊는 대표적인 사례다. 흐름을 끊는 방법 중에는 결정적일 때 라인 크로스, 3초 또는 5초 바이얼레이션을 선언하거나 자유투를 주어야 할 상황에서 사이드라인을 선언하는 경우 등이 있다.

또 '불분명한 이유로 테크니컬 파울 또는 인텐셔널 파울이 주어지는 경우', '터치아웃을 반대로 선언하는 경우', '점프볼 상황에서 한 팀에 볼 소유권을 주는 경우', '골밑슛을 시도할 때 노골적인 파울을 범했는데도 방치하는 경우', '똑같은 파울에 대해 팀에 따라 다른 판정을 내리는 경우' 등도 자주 사용하는 방법이다.[37]

4. 본고장 미국의 실태

농구의 본고장 미국에서 심판은 '선망직종'으로 꼽힌다. 선수·코치와 함께 농구발전을 이끈다는 심판들의 공동체 의식과 자부심은 엄청나다.

미국농구의 얼굴인 NBA에서는 한 경기 3명의 심판을 투입한다. 경기 배정은 운영위원회에서 담당하고 특정 팀 경기에 한 심판이 중복 기용되는 일은 없다. 특정 팀 경기에서 물의를 빚은 심판은 같은 팀 경기에 배정하지 않는다. 혹시 있을지 모를 심판매수에 대비, 경찰국의 내사반과 유사한 조직을 갖춘 NBA 산하 보안경비부가 승부를 둘러싼 선수들의 도박·심판의 금품수수 등을 철저히 추적, 감시한다.

심판들도 권위를 지키기 위해 노력하며 끊임없는 평가를 받는다. 심판부에서 자체적으로 운영하는 평가제도외에 NBA 운영부는 각 팀 코치·감독들로부터 매 경기 심판평점을 매기게 한다. 코치들의 평가에서 계속 꼴찌를 달리는 심판은 최악의 경우 파면된다.

그러나 심판의 권위를 보호하기 위해 선수·코치·팀 관

계자들이 심판을 공개적으로 공박하면 가차 없이 징계를 내
린다. 지난 12일 댈러스 매버릭스와의 경기 후 시카고 불스
필 잭슨 감독은 휴 홀린스 심판을 '불스를 싫어하는 심판'이
라고 비난했다가 NBA로부터 1만 달러의 벌금을 부과받았다.

　NBA심판은 모두 54명. 나이는 30~60대까지 다양하고 평
균연령은 40대 초반이다. NBA 운영부는 심판선발·관리 등
모든 것을 책임지며 선발된 심판에게는 최고의 대우가 주어
진다. 심판에게는 최저임금으로 연봉 6만 달러가 보장된다.
20년 정도 근속할 경우 심판연봉은 15만 달러가 넘는다. 이
액수는 출장경비를 제외한 것이고 플레이오프 경기에 대한
수당은 따로 책정된다. 완벽한 연금과 보험제도도 마련돼
있다.

　심판들은 선수들과 마찬가지로 트레이닝 캠프부터 NBA
결승전까지 근무한 후 시즌이 끝나면 기나긴 유급휴가를 즐
긴다. 심판들의 훈련은 선수들의 트레이닝 캠프가 설치되는
시기와 같다. 심판들에게는 젊은 선수들과 함께 뛸 체력이
강조되고 새로 개정된 룰에 대한 재교육과 시험이 쉴 새 없
이 계속된다. 가혹한 재교육·관리 시스템을 견디지 못하고
낙오하는 심판도 없지 않다.

　중요한 사실은 미국농구의 구단 경영자·코치·선수와
마찬가지로 심판 역시 자신의 분야에 엄청난 자부심을 지녔
고 매수 따위의 부정은 스스로 용서치 않는 자존심과 양심
을 강조하고 있는 점이다.38)

　중앙일보가 네 차례에 걸쳐 연재한 위의 기사는 매우 다양한 취재

---

37) 중앙일보, 1994. 11. 18.
38) 중앙일보, 1994. 11. 21.

기법을 동원하여 완성하였다. 가장 눈에 띄는 부분은 여자 실업 농구 팀의 모든 관계자와 심판을 대상으로 설문 조사를 실시하여 통계 자료를 확보한 점이다. 쟁점이 되고 있는 분야의 구성 성분들이 모두 관련되어 있기 때문에 중앙일보의 취재는 특정한 부분만 적출하여 자신들이 원하는(원하는 기사의 방향으로 몰고 갈 수 있는 근거가 되는) 샘플을 만들 수도 있다는 유혹과 위험으로부터 자유로울 수 있었다. 이 통계는 매우 큰 폭발력을 지녔는데, 13개 실업 팀 가운데 한 팀이라도 심판을 매수하기 위해 금품을 제공한 사실이 있다고 진술할 경우 여자 실업 농구계의 심판 매수 내지 로비는 실체적 진실로 확정될 수밖에 없기 때문이다. 설문 과정에서 광범위한 인터뷰를 실시해 설문에 응한 취재원들의 주관적 견해를 청취함으로써 그들의 견해를 중앙일보의 견해와 일치시키는 데 성공한 점도 눈에 띈다. 이 밖에 심판들의 경기 개입 노하우를 상당히 객관적이라고 볼 수 있는 주요 사례를 들어 설명하여 독자를 설득하려는 시도를 보였다. 또한 농구의 선진국인 미국의 프로 농구 심판 운영 시스템을 소개하고 그 성공의 비결을 논하는 방법으로 대안을 제시하고 있다. 요컨대 중앙일보의 기사는 탐문이라는 수사 기법과 인터뷰라는 취재 기법을 통합하여 객관적 통계를 추출함으로써 객관성을 확보한 다음 관계자들의 진술과 현장에서 이루어지고 있는 문제적 진실에 대한 구체적 기술(記述), 그리고 선진국의 사례를 원용한 합리적 대안 제시에 이르기까지 유려하고도 짜임새 있는 일련의 취재와 보도에 성공한 좋은 사례로 볼 수 있다.

조사 보도에는 가끔 정의감과 투지가 필요하다

　최근 스포츠 기자들의 문제의식과 정의감은 진실을 규명하려는 의지로 연결되어 장기적인 취재를 결코 회피하지 않고 있다. 취재 기법의 정교함과 취재에 임하는 기자의 투지는 수사에 나선 경찰이나 검사의 전문성에 못잖은 과정과 결과물을 보여준다. 이로 인하여 최근의 스포츠 지면에는 사건 기사 수준의 조사 보도가 자주 등장하고 있다. 또한 이러한 보도의 결과로 인한 파급 효과가 상당한데, 특별히 문제가 있는 사안에 대해서는 징벌과 정화의 기능마저 수행하는 경향이 있다. 다음의 기사는 여자 농구 팀에서 감독이 선수를 구타하여 고막이 찢어지는 중상을 입혔으며 그럼에도 불구하고 감독 본인과 구단 차원에서 은폐 시도가 있었다는 사실을 다각적인 취재를 통하여 밝혀낸 경우이다. 최초의 보도는 KBS의 특종이었고, 이 보도가 도화선이 돼 각 언론사의 후속 보도가 잇따랐다. 후속 취재에 나선 기자들의 취재 범위는 대단히 광범위하여 텔레비전 뉴스 보도, 다친 선수를 진찰한 의사의 소견, 인터넷 팬클럽 회원들의 증언 청취가 있었으며 경기 단체의 동향에 대한 확인 등이 이루어졌고 취재의 대상이 된 인물도 다수이다. 이 기사가 보도된 뒤 결국 가해자인 감독은 해임을 모면할 수 없었다. 경기 단체에서는 유사한 사례가 재발하지 않도록 하기 위한 금지와 처벌 규정 마련에 착수하였다.

이제는 바꿉시다

앵커 : 지난해 2월 선수 폭행으로 물의를 빚은 여자프로
농구 현대건설의 진성호 감독이 또 다시 소속팀
선수를 구타한 것으로 밝혀져 커다란 파문을 일으
키고 있습니다. 이성훈 기자입니다.

기자 : 현대건설의 진성호 감독이 선수들을 구타한 것은
지난달 25일, 경주에서 금호생명과 경기를 치른 직
후입니다.

농구관계자 : (락커룸)안에서 때리는 소리가 났어요. 전부
터 선수를 때리는 걸 알고 있었기 때문에 직접 보
지는 못했지만 소리 듣고 오늘도 때리는구나 생각
했죠.

기자 : 선수대기실에서 구타가 있은 뒤 프로 2년차인 진
신혜 선수는 황급히 응급실로 옮겨졌습니다. 당시
진신혜 선수가 치료받은 동국대학 경주병원의 진
료기록에 따르면 외부로부터의 강한 충격, 즉 구타
로 인해 왼쪽 고막이 찢어진 것으로 나타났습니다.

류준선(동국대 경주병원 전문의) : 환자의 당시 고막 소견으
로 봐서는 외상에 의한 것이 가장 의심됐습니다.
찢어진 모양이라든지, 크기 그런 것으로 봤을 때...

진성호(현대건설 감독) : 항간에 이런 사실이 있었다, 이런
짓이 있으면 곰 봐 릴타, 차라리 내가 오늘 얘기하
는 입장이 되겠다고, 그럼 나하고 전혀 상관이 없
는 얘기야……

기자 : 본인은 이를 부인하고 있지만 진 감독의 잦은 체벌
은 이미 알려진 사실입니다. 지난해 2월에는 당시

소속 선수를 가슴뼈가 금이 갈 정도로 심하게 때
려 물의를 일으킨 바 있습니다. 최근에는 소속팀
코치들의 만류에도 불구하고 선수를 때리는 등 진
감독의 체벌은 이미 교육적인 차원을 넘어선 것으
로 알려졌습니다.

구타피해 선수 : 머리채 잡고 발길 닿는 대로 차고 밟아
버려요.

기자 : 운동 효과를 노려 사랑의 매라는 이름으로 자행되
는 선수체벌. 상명하복만이 존재하는 현실 앞에 약
자일 수밖에 없는 선수들의 존엄성은 여지없이 짓
밟히고 있습니다.[39]

현대 여자농구선수단 구타사건 전말 : 감독 손찌검에 선수 고막 파열까지

문제의 사건은 지난달 25일 경주에서 현대건설 : 금호생
명과의 경기가 끝난 직후 발생했다. 현대건설 진성호 감독
이 경기내용에 문제가 있다며 일부 선수들을 구타한 것. 이
과정에서 프로 2년 차인 진신혜 선수의 고막이 터졌다.

당시 현장에 있던 한 농구관계자는 "라커룸에서 때리는
소리가 들렸다. 전부터 선수를 때리는 걸 잘 알고 있었기 때
문에 직접 보지는 못했지만 소리를 듣고 오늘도 때리는구나
생각했다."고 말했다. 사실 진성호 감독은 지난해 2월에도
선수를 폭행해 물의를 일으킨 바 있었다.

고막이 터진 진신혜 선수는 황급히 응급실로 옮겨졌다.
그리고 곧바로 동국대학 경주병원에서 치료를 받았다. 당시
진료를 맡았던 류준선 경주병원 전문의는 "환자의 고막 소

---

39) KBS 9시 뉴스, 2000. 7. 6.

견(찢어진 모양, 크기 등)으로 봐서 외상에 의한 것이 가장 의심됐다.”고 말했다. 즉 외부로부터의 강한 충격(구타)에 의해 왼쪽 고막이 찢어졌다는 결론이었다.

진신혜 선수가 구타로 인해 고막이 찢어진 뒤에도 현대 선수에 대한 ‘구타사건’은 조용히 덮어지는 듯했다. 감독이 구타사실을 숨기고 선수들에게도 철저한 입단속을 시켰기 때문이다.

그러나 지난 7일 KBS 뉴스를 통해 ‘폭행사실’이 공론화되면서 사건은 걷잡을 수 없이 커졌다. 그렇지만 진성호 감독은 구타사실을 부인했고, 선수들도 같은 입장을 취했다. 구단은 전주원·진신혜·강지숙 등 선수들에게 입을 맞추도록 지시했다는 후문이다.

그러나 여자농구 인터넷 홈페이지를 운영하는 KWBCC(Korean Women’s Basketball Cheer Club)와 전주원 팬클럽인 ‘ASSIST’ 회원들이 7일밤 모임을 갖고 사실 규명에 나서면서 사건의 전모가 드러나기 시작했다.

이들은 폭행사실에 대한 확실한 증거로 지난달 25일 현대건설 : 금호생명전을 직접 관전한 이들의 증언을 인용했다. 이에 따르면 현대건설 선수들이 라커룸에서 나올 때 몇몇 선수들의 뺨이 붉어져 있었고 귀를 가리고 나온 진신혜 선수는 “병원에 가자는 프런트의 손에 이끌려 승용차를 타고 사라졌다.”고 했다.

또 한 팬은 현대 선수와의 전화 통화에서 “애(선수)들이 맞았고 진신혜가 고막을 다쳤다.”는 말을 확인했다. 또 ‘폭행설’ 보도가 나간 이튿날인 7일 진 감독이 오전 미팅에서 “일체 외부에 얘기하지 말라.”고 입단속을 시켰다는 말도 전해 들었다고 주장했다.

현대여자농구단은 진신혜 선수 구타사건이 일어난 뒤 사

실을 숨겨오다 언론에 의해 사실이 밝혀진 뒤에도 미온적인 태도를 보였다.

진 감독은 "사실과 다르고 그런 일이 없다."는 거짓말로 사태를 은폐하려 한 것으로 드러났다. 여론의 비판이 일자 구단은 지난 10일 기자회견을 열고 선수 폭력사실은 시인했지만 미온적인 징계방침을 정했다. 즉 감독이 피해자인 선수들에게 일일이 사과한 만큼 올 시즌까지 감독직을 유지하고 시즌이 끝나는 대로 감독의 거취를 결정하겠다고 밝힌 것.

그러나 한국여자농구연맹(WKBL)은 같은 날(10일) 재적의원 8명 전원이 참석한 가운데 재정위원회를 열어 "진감독이 지난 8일 열린 재정·상벌위원회에 출석해 절대 그런 일이 없다고 강조했다."며 '앞으로 농구무대에 영구히 설 수 없다'는 제명을 결정하고 이를 현대에 통보했다.

이처럼 농구인을 비롯, 농구계의 반발이 거세지자 현대여자농구단은 일단 진 감독의 사의를 받아들이는 태도를 취했다. 그러나 진 감독의 최종 거취에 대해선 구체적으로 밝히지 않았다.[40]

이런 의문이 생길 수 있다. 즉, "스포츠 취재 부서에서 이렇게 어렵고 복잡한 조사 보도를 해야 할 필요가 있는가?" 또는 "스포츠 담당 기자들이 조사 기법을 활용한 취재와 보도를 위해 전문적으로 훈련되어야 하는가?" 등이다. 이 의문에 대한 답은 스포츠를 보도하는 매체의 형태나 고위 구성원들의 필요, 가치관 등에 의해 달라질 수 있을 것이다. 예를 들어 스포츠만을 전문으로 취재해 보도하는 매체의 경우에는

---

40) 일요시사, 2000. 7. 27.

조사 보도 방식(특히 사건 취재)을 포기하거나 취재 부서에 이러한 기능을 하는 부서를 설치하는 대조적인 선택을 할 수가 있다. 기자들을 훈련시켜 조사 보도를 취재 영역의 일부로 편입할 수도 있을 것이다. 종합일간신문이나 방송이라면 이미 기능적으로 활동하고 있는 사회 부문의 사건 담당 기자들이 스포츠 부문에서 일어난 사안을 처리하는 수도 있을 것이다. 이 방식은 최근까지도 대부분의 한국 언론 매체가 활용하고 있다고 본다. 다만 위에 소개한 KBS의 특종 기사에서 보듯, 스포츠 분야의 조사 취재는 스포츠를 취재하는 '출입 기자'가 아니면 접근 자체가 어려운 영역이 있다. 평소 농구를 담당하는 기자로서 선수들과 면식이 있었기에 비교적 수월하게 취재 영역 안에 속해 있는 선수들을 인터뷰하고 유연한 대화를 통해 사건의 진실을 확인할 수 있는 진술을 얻을 수 있었을 것이다. KBS의 사회 부문 취재 기자가 선수나 팀 관계자를 찾아가 취재를 시도했다면 취재원들은 매우 경직된 상태에서 기자와의 면담을 회피하거나 개방적인 진술을 삼갔을 가능성이 크다. 그러므로 조사 기법에 의한 보도 기사는 대체로 해당 분야에서 오랫동안 경력을 쌓은 잘 훈련된 기자가 작성하는 것이 좋을 것이다. 그러나 경험이 부족한 기자도 훈련을 통해 조사취재에 능숙해질 수 있고, 부족한 경험이 현장에 대한 주저 없는 접근을 가능하게 할 수도 있다. 특정한 종목을 전담하는 소위 전문기자 내지 덤덤기자 그룹에 속하는 기사들은 정보를 제공할 수 있는 취재원을 누구보다도 많이 보유했지만 자신들이 취재하고 보도한 내용으로 인하여 정보 제공자와의 관계가 손상되는 일을 회피하는 경우가 있다. 그도 그럴 것이, 기사가 나가고 보도가 끝난 다음에도 취재원들과의 관계는 지속되어야 하고 어떤 방식으로든 지속되지 않을 수 없는 것이 스포츠 취재 분야의 특징이기 때문이다. 이런 이유 때문에 미국의 경우 기자들을 지휘하는 데스크나 에디터들은 특정한 사안을 다루는 조사 보도에 출입기자 1명과 기타 1명으로 취재 팀을 구성하는 방법을 택하는 경우가 많다. 또는 다른 분야의 출입기자를 기용함으로써 조사 대상 분야의 출입기자가 직접 취재할 경우 예상할 수 있는 취재원과의 관계 악화를 피하기도 한다.

누구나 조사 보도를 선호하지는 않는다

조사 기법을 활용한 저널리즘에 대하여 모든 사람이 긍정적일 수는 없다. 평범한 독자들에게는 조사 기법에 기초한 보도가 매우 건조하고 딱딱한 기사로 느껴져서 스포츠 면에서 읽기에는 부적당하다는 선입견을 주기 쉽다. 예를 들어 농구 지도자의 선수 구타 사건은 스포츠 면이 아니라 사회면에서 보는 게 옳다는 고정관념의 영향을 받을 수밖에 없는 것이다. 신문의 독자들은 스포츠 면이 최근에 벌어진 경기 결과나 그와 관련한 스타들의 새로운 소식으로 채워져야 자연스럽다고 생각할 가능성이 크다. 일반적으로 스포츠 면에 실리는 기사들은 문화면이나 대중문화면과 마찬가지로 연성 콘텐트들이다. 이런 기사들은 사회면이나 정치면 또는 경제면의 딱딱하고 건조하며 전문적인 기사들이 주는 긴장 또는 지루함과 적절한 조화를 이루는 기능을 한다. 대부분의 독자들은 이러한 콘텐트의 배열 방식에 익숙하다. 미국의 경우 독자들은 조사 방법에 의한 기사가 자신이 선호하는 팀(거주지나 고향에 연고지를 둔 팀 : 홈팀)을 다뤘을 경우 부정적 반응을 보이는 경향이 있다. 한국의 경우에도 프로야구나 프로축구, 프로농구 등 인기 종목의 연고 팀을 보유한 지방과 도시의 독자들은 미국과 비슷한 반응을 보일 가능성이 있다. 따라서 스포츠 언론이 조사 기법에 의한 취재와 보도를 어느 수준까지 밀고 나가느냐 하는 문제를 놓고 미디어 관계자들은 상당히 진지한 검토를 할 필요가 있다. 이 검토 속에는 스포츠가 여가를 즐기는 수단이며 스포츠 보도 역시 그 연장선에 있다고 생각하는 보편적 독자들의 기호와 요구에 대해 어느 수준까지 설득이 가능한지에 대한 고민이 포함돼야 마땅하다. 또한 조사 보도는 신중히 다루지 않으면 신문의 신뢰도를 손상하는 중대한 문제를 야기할 수 있다. 한편으로 스포츠 기자들은 단순히 경기의 결과나 스타의 활약을 수치적으로, 또는 감각적으로 포착하는 데 만족해서는 안 되며 언제나 '날이 선' 의식으로 문제적 진실을 꿰뚫어 보고자 하는 의지를 견지하지 않으면 안 된다. 조사 기법에 의한 스포츠 보도가 필요한 경우[41]는 대체로 다음과 같다.

❶ 고등학교 및 대학교의 선수 스카우트와 관련해 팀이나
  선수들에게 주어지는 조건
❷ 고등학교 및 대학교의 스포츠에 대한 후원 프로그램
❸ 스포츠 업체와 대학교 팀 또는 선수들과의 관계
❹ 스포츠 프로그램을 지원하는 사설 재단
❺ 선수들의 약물 사용
❻ 자격 유지를 위한 사기성 약물 시험

---

41) 방열, 2001, 167면.

❼ 프로 및 대학 팀의 상업적 사업 행위
❽ 프로 팀의 계약 행위

조사 보도 방법은 여러 가지 보도 방법을 결합한 형태의 보도 방법
이다. 스포츠에서 '조사 보도'는 추문의 폭로 정도로 오인될 가능성이
있지만 실제로는 훨씬 더 광범위하고 깊은 부분까지 망라한 취재와 보
도 기법이다. 조사 보도 기자는 평범한 취재 방식으로는 정교한 정보
의 수집과 보도에 어려움이 따르는 주제에 접근하는 존재이며 특정한
주제의 중요성을 꿰뚫어 보는 사람이다. 따라서 조사 보도는 일반적인
보도에 비해 더 철저하고 완성도가 높으며 깊이가 있어야 한다. 그리
고 기사의 보도가 가져오는 사회적 파장이나 해당 스포츠에 대한 영향
력도 결코 작을 수 없다. 정치나 범죄에 관한 기사뿐만 아니라 집요한
조사를 요하면서도 비도덕적이거나 불법적인 행위는 밝히지 않는 주제
에 관한 기사에도 적용된다. 조사 보도는 누군가가 감추기를 원하는
중요한 사실에 초점을 둘 수도 있다. 이미 공개된 자료에 의존하는 대
신 기자가 집요하게 취재하여 특정한 사실을 새로이 밝혀내기도 한다.
조사 보도는 일반 보도에 비해 취재 과정에서 개인의 사생활을 다루는
경우가 많고 이 과정에서 취재된 내용을 기사화하는 경우도 적지 않기
때문에 일반적인 보도보다 많은 자료가 뒷받침된다. 보도 내용을 둘러
싼 진실 공방이나 법률적 논쟁의 가능성에 대비하기 위하여 기자들은
문헌 자료나 확인서, 증인 등 가능한 모든 증빙 문서와 자료를 확보하
는 데도 노력을 기울여야 한다. 기본적으로 기자는 정보 제공자가 넘

겨주는 특정한 사실에 대한 확인되지 않은 진술에 전적으로 의존해서는 안 되며, 그보다는 기자 자신이 직접 발견 또는 확인한 사실에 의존해야 한다.

물론 정보원의 폭로나 귀띔은 고성능의 기폭제와 같은 역할을 하는 것이 사실이다. 예를 들어 1974년 리처드 닉슨 전 미국 대통령의 사임을 초래한 '워터게이트 스캔들'의 보도과정에서 정보원의 제보는 결정적인 역할을 했다. 미국 역사상 최대의 스캔들이 된 이 사건은 1972년 6월, 5명의 괴한들이 미국 워싱턴 워터게이트 호텔의 민주당 전국위원회(DNC) 사무실에 침입해 도청장치를 설치하려다 체포된 사건에서 시작됐다. 당시 워싱턴포스트의 기자로 사건을 취재하던 밥 우드워드(Bob Woodward)와 칼 번스타인(Carl Bernstein)은 '딥 스로트(Deep Throat)'로 알려진 정보원의 도움으로 이 사건 배후에 백악관이 있음을 폭로하는 대특종을 했다. 딥 스로트가 누구인지는 30여 년 동안 비밀에 부쳐졌으나 2005년 미국 연방수사국(FBI) 부국장을 지낸 마크 펠트(Mark Felt)로 밝혀졌다.

또한 '과달루페 이달고 조약 스캔들'의 경우도 제보자의 증언이 결정적이었다. 2년에 걸친 미국과 멕시코의 전쟁을 종결시킨 과달루페 이달고 조약 내용이 1848년 뉴욕 헤럴드 기자였던 존 뉴전트(John Nugent)에게 알려졌다. 뉴전트의 보노도 사실이 알려서 파문이 일자 미국 상원은 그를 소환해 조사했으나 뉴전트는 끝내 정보원의 이름을 밝히기를 거부했고 한 달 동안 의사당 건물에 연금돼야 했다. 파문에 뒤이은 정황들로 볼 때 당시 국무장관으로 나중에 대통령에 오른 제임스 뷰캐넌(James Buchanan)이 뉴전트의 정보원이었을 것이라는 추정을 낳았다.

'기자는 수사관이 일하는 방식으로 취재해야만 성공적으로 조사 보도를 할 수 있다.'는 말이 있다. 조사 보도의 방법은 기본적으로 다른 형식의 보도와 사실상 동일하며, 따라서 인터뷰, 관찰 및 문헌조사 등을 망라한다. 잘 훈련된 조사 보도 기자들은 일반적으로 유능한 인터뷰어(interviewer)이며 서류, 컴퓨터의 데이터베이스나 각종 문서를 통하여 단서를 추적하는 데도 능란한 수사관과 다름없는 존재다.

기자에게 조사 보도는 매우 심한 고통을 수반하는 작업일 수 있다. 아주 작은 단서라도 찾아내어 진전된 정보의 퍼즐을 완성해 나가기 위하여 많은 시간을 들여 기록을 더듬고 무수한 양의 서류를 뒤적이고 쉬지 않고 움직여야 하기 때문이다. 가치 있는 조사 보도 기사를 작성하기 위해서는 주제가 무엇이든 가리지 않고 헌신적인 조사 작업이 선행되어야 한다. 이러한 작업을 수행하는 기자들에게는 강한 인내력이 필요하다.

조사 보도 기자들은 일견 역사학자들을 연상시킨다. 그러나 그들의 작업은 취재 대상으로서의 주제가 현실로 존재하여 취재의 결과를 직접 확인할 수 있는 동안만 유효하다. 역사학자들은 기록의 불완전성이나 상실의 문제에 부딪치지만 조사보도 기자들은 대개의 경우 노골적이고도 즉각적인 적대감과 거부감, 저항에 직면하지 않을 수 없다. 일반적으로 문제적 인물이나 집단은 양심의 가책이나 역사의 심판을 두려워하지 않는다. 단지 범죄가 발각되고 고발, 기소 등으로 인한 체포나 징역, 사업상의 불이익 등을 두려워한다. 그들은 끊임없이 은폐를 시도하여 이를 밝혀내려는 기자들을 극단까지 시험하곤 한다. 조사 보도에 수반되는 이러한 어려움만이 장애요인은 아니다. 미디어의 내부에도 조사 보도를 방해하는 장애 요소가 많이 있다. 조사 보도는 많은 시간을 필요로 하며 신문이나 방송국으로서는 상당히 부담스런 자금이 필요한 경우도 허다하다. 보도의 결과 발생할지도 모를 특정 집단이나 힘 있는 개인과의 분쟁도 미디어를 위축시키고 조사 보도에 종사하는 기자들에게 무언의 압력 내지 과도한 책임을 부과하는 요인이 된다. 스포츠 면에 게재되는 조사 보도 기사들은 종종 거센 공격에 직면하며, 기자나 신문사가 협박을 당하기도 하고 소송에 말려들기도 한다. 스포츠 활동이 일반 대중에게 불러일으키는 반향은 매우 크기 때문에 조사 보도 기사들이 던지는 충격파도 그만큼 크게 마련이다. 이런 까닭에 미디어는 기자들에게 조사 보도 대상이 확실한지를 거듭해서 묻게 된다. 그러기에 조사 보도에 임하는 기자는 열정으로 가득 차고 정의감으로 충만하며 어떤 경우에도 물러서지 않는 기자다운 투지로 무장해야 하는 것이다. 진실을 알고 싶어 하고 의지에 투철하며 정확한 판단력과 칼날 같은 예지, 불편부당한 사고, 경쟁심, 강한 체력 등은 이들에게 없어서는 안 될 요소이다. 이토록 고통스러운 일인 반면에 베테랑 조사 보도 기자들은 굵직한 기사를 보도함으로써 맛보게 되는 쾌감과 보람을 결코 외면하지 못하고, 때로는 일종의 중독 현상마저 보인다.

정보를 사냥하라

기본적으로 조사 보도 기자들은 정보 사냥꾼들이다. 그들은 다양한 방식으로 정보를 수집하는데, 가장 대표적인 경우는 그들의 출입처에서 일상적인 업무를 수행하는 도중에 낯설지만 강렬한 정보에 직면할

때다. 예를 들면 출입처의 한 구성원이 지나가는 말처럼 "아무개 기자
님, 이거 알아요?" 하면서 낯선 사건의 일단을 흘끗 보여주는 것이다.
예민한 기자는 결코 이 소중한 단서를 간과하지 않는다. 작은 틈새를
파고드는 물줄기처럼 기자의 영혼은 자신이 원하는 정보의 완성을 향
해 쉼 없이 움직인다. 때로는 일면식조차 없는 미지의 인물이 전화나
편지, 기타의 방식으로 정보를 귀띔하는 경우도 있다. 기자는 낯선 사
람의 전화를 받았을 때 절대로 가볍게 대해서는 안 되며 그가 하는 말
의 진의를 살필 필요가 있다. 하지만 한편으로는 그러한 제보의 사실
성을 철저하기 검증하지 않으면 안 된다. 잘 아는 누군가로부터 결정
적인 증언을 들을 수도 있는데, 이런 사람들은 흔히 폭로의 형식을 띠
기도 하고 극히 개인적인 동기에서 폭탄 발언을 하는 경우도 적지 않
다. 이러한 제보가 정보의 가치를 떨어뜨린다고 볼 수는 없지만 유의
가 필요하다. 그러나 이러한 동기는 일단 이해하고 나면 반드시 정보
의 가치를 감소시키는 요인은 아니다. 예컨대, 한 선수가 출전 기회가
적다는 이유로 이적을 선택했을 경우를 생각해 보자. 그는 더 이상 감
독이나 구단 관계자의 영향을 받지 않을 것이고 더 이상의 불이익도
없을 것이기 때문에 기자들을 상대로 팀의 문제점이나 특정 선수와 감
독의 문제점에 대해 시시콜콜히 말할 수도 있다.

집 나가더니, 결국 뒤통수를 치는 모양이다.
박지성의 옛 동료 카를로스 테베스(25)가 맨유를 떠나자 알
렉스 퍼거슨 감독에게 직격탄을 날렸다. 1일(한국시각) 영국

일간지 '가디언' 등 외신들에 따르면 테베스가 2008~2009 유럽축구연맹(UEFA) 챔피언스리그 바르셀로나(스페인)와의 결승전을 상기하며 퍼거슨 감독 책임론을 주장하고 나섰다.

테베스는 "챔피언스리그 결승전 때 나를 선발 멤버에서 제외한 것은 퍼거슨 감독의 실수."라고 말했다. 지난 5월 유럽 챔피언스리그 결승 당시 퍼거슨 감독은 테베스를 벤치에 앉히는 대신 호나우두, 루니, 박지성으로 공격라인을 구성했으며, 경기 결과 0대 2로 패했다.

이에 대해 테베스는 "퍼거슨 감독과 논쟁을 벌일 사람이 없을 정도로 말이 안 통한다. 그는 잉글랜드의 수상과 같다."며 퍼거스 감독의 독선을 지적하고 나섰다. 의사소통이 안되는 퍼거슨 감독의 지휘 방식 때문에 맨유에 입단한 이후 처음으로 결승전 패배라는 아픈 추억을 안게 됐다는 게 테베스의 넋두리다. 특히 테베스의 주장에는 자신이 출전하지 못했기 때문에 유럽 챔피언스리그 2연패에 실패했다는 아쉬움이 진하게 배 있다. 이어 테베스는 "나의 가족은 내가 맨유에서 얼마나 큰 상처를 받았는지 알고 있다. 경기를 치르거나 훈련을 마치고 나면 괴로움을 잊기 어려웠다. 내 모든 슬픔을 가족과 함께 해야 했다."고 맨유를 떠날 수밖에 없었음을 강조했다.

한편, 맨체스터 시티로의 이적이 유력시되고 있는 테베스는 "아직 선택의 여지가 남아 있다."고 조심스런 태도를 취했다.[42]

테베스 "퍼거슨 감독이 날 버렸다."

잉글랜드 프로축구 프리미어리그 맨체스터 시티(이하 맨시티)에 입단한 카를로스 테베스(25)가 2년 동안 몸담았던 맨체스터 유나이티드(이하 맨유)의 알렉스 퍼거슨(68) 감독에 대한 서운한 감정을 토로했다.

테베스는 15일(한국시간) 맨시티 입단식을 치르고 나서 공식 기자회견을 통해 "퍼거슨 감독은 내게 전화를 하거나 문자 한 줄 보낸 적이 없다."라고 밝혔다. 이는 퍼거슨 감독이 지난 14일 언론과 인터뷰에서 "지난 1월 테베스를 설득하려고 전화를 걸었지만 받지 않았다."고 말했던 것을 완전히 뒤집는 말이다.

테베스는 작정한 듯 "내가 퍼거슨 감독과 대화를 나눈 것은 지난해 AS로마와 유럽축구연맹(UEFA) 챔피언스 리그 경기를 치르고 나서다. 그것도 대표 팀 차출 문제 때문이었다."라며 "2년 동안 같은 팀에서 지낸 선수에게 걸맞지 않은 대우."라고 강조했다. 그는 이어 "내가 맨유를 떠난 이유는 데이비드 길 사장과 퍼거슨 감독이 날 잔류시키려고 충분한 노력을 하지 않았기 때문."이라며 "맨시티가 과거의 영광을 되찾을 수 있도록 이바지하는 게 나의 목표."라고 덧붙였다.[43]

네빌 "테베즈, 돈 때문에 이적했어."

맨체스터 유나이티드(이하 맨유)와 맨체스터 시티(이하 맨시티)의 칼링컵 4강전이 임박한 가운데, 양 팀 선수들의 신경전이 절정에 달하고 있다. 이번에는 맨유의 주장 게리 네빌이 지난 여름 맨시티로 이적한 카를로스 테베즈를 걸고 넘어졌다. 네빌은 18일(현지시간) 영국 언론들과의 인터뷰를 통해 "테베즈는 좋은 선수였지만 요구하는 금액이 너무 컸다."며 맨유가 테베즈를 붙잡지 않은 이유는 감독과의 불화 때문이 아니라고 주장했다.

---

42) 스포츠조선, 2009. 7. 1.
43) 연합뉴스, 2009. 7. 15.

'미러'의 보도에 따르면, 테베즈의 대리인은 협상 당시 맨유에게 2천 5백만 파운드(약 461억 원)의 계약금과 15만 파운드(약 2억 7천만 원)의 주급을 요구했다고 한다. 당연히 알렉스 퍼거슨은 이 제안을 거절했고, 결국 테베즈는 올드 트라포드를 떠나 맨시티로 이적했다. 네빌은 이와 관련해 "지난 20년간 선수 이적과 관련된 퍼거슨 감독의 선택은 항상 옳았다."며 테베즈를 잡지 않은 것은 잘한 선택이라고 주장했다.

올 시즌 맨시티에 합류한 테베즈는 최근 10경기에서 11골을 기록하면서 맨시티의 상승세를 이끌고 있다. 최근에는 지난 9월 당한 패배를 되새기면서 "복수하고 싶다."는 뜻을 밝히기도 했다. 이적생 테베즈의 복수 발언과 맨유 주장 네빌의 도발로 19일로 예정된 두 팀의 칼링컵 대결은 더욱 더 뜨거운 열기를 내뿜게 되었다.[44]

테베스 "네빌, 간사하고 바보 같은……"

맨체스터 시티 공격수 카를로스 테베스가 자신을 향해 '손가락 욕설'을 날린 옛 동료 게리 네빌을 향해 독설을 퍼부었다. 문제의 사건은 지난 20일(한국시간) 열린 맨체스터 시티(이하 맨시티)와 맨체스터 유나이티드(이하 맨유)의 잉글랜드 칼링컵 4강 1차전에서 벌어졌다.

이날 경기를 앞두고 맨유의 베테랑 수비수 네빌은 "테베스는 돈 때문에 맨유를 떠났다."며 신경전을 시작했다. 이어 그는 경기가 시작된 이후 교체 출전을 대비해 옆줄 부근에서 몸을 풀던 도중, 경기장에서 뛰고 있는 테베스를 끊임없이 도발했다.

---

44) 골닷컴, 2010. 1. 19.

이에 테베스는 자신이 터뜨린 두 골로 인해 친정팀 맨유를 2 : 1로 꺾은 이후 네빌을 맹비난했다. 그는 아르헨티나의 'ESPN 라디오'를 통해 "네빌은 간신배(bootlicker) 같은 인간이다. 그 바보(idiot) 같은 녀석이 왜 나를 공격했는지 이해할 수 없다."며 맞받아쳤다.

테베스는 "역전골 이후 펼친 뒤풀이는 맨유 팬들도, 알렉스 퍼거슨 감독을 향한 것도 아니었다."고 밝힌 뒤, "내 뒤풀이는 네빌에게 '입 다물고 조용히 좀 해(shut your trap, keep quite)'라는 의미에서 나타내기 위함이었다"며 논란의 중심이 된 자신의 행동을 해명했다. 아울러 테베스는 "나는 단 한 번도 네빌에 대한 비판을 가한 적이 없다. 오히려 그를 존중하는 사람 중 하나였다."며 옛 동료의 낯선 행동에 어이가 없다는 반응을 보였다.

한편, 맨시티는 이날 테베스의 연속골에 힘입어 지역 라이벌 맨유에 2 : 1 역전승을 거두고 구단 역사상 처음으로 칼링컵 결승에 진출할 수 있는 발판을 마련했다. 양 팀은 오는 28일 맨유의 홈 구장인 올드 트래포드에서 2차전 경기를 치른다.[45]

알렉스 퍼거슨 감독이 '맨체스터 더비'를 앞두고 지난여름 팀을 떠나 라이벌 맨체스터 시티로 이적한 카를로스 테베스를 놓친 사실을 후회하지 않는다고 밝혔다.

링크맨체스터 유나이티드(이하 맨유)는 17일 밤(한국시간) 지역 라이벌 맨체스터 시타(이하 맨시티)를 상대로 2009~2010 잉글랜드 프리미어 리그 35라운드 경기를 치른다. 축구 팬들은 올 시즌 네 번째 '맨체스터 더비'를 앞두고 지난 시즌을 끝으로 맨유를 떠난 후 맨시티로 이적한 테베스와 퍼거슨 감독의 재회에 또 다시 관심을 기울이고 있다.

그러나 퍼거슨 감독은 올 시즌 무려 28골을 기록 중인 테베스의 맹활약에도 불구하고 그를 잡지 않은 결정을 후회하지 않는다고 말했다. 그는 이번 경기에 앞서 가진 기자회견을 통해 "테베스를 잡지 않은 결정에 대한 후회는 전혀 없다. 서운한 감정 또한 없다."고 잘라 말했다.

퍼거슨 감독은 "선수들이 팀을 떠나는 건 항상 있는 일."이라고 밝힌 뒤, "그 중 일부의 선수들은 다른 팀에서 잘할 수도 있으나 그렇지 못한 선수들도 있다."며 라이벌 팀의 유니폼을 입은 테베스의 활약에 크게 신경 쓰지 않는다는 뜻을 나타냈다. 이어 퍼거슨 감독은 "테베스가 올 시즌 엄청난 득점력을 선보이고 있다는 사실을 부인할 수는 없다. 그는 우리와 함께한 첫 시즌에도 좋은 활약을 펼쳤다. 그러나 두 번째 시즌에는 별다른 모습을 보이지 못했다."고 덧붙였다.

한편, 테베스는 최근 세 경기에서 여섯 골을 뽑아냈을 정도로 발군의 골감각을 유지하고 있어 좋지 않은 감정이 남아 있는 퍼거슨 감독과 맨유의 주장 게리 네빌을 기어코 꺾고 4위 수성을 노리는 맨시티를 이끌겠다는 태세다.[46]

위의 기사들은 아르헨티나 출신으로 잉글랜드 프로축구리그인 프리미어리그에서 활약하는 카를로스 테베스(Carlos Alberto Tévez)를 다뤘다. 예문을 통해 우리는 유럽이나 미국의 주요 리그에서 스타플레이어의 이석을 둘러싸고 생산되는 스포츠 현장의 이슈가 얼마나 다양하며 지속적으로 화제를 불러일으키는지 알 수 있다. 논쟁은 해를 넘기도록 계속되며, 논쟁에 관련된 인물들의 발언은 다양한 경로를 통해 언론에

---

45) 골닷컴, 2010. 1. 22.
46) 골닷컴, 2010. 4. 17.

공개된다. 그런데 수많은 기사의 소스는 취재 대상들의 발언을 통해 확보되는 것인데, 이 발언들은 기자회견이나 공식 인터뷰 외에 특정한 기자들이 다양한 기회에 청취하게 되는 '사적 진술'일 경우도 있다. 기자들은 이러한 사적 진술을 청취하는 데 있어 특히 예민할 필요가 있다. 사적 진술들 가운데는 알려지지 않은 비화(秘話)도 있지만 진실과는 무관한 감정적인 발언도 있고, 특별한 의도를 가지고 하는 계산된 발언도 섞여 있다. 특히 경기를 전후해서 쏟아지는 진술들 속에는 상대를 의식하여 고도로 계산된 발언이거나 단지 투지를 앞세운 감정적인 발언이 숱하게 섞여 있다. 이 발언들은 그 자체로도 좋은 기사거리가 될 수 있겠지만 경우에 따라서는 이슈의 중심을 향하려는 기자의 시선을 심하게 교란할 수도 있다.

의심과 호기심, 그리고 행운

예민한 후각과 풍부한 경험을 겸비한 기자는 가끔 적절치 않아 보이는 상황을 접하게 되면 조사해 보아야 할 알려지지 않은 내용이 있음을 직감적으로 알아챌 수 있다. 또한 스포츠 현장과 그 주변에서 일어나는 상황들이 평소와 다를 때, 예민한 기자이거나 경험이 풍부한 기자이거나 혹은 매우 운이 좋은 기자라면 이 낯선 상황에 주목하여 새로운 조사 단계로 전환할 수 있다.

개인적인 경험을 털어놓는다면, 필자는 1993년에 당시 가장 인기 있는 대학 농구 스타인 문경은 선수의 실업팀 진출과 관련하여 단독 기사를 작성한 일이 있는데 그 계기는 평소와 다른 경기장 상황이었다.

1993년은 아직 프로농구가 출범하기 전[47]이었고, 실업 팀과 대학 팀이 함께 출전하는 '농구대잔치'가 겨울 시즌으로 운영되었다. 실업농구 팀인 현대·삼성·기아와 군대 팀인 상무가 강팀으로 군림하던 농구대잔치는 1993~1994년 시즌을 맞아 대학 팀들의 경기력이 극적으로 향상되면서 새로운 국면을 맞이하게 되었다. 특히 연세대학교는 신동파와 이충희, 김현준 이래 가장 슛이 정확한 선수로 꼽힌 문경은 선수와 서장훈·이상민 선수 같은 우수한 멤버를 보유하여 결국 이 시즌 우승을 기록하게 되었다.

당시 문경은 선수는 현대와 삼성의 스카우트 표적이었다. 기아가 최강의 팀으로 군림하던 시절이어서 문경은 선수를 영입한 팀만이 기아가 움켜쥔 우승컵을 빼앗을 수 있다는 것이 농구계의 일반적인 전망이었다. 기자들 사이에서는 문경은 선수가 결국은 현대에 입단할 것이라는 전망이 상식으로 통했다. 무엇보다도 현대 그룹은 주인인 정주영 회장이 문경은 선수를 스카우트할 것을 지시했으므로 기업 차원에서 전력을 기울이고 있었다. 연세대가 문경은 선수 이전에 현대에 보내기로 한 몇몇 선수들[48]이 뜻밖의 신생팀 창단이 잇따르며 다른 팀으로 행선지를 바꿨기 때문에 도덕적으로도 문경은 선수를 현대에 보내야 한다는 데 농구계 대부분의 인사들이 공감하고 있던 시기였다. 그러나 문경은 선수는 연세대 농구부의 방침이나 농구계의 예상과 달리 결국

---

47) 한국의 프로농구 리그는 1997년에 출범하였다.

48) 예를 들면 정재근 선수. 그는 현대 입단이 확실해 보였으나 연세대를 졸업하던 해인 1992년 3월 창단된 SBS에 입단했다. 당시 대한농구협회는 신생팀에 대학의 우수한 선수를 몰아주는 규정을 만들어 운영했는데, 정재근 선수도 이 규정에 따라 신생팀인 SBS에 입단하게 되었다.

현대보다 더 좋은 조건을 제시한 삼성에 입단하였다. 그의 삼성 입단은 매우 놀라운 일로 받아들여졌으며, 갑작스럽게 언론에 공개됨으로써 농구 팬과 신문 독자들에게도 충격을 주었다. 필자가 문경은 선수의 삼성 입단을 단독으로 보도할 수 있었던 계기는 누군가의 제보나 우연한 정보 입수에 의한 것이라기보다는 경기장에서 영감을 얻었다고 보는 것이 정확할 것이다.

당시 삼성이 경기를 할 때 삼성의 벤치 뒤에서는 삼성 비서실 스포츠 단 소속의 이(李)모 씨가 경기 시간 내내 서서 경기를 관전하곤 하였다. 그러나 어느 날 삼성의 벤치 뒤에서 그가 자취를 감췄고, 농구 담당 기자로서 경기를 취재하던 필자는 매우 이상하다고 생각하였다. 이모 씨는 문경은 선수를 영입하는 작업에 참여한 인물 가운데 한 사람이었고, 연세대를 졸업한 선수 출신의 행정가였다. 필자는 문경은 선수의 진로를 취재하기 위해 거의 일 년 여에 걸쳐 주요 인물들과 매일 전화 통화를 하였다. 삼성 쪽의 주요 인물들은 이모 씨 외에 최희암 연세대 감독, 이인표 삼성 농구단 이사, 김인건 삼성 농구단 감독 등이 있었다. 이밖에 현대 측 농구 관계자들과 연세대 농구부와 관련 있는 몇몇 지방 거주 농구인도 주목하였다. 이모 씨가 삼성 벤치 뒤에서 자취를 감춘 날 필자는 삼성의 문경은 선수 영입 작업에 뭔가 진전이 있을지 모른다는 생각을 했고, 몇 가지 추리를 거쳐 조사 방법을 구상하게 되었다. 이러한 일련의 작업은 거의 본능적으로 이루어져 시간이 오래 걸리지 않았다. 필자는 우선 문경은 선수의 부모와 연락을 시도하였는데, 예상대로 전화 통화를 할 수 없었다. 수화기를 내려놓자마자 사회부의 동료 기자에게 부탁하여 김포공항의 출입국 관리사무소에서 이모 씨와 문경은 선수의 부모가 출국하지 않았는지 확인하였다. 동료 기자가 출입국자 명단을 확인하는 동안 삼성 내부[49]의 몇몇 농구 관계자에게 전화를 걸어 마치 사실을 아는 듯 문경은 선수의 입단은 기정사실로 하고 영입 비용 등 실질적인 내용을 물었다. 물론 취재원들은 조심스럽게 답변을 하였고, 구체적인 내용은 확언하지 않았다. 그러나 필자는 문경은 선수가 삼성으로 가게 됐다는 확신 정도는 갖게 되었다. "어떻게 아셨느냐."라든가 "쓰시면 안 됩니다." 같은 발언은 사실의 확인과 동의어이기 때문이다. 문경은 선수의 영입을 위해 삼성이 지급한 현금과 부대조건에 대해서는 삼성과 연세대, 문경은 선수의 가족 사이에서 메신저 역할을 한 지방 농구협회 임원을 통해 거의 정확하게 확인이 되었다. 무엇보다도 결정적인 증거는 동료 기자가 확인한 출입국 관리 기록에 이모 씨와 문경은 선수 부모의 이름이 나란히 기재되어 있었다는 점이었다. 그들은 한 날 한 시에 같은 비행기를 타고 괌으로 출국하였다. 필자는 모든 것을 확인한 다음 '문경은 삼성 간다'는 제목으로 기사를 작성하였다.

특정 전문분야에 경험이 풍부한 기자들은 우연이라고 보기는 어려운 특별한 사태를 인식하고 행동을 취한다. 예를 들어 1984년 9월 한국의 프로복싱계를 뒤흔든 '가짜 도전자' 사건은 외국인 선수의 알려진 이름과 서류에 기재된 이름이 다른 점에 의문을 품은 기자가 프로복싱계의 주요 인사들을 정보원으로 삼아 추적한 끝에 진실을 가려내고 단독 보도에 성공한 경우다.

---

49) 비서실 스포츠 단과 농구단 프런트 인력, 평소 안면이 있는 임원들이 대상이었다.

　IBF 플라이급 타이틀매치의 어처구니없는 가짜 도전자 해 프닝은 한국프로복싱의 고질적 병폐를 드러낸 사건으로 충 격을 던지고 있다. 이 가짜 복서사건은 WBA(세계권투협회) 의 확인절차가 남아 있으나 현지보도나 여러 가지 상황으로 보아 심증이 더욱 굳어지고 있다.

　지난 2일 내한한 ‘카스트로’는 여권에는 ‘카라바요 플로레 스’라는 다른 이름으로 게재, 처음부터 말썽을 빚었었다. 주 최 측인 극동 프러모션은 ‘카스트로’는 ‘플로레스’의 링네임 이라고 해명, 그의 활동 본거지인 파나마로부터 확인 전문 을 받아 KBC(한국권투위원회)에 제출하여 겨우 대전을 성 사시켰다.

　KBC는 대전을 승인하는 조건으로 “경기 후 15일 이내에 ‘카스트로’와 ‘플로레스’가 동일인임을 확인하는 증빙서류를 KBC에 제출해야 한다.”는 단서를 붙였다. 이 증빙서류는 ‘카 스트로’의 현지 등록부 및 사진 그리고 커미션의 확인 서류 등이다. 또 KBC는 “카스트로가 만약 가짜로 판명되면 주최 자인 극동 프러모션의 전호연 회장은 프러모터 라이선스를 자진 반납한다.”는 각서를 아울러 받았었다.

　그러나 KBC는 이 과정에서 ‘카스트로’ 라이선스에는 ‘아 만시오 카스트로’라는 또 다른 이름이 게재되어 있는 등 석 연치 않은 점이 발견되었음에도 이를 덮어두고 경기를 승인 하는 실수를 범했다. KBC는 이미 방송국의 중계일자가 잡 혀 있어 어쩔 수 없었다고 변명하고 있지만 주무기구로서 책임을 면키 어렵게 됐다.

　이번 사건의 열쇠는 ‘알만도 토레스’ 매니저가 쥐고 있는 것으로 보인다. ‘토레스’는 중남미복싱기구의 허술한 점을 이용, 한국에서 선수의 본인 여부를 확인하기가 어려울 것 이라는 것을 계산, 자신이 매니저가 아닌 ‘알베르토 카스트

'로' 대신 자신이 데리고 있는 무명의 '카라바요 플로레스'로 대체했을 것이란 추측이다.

　이번 사건이 가짜로 명백히 판명될 경우 사기로 형사문제로까지 비화할 수도 있다는 것이 법조계의 견해다. 기망 행위로 인한 부당이익은 사기죄가 성립된다는 것. 주최 측이 가짜인 것을 알고 있었는지는 아직 확인되지 않고 있으나 이 경우에는 형사상의 문제와 함께 손해배상 등 모든 책임을 면할 길이 없다. 그러나 주최 측이 선의의 피해자라면 파나마 사직당국에 제소, 배상을 청구할 수도 있다.[50]

　조사 보도의 자료는 기자의 취재 수첩과 녹음기 속에도 숨어 있을지 모른다. 수년 전 취재하면서 기록하거나 녹음해 둔 내용과 취재원의 진술이 같은 내용을 다루는 현재의 취재 내용과 같지 않다면, 마땅히 그 이유를 알아보아야 한다. 이 과정에서 중대한 차이를 넘어 중대한 진실의 오류가 발견될 수 있고, 그 오류의 배경에는 음모나 중대한 실수가 감추어져 있을 수 있다. 다른 기자의 취재 결과를 보고 납득하지 못하였을 때, 재조사 내지 취재를 통하여 전혀 다른 결론에 도달할 수도 있다. 또한 스포츠는 매 순간 기록으로 남는 역사의 일부분으로서 공공 문서(public documents)로 보관된다. 예를 들어 국가에서 지급하는 년금을 수령하는 유공 선수들에 대한 기록은 공공 기관에 흩어져 있다. 여기에서도 조사 보도의 단초를 구할 수 있다. 스포츠를 보도하는 기자들은 이러한 공공 문서를 검색하는 수고를 마다해서는 안 된다.

---

50) 중앙일보, 1984. 9. 12.

조사보도 기사의 작성 단계는 다음과 같이 정리된다. 첫째, 구상 단계(conception)로서 여기에는 앞에서 이미 논의된 바 있는 여러 가지 정보원이 동원된다. 둘째, 타당성(feasibility) 검토 단계로서 기자가 기사에 대한 구상의 문제점과 가능성을 검토한다. 셋째는 결정 단계로서 신문의 편집책임자는 본 조사보도 계획의 시행 여부를 결정하고 이 보도의 추진에 의해 달성 가능한 목표를 설정한다. 넷째, 재검토 단계에서는 기자 및 편집인들이 진척상황을 점검하고 조사의 진행 여부를 결정한다. 마지막으로 기자와 편집인들은 재차 정보를 검토하여 최종단계 즉 기사작성 및 발행까지 진행시킬 것인지 여부를 결정한다.[51]

오보(誤報)의 위험

조사 보도를 통하여 기사를 작성하는 기자들은 언제나 오보(誤報)를 할 가능성에 노출돼 있다. 같은 문서나 인터뷰의 결과물, 관찰된 현상과 사물들이 언제나 한 가지 결론만을 가질 수는 없다. 상황은 생물처럼 진화하며 문서는 악마처럼 기자를 고정관념이나 광적인 확신에 묶어둘 수 있다. 인터뷰에 대해서라면 "아 다르고 어 다르다"는 우리 속담처럼 냉정하고 정확한 경고는 없다. 오보는 독자가 기자와 기자가 속한 매체에 대해 갖는 신뢰도를 현저하게 후퇴시킨다. 극단적으로 말해 독자나 시청자, 취재 대상이 지닌 의견이나 신념 내지 공식적인 견해와 상식에 상충되어 분쟁을 빚고 최악의 경우 소송을 벌여 법률적으

---

51) 방열, 2001년, 174~175면.

로 패한다고 해도 오보만큼 부끄러운 일은 아니다. 오보는 기자와 그가 소속한 매체가 경험할 수 있는 최악의 실패이고 최종적인 패배이다.

삼성언론재단은 1999년 4월 1일 미국 신문편집인협회의 신문신뢰도 조사연구 보고서를 번역 정리하였다. 조사는 맥코믹 트리뷴 재단(Robert R. McCormick Tribune Foundation)과 포틀랜드주의 『The Oregonian』, 텍사스주의 『The Austin American-Statesman』, 캘리포니아주의 『The San Jose Mercury News』, 플로리다주의 『The Sarasota Herald-Tribune』, 콜로라도주의 『The Gazette, Colorado Springs』, 버지니아주의 『Daily Press, Newport News』 등 8개 신문사의 지원으로 이루어졌다. '신문의 신뢰도는 왜 하락하는가 (Why Newspaper Credibility Has Been Dropping)'라는 제목의 이 보고서는 신문 신뢰도 하락의 6가지 주요 원인을 제시하였다. 첫째, 독자들은 신문을 읽으면서 오탈자, 문법적 오류, 사실에서 벗어난 기사를 너무 많이 발견한다. 둘째, 독자들은 신문이 구독자나 지역사회에 대해 잘 알지 못하고 존중감, 일체감을 갖고 있지 않다고 생각될 때가 많다고 느낀다. 셋째, 독자들은 저널리스트들의 시각과 편견이 어떤 사건을 어떻게 게재할 것인가의 결정에 영향을 미칠 것이라는 의구심을 갖고 있다. 넷째, 독자들은 신문사가 판매수입을 올리기 위해 선정적인 기사에 집착한다고 믿고 있다. 또한 그러한 기사의 대부분이 그처럼 크게 다루어지거나 관심을 끌 만큼의 가치가 없다고 생각한다. 다섯째, 독자들은 자신들이 신문에 대해 생각하는 우선적 가치가 때때로 편집국의 가치나 관행과 대치된다고 본다. 여섯째, 뉴스 취재 과정에 실제적으로 관여된 경험이 있는 독자들이 미디어의 신뢰도에 가장 비판적이다. 신문 신뢰도 하락의 여섯 가지 요인 가운데 오보가 첫손에 꼽힐 만큼 독자들의 오보에 대한 태도는 엄격하고 그 적용은 맞춤법이나 문법에 이를 만큼 광범위하다.

오보 생산의 매커니즘과 그에 대한 비판과 대책에 대한 논의는 매우 활발하다. 한양대학교 언론문화연구소와 삼성언론재단이 1997년 3월 20일부터 22일까지 서울의 종합일간지, 통신, 방송사의 사회부장과 언론 학자들을 서귀포의 신라호텔로 초대해 연 '기사오보의 구조, 그 개선방안'이란 세미나에서 논의된 내용은 현장 언론인들이 참고할 만하다. 이 세미나의 결과는 후에 발표와 토론 내용을 책자 형태로 묶어 발표되었는데, 오보를 연구하는 언론 학자들과 사회부의 실무자들에게 배포되었다. 이 책자는 세미나에서 발표한 순서대로 발표 논문을 편집하여 1장에서는 박영상 교수(한양대)의 「센세이셔널리즘과 오보 : 뉴스 개념을 중심으로」, 2장에서는 송호근 교수(서울대)의 「사회적 담론형성과 언론 : 오보를 중심으로」, 3장에서는 정걸진 교수(경북대)의 「오보와 언론의 신뢰」, 4장에서는 편집자의 오보와 관련한 언론인과 공보 담당자의 상대적 태도 분석을, 5장에서는 종합토론을 실었다.

이들 가운데 센세이셔널리즘이 초래한 오보에 주목한 박영상 교수는 "오보는 내용이 그릇되거나 틀린 보도 기사를 총칭한다."고 정의하였다. 그러나 박 교수는 오보가 "협의적으로 사실과 다른 보도, 부정확한 보도, 잘못된 예측 보도, 신빙성 없는 보도들을 포함하여 정의하는 것이 보통."이며 "광의적으로는 허위, 날조, 과장, 불공정, 윤색, 축소, 왜곡 등 언론의 판단이나 해석상의 착오로 생긴 잘못된 보도를 지칭하기도 한다."고 덧붙였다. 박 교수에 의하면 "오보는 언론기관에 부과된 사회적인 임무를 소홀히 한 결과이고 언론의 신뢰성을 떨어뜨려 사회 커뮤니케이션의 혼란을 초래할 수 있는 원인을 제공하는 것."으로 볼 수 있다. 박 교수는 오보 가운데서도 미디어의 선정적인 태도 때문에 만들어진 것으로 보이는 사회부 관련 기사의 오보 유형을 다음과 같이 제시하였다.52)

❶ 의도나 감정이 개입되어 기사를 만드는 일
언론 매체나 기자가 어떤 사건에 대해서 평가를 하고 단정을 한 후 기사를 작성할 경우 기사는 선정적으로 작성되고 사실에 대한 왜곡이 일어나게 된다(1995년 전두환, 노태우 두 전직 대통령 구속 사건 관련 기사나 삼풍백화점 붕괴사건을 보도한 기사들은 사실보다는 기자의 예단이 주를 이루는 것들이었다).

❷ 부분적인 사실을 확대하여 전체인 양 보도하는 일
확정되지 않은 사실을 단정적으로 보도하거나 사건의 전말을 조망하지 않고 일부분을 전체인 것처럼 보도하는 경우 오보가 될 가능성은 높아진다. 더구나 그것이 소위 '특종'이라고 판단될 경우 선정적인 쪽으로 기사가 만들어지는 것이 보통이다. 이 같은 경우는 대부분의 북한 관련 기사에서 나타나고 있다. 북한에서 치러지는 몇몇 행사에 어떤 사람이 나오지 않았다고 실각했다거나 권력층에 이동이 있다고 보도하는 따위를 지적할 수 있다. 또 군사분계선에서 장중한 음악이 일정 시간 방송된 것을 김일성 사망으로 발전시킨 것 등은 여기에 속한다고 볼 수 있다.

❸ 일과적이고 표피적인 보도로 사건의 본질을 가리는 일
큰 사건이 일어나면 언론 매체들은 많은 인원을 투입하여 집중적인 취재를 하고 이에 따라 많은 지면, 시간이 특정 사건 보도에 할애

---

52) 박영상, 1997. 3. 20.

된다. 그러나 대부분의 언론 매체는 사건이 지니고 있는 의미나 문제점 보다는 피상적이고 주변적인 요소인 상황을 그려 내는데 열을 올린다. 밀도 있고 심도 있는 분석을 통해 사건이 우리에게 주는 교훈을 여과하기 보다는 누가 더 자극적으로 기사를 만드느냐를 놓고 경쟁을 하고 있다. 때문에 사건은 단순 구경거리나 얘깃거리로 축소되거나 변질되고 만다.

❹ 무지에서 오는 추측 보도

언론이 독자적인 자료 동원 능력이나 사건 분석 능력을 갖지 못할 때 추측 보도는 이루어지게 된다. 특히 하루에 엄청나게 쏟아 내는 외신이 확인, 검증 과정을 거치지 않고 그대로 보도될 때 이 같은 현상은 자주 일어나게 마련이다. 특히 경쟁지들이 턱없이 키울 것이라는 위험부담을 느끼면 추측은 사실로 둔갑되어 중요한 기사처럼 포장되기도 한다.

❺ 현장감을 강조하기 위한 논픽션 식의 기사 작성

선정주의가 기승을 부리던 금세기 초 미국의 대부분 신문이 사용했던 방법 중 하나가 거짓 인터뷰 기사를 작성하거나 기자가 직접 취재한 듯 작문을 하는 경우이다. 특히 취재원 접근이 용이하지 않고 기삿감으로는 좋다는 판단이 설 경우 이 방법이 동원된다. 전직 대통령 둘이 교도소에 수감되었을 때 그들의 교도소 생활을 기자가 본 듯이 기사를 작성한 것이나 한보 사건이 터졌을 때 누구도 들어가 보지 않은 수사현장을 본 듯이 재연해 내는 것 등은 여기에 속한다고 볼 수 있다.

❻ 인간 감성에 소구하는 흥밋거리 위주의 기사 작성

사람들에게 진한 감정을 주는 기사를 작성할 때 늘 요구되는 것이 진한 감동을 줄 수 있는 요소를 부각시키라는 주문이 곁들여지게 마련이다. 사실보다는 느낌이 큰 쪽으로 기사를 작성하는 것이 흥밋거리를 북돋울 수 있다는 믿음 때문이다. 그러나 이런 종류의 기사일수록 오보를 할 가능성은 커지게 마련이다. 사실을 가지고 사실을 알리는 것이 아니라 느낌이나 감정을 가지고 기사를 쓰기 때문에 알맹이가 없는 허황된 기사가 흥미 위주의 기사로 둔갑할 수 있다.

❼ 기타 현란한 표현법, 낙종의 위험 부담에서 벗어나기 위해 다른 회사를 따라 가는 recycled journalism 등도 선정성을 부추기고 오보를 만드는 원인으로 작용하기도 한다. 촌각을 다투면서 뉴스를 제작해야 하는 언론이 언제나 완전한 기사를 작성할 수 있다는 것은 불가능한 일이다. 더구나 오보는 기사거리가 취재되는 과정에서, 기사가 작성되는 과정에서, 그리고 최종 생산품으로 다듬어지는 과정에서 여러 요인이 복합적으로 작용하여 만들어지게 마련이다.

박 교수는 뉴스 제작에서 선정성을 극소화하고 오보율을 줄이는 문제는 쉽지 않은 일이라고 전제하면서, 몇 가지 해결책을 제시하였다. 그의 주장에 의하면 첫째, 기사는 확인된 사실만을 가지고 만들어진다는 원칙에 제작 당사자들이 공감하고 자기 분야에서 이를 적극 실천한다. 둘째, 뉴스를 사실을 전달한다는 표피적인 쪽에서 정의하고 따라가기보다는 공공재로서의 성격을 더 부각시키는 쪽에 무게를 두어 제작한다. 셋째, 뉴스의 재정의(再定意)와 관련지어 다면적인 면에서 사실에 접근하는 방법은 미디어 간의 차별화는 물론 기사마다 지닌 독특한 성격을 뚜렷하게 해줄 것이다. 넷째, 언론인들이 직업윤리를 적극 실천하겠다는 의지와 함께 업무를 수행하는데 필요한 전문지식을 지녀야 한다. 따라서 언론인의 전문화, 이를 위한 언론인에 대한 재교육이 시행되어야 한다.

　박 교수는 주제 발표에 이어진 토론과 질의응답의 시간에 모 언론사 부장의 질의에 답하면서 "기사 작성 시 그것이 사실이었는가가 문제다. 뉴스라는 것은 그 당시 상황에 대한 보고다. 즉 사건의 진행과정에 따라 사실을 보도하면 된다. 발생보도와 종결보도가 다르더라도 그 과정에서 사실을 보도했다면 그것은 오보라고 볼 수 없다. 기자가 최대한으로 얻을 수 있는 것, 즉, 입증 가능한 사실 또 적법한 절차에 의해서 검증된 사실들을 보도한다면 사실보도라고 말할 수 있다. 사실이 정말 무엇인지 사람들에게 알린다는 자세로 종결기사를 보도한다면 문제가 없다."고 발언하였다.

　노광선은 『무엇이 오보를 만드는가』를 통하여 "오보의 적지 않은 유형이 기자 개인의 실수, 부주의, 고의 등에서 비롯된다."고 지적하면서 "그 중에는 확인을 하지 않아 생긴 사례가 압도적인 비율을 차지한다. (…중략…) 이해쌍방 중 한 쪽의 의견만 듣고 보도한다든지, 으레 그럴 것이라는 예단을 갖고 보도, 문제가 야기되는 경우도 거슬러 올라가 보면 제대로 확인을 하지 않아서 생긴 문제로 분류될 수 있다."라고 기술하였다. 그는 이 책에서 오보의 유형을 사례별로 분류하여 설명하였는데 논의의 중심이 정치·사회 부문에 있기 때문에 스포츠 부문의 조사 보도 취재에 있어 정확하게 적용되는 것만은 아니다. 그러나 대부분의 논의가 언론 보도의 일반에 관한 내용을 담고 있으므로 스포츠 취재 부문에서도 충분히 고려해 볼 만하다. 목차에 따라 정리하면 다음과 같다.

1. 개인에 의한 오보

1) 기사 작성(편집)과정에서의 오기(誤記) 또는 실수로 인한 오보
   ❶ 취재기자가 오기를 한 경우
   ❷ 편집기자가 제목을 잘못 단 경우
   ❸ 교열과정에서 오자를 못 잡은 경우
   ❹ 편집과정에서 사진을 잘못 넣은 경우

2) 확인 소홀(미비)로 인한 오보
   ❶ 취재과정에서 확인을 소홀히 한 경우
   ❷ 확인 작업의 어려움으로 인한 경우

3) 일방의견 보도로 인한 오보
   ❶ 한 쪽 당사자 주장만 듣고 보도한 경우
   ❷ 일방자료에 의존해 보도한 경우

4) 전문성 결여로 인한 오보

5) 예단에 의한 오보

2. 구조적 문제에 의한 오보

1) 상업주의로 인한 오보
   ❶ 선정적 보도의 경우
   ❷ 사진에 나타난 경우
   ❸ 안보관련 보도에 나타난 경우

2) 지나친 경쟁으로 인한 오보

3) 지나친 외신 의존으로 인한 오보
   ❶ 확인 없이 외신을 받아 쓴 경우

❷ 해외 취재원을 맹신한 경우

4) 편향적 시각에서 비롯된 오보
   ❶ 냉전적 사고에서 비롯된 경우
   ❷ 의도적으로 노사문제를 호도한 경우

5) 취재원의 실수나 부주의로 인한 오보

6) 취재원의 고의적 정보조작으로 인한 오보
   ❶ 권력기관이 정보를 조작한 경우
   ❷ 개인이 정보를 조작한 경우

7) 통신기사 확인의 어려움으로 인한 오보

4장 스포츠 기사 작성

Theory and Practice of Sports Reporting From interviewing to writing

리드, 단숨에 독지를 사로잡아라 _ 발생 순서에 따른 나열 _ 역 피라미드식 _ 피처식 _ 피처 및 특수기사 _ 스포츠 피처 기사의 요소 _ 피처 아이디어의 개발 _ 피처 기사의 작성 _ 야, 그거 기사 되겠다 _ 사이드 바(sidebar)로서의 피처 _ 색채기사(color story) _ 인물 소개기사(personality profiles) _ 세간의 관심사(human interact story) _ 피처 형 예고 기사(advance) _ 속보 기사(follow-up story) _ 칼럼 기사 및 칼럼니스트(columnist) _ 누가 훌륭한 칼럼니스트인가 _ 스포츠 칼럼니스트의 본질 _ 수필형(essay) 칼럼 _ 일화(anecdote) 또는 요약(summary) 칼럼 _ 전문분야별(Specialized or Topical) 칼럼 _ 실용형(how-to-do-it) 칼럼 _ 독자 여론(reader forum) 칼럼 _ 참가자 충고형(advice-to-participants) 칼럼 _ 스포츠 잡학사전식(sports trivia) 칼럼

경기를 취재한 기자는 그 날 임박한 마감 시간에 맞추어 서둘러 기사를 쓰거나 상당한 여유를 두고 정해진 마감 시간에 맞추어 비교적 느긋하게 기사를 쓴다. 경기를 취재한 기자에게는 몇 가지 자료가 제공된다. 기자가 손에 넣게 되는 자료에는 숫자로 된 것도 있고, 역사적인 내용을 담고 있는 것도 있다. 예를 들어 야구를 취재한 기자에게는 경기 기록지와 타자들의 타격 성적, 투수들의 투구 내용이 일목요연하게 숫자로 제공된다. 타자와 관련된 자료로는 시즌 타율, 특정 팀 상대 타율, 특정 투수 상대 타율, 통산 타율, 장타율, 시즌 타점, 시즌 홈런 등의 기록이 제공될 것이다. 투수와 관련해서는 시즌 경기당 실점, 통산 실점, 피안타, 피홈런, 삼진 개수, 몸에 맞는 공이나 사구(四球), 특정 타자 상대 성적, 특정 팀 상대 성적 등이 일목요연하게 제공된다. 기자들은 단지 경기 단체나 팀에서 제공하는 자료에만 의존해 기사를 작성하지 않는다. 경기의 내용을 기록하는 자신만의 방법을 개발해 사용하는 경우도 허다하다. 뿐만 아니라 개인적으로 숫자 기록을 집계하여 관리하며 기사를 작성하는 데 활용하기도 한다. 뛰어난 기자라면 자료의 부족으로 인하여 곤혹스러운 지경에 빠지는 일이 거의 없어야 한다. 오히려 수많은 자료 가운데 의미 있는 자료를 추려 독자에게 제시할 수 있는 능력을 지녀야 한다. 노련한 기자가 아니라 하더라도 풍부한 자료를 준비해 두었다면 코앞에 닥친 마감 시간 앞에서 당황하지 않고 밀도 있는 기사를 작성할 수 있을 것이다.

필자의 기억에 따르면 스포츠 기자들 가운데 기록의 중요성에 일찍 눈뜬 기자들이 적지 않게 있었다. 스포츠서울의 야구 팀장으로 활약한 이종남, 스포츠서울의 축구팀장으로 오래 일하다가 축구연구소 사무총장을 역임한 김덕기 대기자가 대표적이다. 특히 김덕기 대기자는 한국이 프로축구 수준에서조차 기록의 중요성에 대하여 무지할 때에 자신만의 방식으로 기록을 집적해 나가며 정확한 기사를 작성한 특별한 인물이었다. 그의 기사에는 숫자로 된 기록이 많이 등장할 뿐 아니라 프로축구의 역사적 사실들에 대한 언급도 정확하여 프로축구 연맹의 기록을 능가할 정도였다. 김덕기 대기자의 투철한 기록 정신과 탁월한 자료 해석 능력은 그가 1991년 엮어낸 『프로축구 2920』에 집약되어 있다. 이 책은 한국 프로축구의 초창기 역사를 꼼꼼하게 기록했을 뿐 아니라 리그 소속 팀의 역사를 상술하고 각 팀의 승패와 골 등 정확한 기록을 곁들여 놓은 매우 귀중한 자료라고 할 수 있다.

리드, 단숨에 독자를 사로잡아라

스포츠 기사의 뉴스 기사(스트레이트) 작성 원칙은 일반적인 신문이나 방송의 기사 작성 원칙과 다르지 않다. San Bermardino(Calif) Sun-Telegram 의 스포츠 에디터인 필 퓌러(Phil Fuhrer)는 스포츠 경기 기사가 갖춰야 할 필수 요소로 첫째 사건의 분석, 둘째 그 분석을 뒷받침하기 위한 선수 등 경기 참가자의 발언 인용, 셋째 이 분석 및 인용의 바탕이 되는 실제 경기의 세부 내용을 포함해야 한다고 주장하였다. 퓌러는 이러한 기사작성 방법을 통하여 경기를 직접 관전한 사람이거나 중계방송을 라디오로 청취한 사람, 또는 텔레비전으로 시청한 사람일 수 있는 보통의 독자들에게 뭔가 읽을거리를 제공할 수 있다고 덧붙였다.

특별히 기사의 머리글(리드)을 결정하는 작업은 매우 신중하게 이루어져야 하지만 섬광과도 같은 판단력과 결단력을 요구하는 일이기도 하다. 머리글 정하기는 상당 부분 영감에 의해 성공적인 결과를 낳는 경우도 있다. 본디 머리글은 육하원칙(누가, 무엇을, 어디서, 언제, 어떻게, 왜) 에 의해 충실하고도 단단히 써내는 것이 원칙이다. 그러나 최근의 신문 기사들은 단순히 육하원칙을 고수하는 일 못잖게 기사의 주제를 강렬하게 제시하고 그럼으로써 독자의 시선을 빨아들이기 위한 노력을 병행하고 있다. 잘 쓴 스포츠 기사의 머리글은 3~4행의 간결한 문장에 의해 완성된다. 그러나 머리글의 양이 딱히 정해져 있지는 않다. 머리글의 길이보다 더 중요한 점은 독자가 머리글을 통하여 경기의 결과와 내용, 나아가 분위기를 쉽게 파악할 수 있어야 한다는 점이다.

‘전통의 명가’ 삼성 라이온즈가 두산의 끈질긴 추격을 뿌리치고 4년 만에 한국시리즈(KS) 진출 티켓을 따냈다.

삼성은 13일 대구구장에서 펼쳐진 2010 CJ 마구마구 프로야구 두산과 플레이오프(5전 3선승제) 최종 5차전에서 연장 11회까지 가는 접전 끝에 박석민의 끝내기 안타에 힘입어 극적인 6 : 5 승리를 낚았다.

삼성은 연장 11회 2사 만루에서 박석민이 유격수 앞으로 굴러가는 내야안타를 쳐 천금 같은 결승점을 뽑았다. 선두타자 김상수가 안타를 치고 나간 삼성은 2사 뒤 박한이와 최형우의 볼넷으로 만루를 만들었고 박석민이 느리게 굴러가는 땅볼 타구로 결승점의 주인공이 됐다.

플레이오프에서 끝내기 안타가 나온 것은 이번이 8번째이며 포스트시즌에서는 18번째다. 연장 끝내기 안타는 플레이오프 5호이자 포스트시즌 10호.

정규리그를 2위로 마친 삼성은 이날까지 5경기 모두 1점차로 펼쳐진 초박빙 승부에서 막판 뒷심을 발휘하며 지난 2006년 이후 4년 만에 한국시리즈 진출에 성공했다.

1, 4차전에서 결승타를 친 삼성의 박한이는 경기 후 기자단 투표 결과 플레이오프 최우수선수(MVP)의 영예를 안았다. 총 62표 가운데 26표를 얻은 박한이는 상금 300만원과 함께 100만원 상당의 패밀리레스토랑 식사권을 받았다.

박한이는 플레이오프 5경기에서 타율 0.381(21타수 8안타)을 치며 홈런 1개에 타점 6개, 도루 2개를 작성하며 맹활약했다. 또 박한이는 이날 1득점을 추가해 포스트시즌 통산 개인 최다 득점 기록(38개)을 경신했다.

1차전을 승리한 뒤 2, 3차전을 내주며 위기에 몰린 삼성은 4차전에 이어 5차전까지 쓸어 담으며 두산의 상승세를 제압했다.

삼성은 하루를 쉬고 15일 오후 6시 인천 문학구장에서 SK와 한국시리즈(7전 4선승제) 1차전을 치른다. 삼성이 SK와 한국시리즈에서 격돌하는 것은 이번이 처음이다.

포스트시즌에서는 2003년 준플레이오프에서 한 차례 만나 SK가 2승을 거둔 바 있다. 올해 정규리그 성적에서는 삼성이 SK에 9승 10패로 근소하게 밀렸다.

반면 4년 연속 포스트시즌에 진출한 두산은 준플레이오프에서 2패 뒤 3연승을 거두며 저력을 발휘했으나 삼성의 벽은 넘지 못했다. 2007~2008년 한국시리즈에서 SK에 무릎을 꿇은 두산은 지난해에도 플레이오프에서 SK에 2연승 뒤 3연패하며 주저앉았다.[53]

연합뉴스의 예문은 프로야구 삼성과 두산의 2010년 플레이오프 5차전 경기 결과를 다루고 있다. 플레이오프가 5전 3선승제로 열렸고, 두 팀이 마지막 5차전에서 한국시리즈에 진출할 팀을 가린 극적인 승부였기 때문에 머리글도 상당히 길게 썼다. 이 기사는 삼성의 한국시리즈 진출 사실과 경기의 스코어, 간략한 경과와 주요 수상자 명단 및 수상 이유를 제시하였으며 한국시리즈에 대한 예고도 겸하고 있다. 이 같은 예문에서 보듯 머리글은 상보를 읽지 않아도 좋을 만큼 정보의 양과 질 두 가지 측면에서 완결성을 지닌다. 동시에 독자를 본격적인 상보 읽기로 안내하는 길잡이 역할도 한다. 호기심은 충분히 자극되어야 하고, 그러나 냉정한 태도로 접근함으로써 선입견은 일절 개입할 수 없

---

53) 연합뉴스, 2010. 10. 13.

도록 하는 것이 올바른 머리글이다.

　박지성(29·맨체스터 유나이티드)은 지난해 6월 "남아공이 내 마지막 월드컵이 될 것."이라며 "2011년 아시안컵 무대에서 우승하고 유종의 미를 거두고 싶다."고 말했다. 내년 1월 카타르에서 열리는 아시안컵을 끝으로 대표 팀에서 물러나 소속팀에 전념하겠다는 뜻이다.

　하지만 그의 은퇴 시기가 확정된 것은 아니다. 박지성은 5월 출간한 자전적 에세이『더 큰 나를 위해 나를 버리다』(중앙북스)에서 "대표 팀 은퇴를 아시안컵이라고 못을 박았지만 여러 시나리오를 써보곤 한다. 2014년 브라질월드컵 예선까지는 뛰어볼까? 8회 연속 본선 진출을 이끈 후 '브라질은 후배들에게 맡긴다.'면서 떠나면 멋지지 않을까?"라며 여전히 은퇴시기를 고민 중이라고 밝혔다.

　그는 "국가대표는 최상의 경기력을 지닌 선수들의 몫이다. 과거의 업적이나 인기로 대표를 이어가지 않겠다는 것이 나와의 약속."이라며 "내가 대표 팀에 힘을 보탤 수 없다면 미련 없이 물러나겠지만 만일 2014년까지 최고의 모습을 유지할 수 있다면 브라질 월드컵에 출전할 수도 있다."고 여지를 남겼다.[54]

　위의 예문은 '박지성은 국가대표로 언제까지 뛸 수 있나'라는 제목으로 중앙일보 온라인에 게재된 기사이다. 독자는 제목을 읽고 기자가 박지성의 체력과 경기력, 마음자세 등을 종합적으로 검토하여 국가대

---

54) 중앙일보, 2010. 10. 13.

표로 띌 수 있는 시한을 산출하였거나, 박지성이 처한 환경을 고려할 때 적어도 언제까지는 대표 팀에서 최상의 경기력을 발휘할 수 있으리라는 전망을 담았을 것으로 짐작하기 쉽다. 그러나 이 기사는 다섯 달이나 전에 나온 박지성의 저서(직접 집필했는지도 사실은 불분명한)에 실린 내용을 인용하고 있을 뿐 아니라 독자의 궁금증을 해소할 수 있는 이렇다 할 내용은 담고 있지 않다. 머리글과 기사의 몸통도 구분되지 않으며 온통 인용 부호들로 뒤덮여 있어 난삽한 느낌을 준다. 이러한 기사는 인터넷 접속자의 열람을 유도하기 위한 선정적인 제목과 별 내용 없는 온라인의 일회성 부스러기 기사라는 혹평과 함께 기사 작성의 의도까지 의심받기 쉽다. 기사를 써야 할 특별한 이유가 없거나 이유가 있더라도 취재한 자료의 양이 부족하고 기자의 판단이 명료하지 않아서 기사의 내용이 충실하기 어렵다면 굳이 쓰지 않는 것이 좋다. 가장 일반적인 스포츠 기사의 리드와 상보는 다음과 같은 모양이다.

기사 3

    SK 와이번스가 홈런 세 방을 앞세워 삼성 라이온즈를 이틀 연속 꺾고 팀 창단 사상 세 번째 한국시리즈 우승에 성큼 다가섰다.

    SK는 16일 인천 문학구장에서 열린 2010 CJ 마구마구 프로야구 한국시리즈(7전 4선승제) 2차전에서 역전 2점홈런과 쐐기 1점홈런 등 연타석 아치로 3점을 책임진 최정과 1점홈런을 터뜨린 박경완의 활약에 힘입어 삼성을 4 : 1로 물리쳤다.

    안방에서 1, 2차전 승리를 쓸어 담은 SK는 남은 5경기에서 2승만 보태면 지난 2008년 우승 이후 2년 만이자 세 번째 우승을 차지한다. 프로야구 원년인 1982년 이후 지난해까지 27차례의 한국시리즈에서 1, 2차전을 모두 이긴 팀이 13차례 있었고 이 중 12번이나 우승컵을 들어 올렸다.

이날 홈런 두 방 등 3타수 3안타 3타점의 맹활약을 펼친 최정은 경기 최우수선수(MVP)로 뽑혀 상금 200만원과 100만원 상당의 호텔 숙박권을 받았다.

반면 두산과 플레이오프를 5차전까지 가는 혈투 끝에 통과했던 삼성은 한국시리즈 2연패에 빠졌다.

양팀은 장소를 대구구장으로 옮겨 18일 오후 6시 한국시리즈 3차전을 치른다.

'야신' 김성근 SK 감독은 전날 1차전에서 3타수 2안타 3타점을 올리고 최우수선수(MVP)로 뽑혔던 김재현을 선발에서 과감하게 빼고 한국시리즈에 강했던 박재홍을 대신 투입했다. 또 쐐기 2점홈런을 날렸던 중심타자 박정권을 3번에서 7번으로 내리는 등 상대 선발투수 차우찬 공략을 위해 변화를 줬다.

1차전을 5 : 9로 내줬던 삼성이 이승호(SK·등번호 37번)와 차우찬(삼성)의 좌완 선발 맞대결로 팽팽하던 0 : 0 균형을 먼저 깼다.

삼성은 2회 2사 후 갑작스러운 제구력 난조에 빠진 이승호로부터 볼넷 두 개를 얻어내 1, 2를 만든 뒤 이영욱의 좌전 적시타로 선취점을 올렸다.

삼성의 선발투수 차우찬의 구위에 눌려 3회까지 산발 2안타에 그쳤던 SK가 거센 반격으로 승부를 뒤집었다.

1점 차로 끌려가던 SK의 구세주는 지난 2008년 한국시리즈 MVP 최정이었다.

최정은 0 : 1로 뒤진 4회말 무사 1루 볼카운트 2 : 2에서 상대 선발 차우찬의 5구째 136㎞짜리 슬라이더를 통타, 좌측 펜스를 넘어가는 2점홈런(비거리 120m)을 만들어냈다.

전세를 2 : 1로 뒤집는 귀중한 역전 투런아치였다.

반면 삼성은 5회 SK의 불펜 투수 이승호(20번)의 제구력 난조에 편승해 볼넷과 몸 맞는 공으로 무사 1, 2루를 만들고도 최형우와 신명철, 채태인 대타로 나선 강봉규가 삼자범퇴를 당해 추격 기회를 날렸다.

실점 위기를 잘 넘긴 SK에 기회가 다시 찾아왔고 해결사는 역전 2점홈런 주인공인 최정이었다.

최정은 6회 선두타자로 나와 볼카운트 1 : 0에서 차우찬을 상대로 가운데로 몰린 2구째 116㎞짜리 커브를 받아쳤다. 시원한 포물선을 그린 공은 왼쪽 스탠드에 꽂혔다. 연타석에서 나온 값진 1점홈런(비거리 110m)이었다. 연타석 홈런은 역대 한국시리즈 5번째이고 포스트시즌 전체로는 14번째다.

최정에게만 홈런 두 방을 맞고 3점을 헌납한 삼성 선발 차우찬은 5⅓이닝 3실점을 기록하고 안지만으로 교체됐다.

SK의 명포수 박경완은 6회 1사 1루에서 2루를 훔치던 조동찬을 총알 송구로 잡아냈고 7회 무사 1루에서도 박한이의 2루 도루를 저지하며 삼성 공격의 흐름을 끊었다.

SK의 선발로 나선 '큰 이승호'가 1⅔이닝을 1실점하고 강판당했지만 '좌완' 전병두와 '작은 이승호'가 각각 2⅓이닝과 3이닝을 무실점으로 막고 승리의 디딤돌을 놨다. 2회 2사 1, 2루에서 등판한 전병두는 타선의 도움으로 승리투수가 됐다.

김성근 SK 감독은 불안한 3 : 1 리드를 이어가던 8회부터 마무리 투수 정대현을 마운드에 올려 뒷문을 잠갔다.

SK는 8회 박경완이 1사 주자 없는 상황에서 바뀐 투수 권혁을 좌월 1점홈런으로 두들겨 삼성의 추격 의지를 꺾었다. 권혁은 전날 1차전에서 결승점을 내주고 패전 멍에를 쓴 데 이어 이틀 연속 불을 질렀다.

정대현에 이어 9회부터 등판한 송은범은 1이닝을 무실점으로 막고 3점차 승리를 지켜 세이브를 올렸다.[55]

이 기사에서 머리글 즉 리드는 "SK 와이번스가 홈런 세 방을 앞세워 삼성 라이온즈를 이틀 연속 꺾고 팀 창단 사상 세 번째 한국시리즈 우승에 성큼 다가섰다."에서부터 "양 팀은 장소를 대구구장으로 옮겨 18일 오후 6시 한국시리즈 3차전을 치른다."까지이다. 이 부분에서 독자는 중요한 경기의 결과와 내용, 앞으로의 전망과 다음 경기 스케줄까지 일목요연하게 확인할 수 있다. 대체로 통신사의 기사는 원칙에 충실한 표본적인 스타일이 많다. 중립적이고 가능한 한 기자의 주관이 적게 반영된 기사를 작성해야만 통신사의 뉴스 서비스를 이용하는 회원사에서 부담 없이 구매해 사용할 수 있기 때문일 것이다.

경기가 끝나자마자 마감하는 기사는 매우 직선적으로 주제에 접근하게 되며 기사를 작성하는 방법도 보수적이다. 전적, 즉 경기 결과 중심으로 보도한다. 이 방법은 기사의 품질을 표준화함으로써 오류의 가능성을 줄이고 능률적으로 정보를 전달할 수 있게 해준다. 물론 현장을 취재한 기자의 개성이 발휘된 매력적인 기사를 만들기 어려운 단점도 있다. 야구와 같이 경기 시간이 정해져 있지 않은 종목을 취재할 경우라든가 예기치 않은 이유로 경기 시간이 변경되어 마감 시간에 쫓기는 경우는 기록과 관련한 숫자가 틀릴 위험도 있다. 심지어는 경기가 종료되지 않은 시점에서 미리 기사를 작성해야 하는 경우도 수없이 많다. 그러나 늘 그러한 상황 속에서 기사를 쓰는 것은 아니다.

신속하게 마감하는 경기 기사는 거두절미하고 요점부터 제시해야 한다. 스토리 라인이나 잡다한 정보를 병기함으로써 지면과 시간을 낭비

---

55) 연합뉴스, 2010. 10. 16.

하는 일이 없어야 한다. 경기가 어떻게 끝났고, 그 내용은 어떠하였는지 독자에게 알려 주는 것만으로도 충분한 기능을 하는 것이며 독자들은 이 기사를 통하여 경기에 관한 정보를 얻을 수 있는 것이다. 이 기사는 신문에 게재됐을 때 경기를 직접 보지 못했거나 라디오나 텔레비전을 통해서도 경기를 관전하거나 결과를 확인하지 못한 독자들에게 특히 유용한 정보가 된다. 설령 경기를 중계방송을 통하여 보았다 하더라도 신문의 보도 내용은 스포츠를 즐기는 독자들에게 주요한 읽을거리가 된다. 방송을 통하여 뉴스의 형태로 보도되었을 경우라도 독자들은 신문을 통하여 확인 심리를 발동하여 기사를 탐독하는 경향이 있다. 최근의 스포츠 기사는 경기 스트레이트라 하더라도 기자의 관점과 개성이 십분 발휘되는 형태로 작성되는 경우가 많다. 기자의 관점은 상당한 전문성에 기초하며 비교적 쟁점화의 소지가 적을 경우에 유효하며, 그 효과는 공감의 형태로 나타난다. 다음의 예문은 2002년 6월 14일 인천 월드컵경기장에서 벌어진 2002 한·일 월드컵 D조 리그 마지막 경기에서 한국이 포르투갈을 1 : 0으로 이김으로써 16강 토너먼트에 진출하게 된 사실을 보도한 기사이다. 이 기사는 '함성이 우주의 끝자락까지 갔다가 메아리쳐 돌아왔다'든가, '한반도가 들썩거렸다'든가 하는 대목에서 감정의 과잉이 드러난다. 또한 전통적인 스트레이트 작성 방식과는 다르게 씌었다. 그러나 한국인이라면 누구나 흥분하고 감격할 수밖에 없었던 그 무렵의 고조된 정서에 실려 독자의 공감을 사는데 성공한 케이스로 볼 수도 있다.

마침내 이루었다.

16강이다.

1882년 6월, 영국 전함 플라잉 피시호 갑판에서 축구 볼이 내려진 바로 그곳 제물포, 한국 축구의 고향 인천에서 역사가 이루어졌다. 정확하게 1백 20년 만에 아시아의 동쪽 끝, 세계 축구의 변방에서 한국 축구가 세계로 성큼 도약했다.

한국은 14일 인천 월드컵경기장에서 벌어진 2002 한·일 월드컵 D조 리그 마지막 경기에서 후반 25분 박지성이 터뜨린 결승골로 강력한 우승 후보로 꼽히던 세계랭킹 5위 포르투갈을 1 : 0으로 꺾었다. 2승 1무(승점 7)로 한 번도 패하지 않았다. 당당한 조 1위.

미국은 같은 시간 대전에서 열린 폴란드와의 경기에서 1 : 3으로 패했으나 1승 1무 1패(승점 4)로 조 2위가 돼 16강에 턱걸이하는 행운을 누렸다.

한국은 오는 18일 오후 8시 30분 대전에서 G조 2위인 이탈리아와 8강 진출을 다툰다. 미국은 이에 앞서 17일 오후 3시 30분 전주에서 G조 1위 멕시코와 대결한다.

4천만의 염원이 하나가 된 이날 전국 방방곡곡, 큰길과 골목들은 이제 막 흘러넘치는 용암처럼 붉게 물들었다. "대~한민국"과 "오 필승 코리아"의 함성은 먼 우주의 끝자락까지 갔다가 메아리쳐 돌아왔다. 거스 히딩크 감독의 예언처럼 온 세계가 놀랐고 국민은 환호했다.

이날은 아시아 축구 영광의 날이었다. 공동 개최국 일본도 16강에 올랐다. H조의 일본은 오사카에서 튀니지를 2 : 0으로 완파하고 2승 1무의 전적으로 역시 조 1위로 2라운드에 합류했다. C조의 중국과 E조의 사우디아라비아가 줄줄이 3연패로 탈락하며 체면이 바닥에 떨어졌던 아시아 축구는 한·일 양국의 선전으로 자존심을 회복했다.

한국과 일본의 16강 진출은 아시아 축구의 가능성을 웅변
했다. 사우디아라비아가 조별 리그 세 경기에서 무려 12골을
내주고 무득점, C조의 중국이 9골을 내주고 무득점에 그쳐
아시아 축구에 대한 냉소와 비아냥이 흘러나오던 터였다.

주심의 휘슬이 길게 울리고 한국의 16강 진출이 확정된
순간 한반도가 들썩거렸다. 차량들은 축하의 경적을 울렸고
붉은 옷을 입은 열두 번째 선수들은 어깨와 어깨를 걸고 한
국 축구 새 역사의 출발을 축하했다. 시가지는 몰려나와 환
성을 지르고 축하를 나누는 시민들로 밤늦도록 붐볐다.

• 거스 히딩크 한국 감독의 말

오늘 경기에 만족한다. 한국 국민의 숙원을 풀게 돼 나
도 기쁘다. 우리는 오늘 포르투갈에 찬스를 거의 내주지
않았다. 포르투갈의 주앙 핀투가 퇴장당하면서 우리가
이길 수 있다는 자신감이 생겼다. 16강에 진출하기 위해
무승부만 기록해도 된다는 것을 알고 있었지만 소극적
으로 싸우고 싶지는 않았다. 한국 선수들은 큰 경기를
치르면서 빠른 속도로 성장하고 있다.

• 안토니우 올리베이라 포르투갈 감독의 말

우리는 이런 결과를 기대하지 않았다. 놀라운 투혼을 발
휘한 한국 팀의 플레이를 칭찬하고 싶다. 우리 선수들도
잘 싸웠다. 후반전에 골을 터뜨릴 기회가 있었는데 운이
따르지 않았다. 주심의 판정에 대해 이야기하는 것은 의
미가 없다. 하지만 나는 주심의 결정에 동의하지 않는
다.[56]

---

56) 중앙일보, 2002. 6. 15.

독자는 이미 결과를 알고 있는 경기와 관련한 기사에 대해서도 관심을 갖는다. 텔레비전이나 라디오, 또는 인터넷을 통하여 경기 중계를 즐기고 내용과 결과를 거의 실시간으로 파악하는 최근에도 스포츠·연예전문지가 변함없이 판매되고 종합일간지의 2~3면이 스포츠에 할애되는 이유도 마찬가지 이유 때문이다. 2000년대 들어 스포츠 기사를 작성하는 경향은 숨 가쁘게 마감된 스트레이트, 즉 당일 리드(first-day lead)의 성격보다는 이튿날 경기 결과보다는 내용과 분석에 충실한 익일 리드(second-day lead)의 성격이 강한 편이다. 이러한 스타일의 기사는 피처 스타일의 시각과 기술적 특징이 상대적으로 강하다.

> 이 방법은 기사의 처음부터 끝까지 통용되며 당일 리드 기사에서는 나타나지 않은 새로운 경기 분석 요소에 초점을 맞춘다. 따라서 플레이 별 분석, 기록 및 기타 경기의 상세한 결과는 부차적인 것에 불과하다. 익일 리드는 흔히 기사에 있어 '왜(이유)'에 관한 부분, 즉 어떤 결과가 생긴 이유에 관한 설명에 초점을 둔다. 어떤 경기가 텔레비전이나 라디오에 의해 많은 대중에게 중계될 경우, 신문 편집인들은 흔히 익일 리드를 이용하는데 이는 다음 날 아침이나 저녁에 읽혀질 자신의 기사가 독자들에게 보다 신선한 맛을 주게 하기 위함이다. 그러나 스포츠 기자는 독자들이 피처 테마에 압도된 나머지 경기 자세는 망각하는 결과가 초래되지 않도록 유의해야 한다. 양자를 적당한 정도씩 혼합하는 것이 올바른 일일 것이다.[57]

---

57) 방열, 2001, 58면.

머리글을 완성한 기자는 기사의 나머지 부분을 작성해야 한다. 앞서 언급했듯이 마감 시간에 쫓기고 있는 경우라면 먼저 경기 내용에 대한 기사를 작성한 다음 머리글을 나중에 완성해 연결하는 방법도 가능하다. 어느 쪽이 되었든 기사의 나머지 부분을 작성하는 방식은 크게 나누어 세 가지가 있다. 첫째 발생 순서에 따른 나열, 둘째 역 피라미드식, 셋째 피처식이다.

발생 순서에 따른 나열

이 구성 형식은 시간이 지남에 따라 진행된 경기 흐름을 충실하게 따라 기록하는 방식이다. 보기에 따라서는 매우 무성의하다고 느낄 수도 있는 방법이고, 단순히 이 방법만을 사용해 작성된 기사를 보기는 어렵지만 여전히 유효한 기사 작성 방법이라고 본다. 이 형식을 온전히 적용해 기술해 나갈 수 있는 경기는 매우 적다고 할 수 있지만 주요 경기에 대한 기사를 다룬 대규모의 지면 안에서 경기의 흐름을 관찰해 나간 부속물들은 독자에게 세밀한 정보를 제공하고 경기장의 에너지를 전달하는 장점이 있다. 다음의 예문은 경기 전문가의 시각을 반영해 쓴 경기 기사의 부속물로서 스트레이트가 아니지만 시간대별 발생 상황을 나열한 기사가 갖는 장점을 잘 보여준다.

삼성 1회말 선두타자 박한이는 중전안타로 나갔다. 곧바로 다음 타자 조동찬의 우전안타가 나왔다. 우익수가 선상 쪽으로 서너 발을 움직였다. 충분히 3루로 갈 수 있는 상황이었다. 그러나 박한이는 3루 베이스 코치를 보지 않고 스스로 서버렸다.

계속해 보자. 이어진 공격에서 1사후 최형우의 직선타구가 2루수에게 잡혔다. 이때도 타구를 끝까지 보지 않고 뛰었다. 안타가 됐더라도 확인하고 들어와야 하는 수순을 망각했다. 결국 두 개의 주루 실수로 선제점을 실패했고 히메네스에게 끌려가는 경기가 되고 말았다.

반대로 두산 이종욱은 프로다운 주루플레이를 했다. 6회초 무사 1, 2루에서 이종욱이 볼넷을 골라 만루를 만들었다. 김동주의 좌중간 안타 때 2루수 오재원도 스타트가 좋았고 이종욱 역시 최형우가 좌중간까지 나왔는데도 3루까지 뛰었다. 사실 뛰기가 쉽지 않은데 주루플레이가 멋졌다.

이종욱은 1사 1, 3루에서 이성열의 타구를 유격수 김상수가 뒷걸음질 포구를 하자 과감하게 리터치해 홈인에 성공했다. 멋진 판단력과 빠른 스타트, 그리고 절묘한 슬라이딩까지 한 차원 높은 야구를 보여주었다. 우익수 옆 타구인데도 3루까지 가지 못한 박한이와 대비되는 대목이었다.

삼성의 수비는 아쉬웠다. 김상수가 뛰어가서 잡지 않고 뛰어오던 이영욱에게 맡겼으면 이종욱은 들어올 수 없었다. 이영욱이 콜 플레이를 통해 자신이 잡았어야 한다. 경험이 없는 젊은 선수들이지만 이제 프로선수들이다. 프로답게 자신의 능력과 기술을 개발해야 한다. 수비와 주루플레이는 반복하면 확실하게 는다.

두산은 9회말 두 개의 실책 등이 있었지만 8회까지는 디펜스와 주루플레이에서 완벽했다. 6회말 삼성 현재윤의 좌익선상 안타 때 정수빈이 잘 잡아서 2루를 파고들던 현재윤을 정확한 송구로 잡아내 삼성의 추격흐름을 차단한 점도 수비의 힘을 보여준 대목이었다.

▶ **1회말 삼성 공격**

선두타자 박한이 중전안타, 조동찬 우전안타로 만든 무사 1, 2루에서 박석민이 보내기 번트에 실패했다. 감독의 작전을 무의미하게 만들었다. 공격으로 전환했지만 2루 직선으로 물러났고 최형우도 2루 직선타구로 잡혔고 박한이도 주루미스로 아웃돼 찬스가 무산됐다.

▶ **6회초 두산 공격**

권혁이 무사 1, 2루에 구원 등판했으나 이종욱을 볼넷으로 내보냈다. 선동열 감독은 좌타자인 이종욱만을 막아주기를 바랐지만 무위에 그쳤다. 오히려 볼넷에 이어 안타까지 맞으면서 불을 지른 셈이 됐다. 어제도 불안했는데 아쉬운 대목인데 벤치에 믿음을 줘야 된다.

▶ **9회말 삼성 공격**

진갑용 대타 볼넷에 이어 최형우는 병살타성 타구였다. 그러나 고영민이 2루에 볼을 뿌리지 않고 1루로 악송구했다. 더블플레이를 포기했으면 가볍고 정확하게 던졌어야 했는데 아쉬운 송구였다. 주자가 없는 상황이 무사 1, 2루 위기를 맞았다. 그러나 삼성 채태인은 너무 큰 스윙으로 삼진을 당했다. 그래도 박진만은 베테랑답게 우전안타로 득점을 올리고 찬스를 이어주었다.
손시헌의 수비도 아쉬웠다. 2 : 4로 쫓긴 가운데 1, 3루에서 평범한 땅볼을 홈에 악송구했다. 당연히 병살플레이를 할 줄 알았지만 무엇을 착각했는지 이해가 되지 않았다. 삼성 역시 1사 2, 3루 역전 기회에서 채상병이 풀카운트에서 긴장해서 변화구에 삼진을 당한 게 결정적이었다.[58]

역 피라미드식

가장 많이 쓰이는 당일 리드 형식이다. 스포츠 기사를 쓸 때 뿐 아니라 모든 종류의 신문·방송 기사를 쓸 때 권장돼 온 전통적인 기사 작성 방법이기도 하다. 필자도 기사 쓰기를 배우기 시작할 때 선배들로부터 "기사는 항상 역 피라미드 형식으로 써야 한다."는 충고를 귀가 아프도록 들었다. 선배들의 충고는 아주 현실적이었다. 현장에서 첫 기사를 송고하고 나면 각종 부속 기사(예를 들면 선수나 감독의 인터뷰, 현장에서 발생한 화제성 기사, 한 경기장에서 여러 경기가 벌어지는 토너먼트 대회일 경우 비중이 다소 떨어지는 경기의 전적 등을 추가하는 작은 기사 무리)를 추가로 송고하여 시간대 별로 마감하게 된다. 이 때 처음 보낸 기사를 줄이면서 지면을 확보해야 하는데, 결론이 뒤에 배치된 기사는 아예 처음부터 다시 써야 하는 경우가 생긴다. 그러므로 가분수의 기사 즉, 주요한 내용이 기사 앞부분에 집중된 기사를 쓰면 상대적으로 덜 중요한(또는 부수적인) 기사 뒷부분을 떼어낼 수 있다. 결국 역 피라미드 방식의 기사란 기사의 앞부분에 대부분의 중요한 정보가 집중돼 있고 뒤에 나오는 부분은 보충하는 내용들이다. 스포츠 기사를 쓸 때라면 가장 중요한 사건, 즉 한 팀의 승리를 가능하게 한 플레이 내용이나 작전, 중요한 실책의 발생, 당일 경기에서 영웅적인 활약을 한 선수의 결정적인 기여 장면 등을 앞세우고 나머지 경기의 세부적인 내용을 그 중요성에 따라 추가해 작성한다. 이 방식으로 작성된 기사는 오류의 가능성이 적고 기사에 일정한 힘이 있으며 독자로 하여금 쉽게 기사의 주제를 파악할

---

58) OSEN, 2010. 10. 8.

수 있도록 하는 장점이 있다.

한국남자팀이 처음으로 아시아 청소년농구 정상에 올라섰다.

한국은 제8회 아시아청소년 농구선수권대회 결승리그 최종일 남자부 경기에서 끈질긴 집념과 조직력으로 장신 중공을 몰아붙인 끝에 74 : 69로 쾌승, 5연승으로 지난 70년 대회창설이래 첫 우승의 감격을 누린 것이다(19일·잠실체).

또 여자부 경기에선 중공이 예상대로 일본을 1백1 : 67로 대파, 3연승으로 2연패를 차지했다.

한국과 중공의 대결은 단신농구의 가능성을 제시한 한판 승부였다. 수평농구의 한국은 예선서 고공농구를 구사하는 중공에 완패했으나 이날 결승에서 짜임새 있는 조직력으로 개가를 올린 것이다.

이날 최정길 감독은 경기 전 라커룸에서 선수들에게 "골밑을 사수하라. 그리고 20초 동안 볼을 돌리고 나머지 10초 동안 공격하는 딜레이드 플레이(지공)를 결코 잊지 말라."고 엄명을 내렸다.

결국 이 작전은 기막히게 들어맞았다. 수비에선 프레싱(강압수비)을 펼치다 볼이 중앙선을 넘어오면 2-3지역방어로 바꿔 골밑수비에 치중했다. 또 공격에선 상대 코트까지 재빠른 패스로 넘어간 뒤 30초를 활용하는 지공작전을 구사했다.

특히 중공은 한국의 이 작전에 그대로 말려들고 심판의 잦은 휘슬에 위축된 듯 슛마저 난조를 보여 패배를 자초하고 말았다. 중공은 센터 왕해파(2m 6cm)가 악성빈혈로 컨디션이 최악의 상태였으나 지나치게 골밑슛만을 노리는 단조로움을 보였다.

중공은 이날 30개의 야투 중 25개가 골밑슛이었다. 또 중공은 수비에서도 시종 변화 없는 대인방어로 일관, 한국에 14개 골밑슛(중거리 18개)을 허용하는 등 허점을 노출했다.

한국은 이날 야투율에서 52%(62-32)로 중공의 54%(59-32)에 약간 뒤처지고 리바운드에서도 18 : 26으로 뒤졌다. 그러나 한국은 실책에서 4 : 13으로 중공에 비해 짜임새 있는 팀워크를 과시, 승리의 요인이 됐다.59)

통산 73번째 한국과 일본 축구 대표팀의 맞대결은 90분 동안 한 치의 양보도 없는 치열한 '허리 싸움' 끝에 승부를 가리지 못했다.

조광래 감독이 이끄는 축구 대표팀은 12일 오후 마포구 성산동 서울월드컵경기장에서 치러진 일본 대표팀과 평가전에서 90분 동안 득점을 내지 못해 0 : 0으로 비겼다.

이날 무승부로 조광래 감독은 부임 이후 1승 1무 1패의 성적으로 올해 마지막 평가전을 마감했다.

특히 한국은 일본과 비기면서 역대 통산 전적에서 40승 21무 12패로 압도적 우위를 지켰고, 더불어 2007년 7월 아시안컵 3~4위전에서 승부차기로 이긴 이후 최근 5경기 연속 무패행진(2승 3무)을 이어갔다. 승부차기 승리는 공식 기록에서는 무승부로 간주한다.

또 한국은 올해 2월 동아시아연맹선수권대회(3 : 1 승)와 5월 친선경기(2 : 0 승)에 이어 이날 무승부까지 일본과 맞붙은 세 차례 경기에서 무패 행진을 이어갔다.

73번째 한일전을 맞아 '필승'을 다짐하고 나선 대표팀은 박주영(모나코)을 원톱으로 좌우에 이청용(볼턴)과 최성국

---

59) 중앙일보, 1984. 4. 20.

(광주)을 배치하고 윤빛가람(경남)·신형민(포항) 콤비를 중원에 배치했다.

또 스리백(3-back)의 중앙 수비수인 조용형(알 라이안)이 수비형 미드필드 자리까지 끌어올린 '포어 리베로'를 맡아 일본의 처진 스트라이커 혼다 게이스케(CSKA 모스크바)를 집중적으로 마크했다.

일찌감치 치열한 중원 싸움이 예고된 것처럼 양팀 선수들은 최종 수비부터 공격진까지 간격을 좁혀 백병전을 연상시키는 '압박 축구'로 주도권 잡기에 애를 썼다.

전반 2분 만에 오른쪽 날개 최성국의 오른쪽 돌파로 공격의 포문을 연 한국은 전반 10분 박주영이 미드필드 지역 중앙에서 시도한 프리킥이 골대를 훌쩍 벗어나 첫 슈팅이 무위로 끝났다.

반격에 나선 일본도 전반 15분 가가와 신지(도르트문트)가 페널티지역 중앙까지 돌파해 슈팅을 하려는 순간 홍정호(제주)의 몸을 날린 육탄 방어에 슈팅 기회를 놓쳤다.

숨 막히는 중원 싸움에서 일본의 혼다는 전반 26분 페널티지역 왼쪽 측면에서 기습적인 왼발 중거리 슈팅으로 골을 노렸지만 방향을 예측한 골키퍼 정성룡(성남)이 몸을 날려 막았다.

예측 불허의 공방 속에 한국은 세트피스로 일본의 골대를 노크했다. 전반 32분 최성국이 미드필드 지역 오른쪽에서 얻어낸 프리킥을 일본 수비진이 자리를 잡기 전에 재빨리 연결해 슈팅을 시도했지만 골대를 벗어나고 말았다.

한국은 전반 38분 최성국이 오른쪽 측면에서 차올린 프리킥을 페널티지역 중앙에서 솟구친 신형민이 헤딩을 날렸으나 골대 위 그물에 얹혀 아쉬움 속에 전반을 마쳤다.

조광래 감독은 후반 시작과 함께 신형민 대신 기성용(셀

틱)을 투입해 공격력을 강화했다.

후반 6분 이청용이 페널티지역 왼쪽에서 일본 수비수가 방심한 틈을 노려 볼을 빼앗아 1대 1 기회를 잡을 뻔했지만 골키퍼가 먼저 쳐내 골을 놓쳤다.

한국의 결정적 골 기회는 후반 13분 나왔다. 일본 진영 페널티지역 왼쪽에서 기성용이 찬 프리킥이 이정수(알 사드)의 머리를 맞고 뜨자 박주영이 쇄도하며 헤딩 슈팅을 시도했다.

수비수에 시야가 막힌 골키퍼가 볼을 가랑이 사이로 흘려 골대 안으로 들어가는 듯 했으나 일본의 최종 수비수 나가토모 유토(살케)가 재빨리 쳐냈다.

박주영은 후반 17분에도 수비수가 잠시 방심한 틈을 노려 시도한 중거리슛이 강하게 골대 쪽으로 향했지만 또 한 번 골키퍼 선방에 막혔다.

일진일퇴의 공방 속에 한국은 후반 31분 일본에 역습을 내준 상황에서 페널티지역 왼쪽에서 크로스를 시도한 마쓰이 다이스케의 볼이 최효진(서울)의 오른팔에 맞아 깜짝 놀랐다. 하지만 주심은 고의성이 없다고 판단해 경기를 계속 진행시켰다.

한국은 후반 35분 후반에 교체투입된 염기훈(수원)이 왼쪽 측면에서 올린 크로스를 박주영이 머리로 받아 넣었지만 골키퍼 가슴을 향해 아쉬움에 땅을 쳤다.

일본도 후반 종료 직전 조용형의 볼을 가로챈 혼다의 강력한 왼발슛이 몸을 날린 정성룡의 '슈퍼세이브'에 막히면서 결정적 골 기회를 놓친 채 90분 혈투를 무득점으로 끝냈다.[60]

---

60) 연합뉴스, 2010. 10. 12.

피처식

　최근의 신문·방송 기자들은 단순한 나열식이나 역 피라미드식 기사를 자주 쓰지 않는다. 그것은 아마도 일종의 흐름으로 보이는데, 기자들은 경기에서 가장 흥미로웠던 면이나 중요한 인물과 관련된 내용 또는 승부의 분수령이 된 장면 등을 중심으로 기사를 시작한다. 이 방식으로 기사를 작성할 때는 경기 중에 벌어진 일이 아니더라도 기사 도입부에 반영할 수 있다. 기자의 감수성과 창의력이 개입할 여지가 적지 않다. 또한 이 방식으로 기사를 쓸 때는 일반적으로 중요한 내용이라고 간주할 수 있는 문장에 집착하지 않아도 좋다. 중요한 점은 기사를 작성하는 기자의 관점과 흥미로운 요소를 감별해 내는 안목, 그리고 그것을 기사로 형상화해 내는 창조적인 솜씨라고 할 수 있다. 기자의 시각은 기사를 통하여 경기의 내용에 의미를 부여하며 독자를 설득하거나 새로운 관점으로 유도한다. 물론 여기에도 일정 부분 기사의 세부 내용과 관련한 언급이 결합되어야 한다. 박스 기사처럼 보이지만 잘 쓴 피처식 경기 기사는 일반적인 기사 작성 방법에 따라 만들어진 단순 스트레이트에 비해 입체적이고 독자의 시선을 빨아들이는 힘이 강하다.

기사 6

　조인현이 선일여고를 졸업하고 현대산업개발에 입단한 93년, 농구전문가들은 서슴없이 현대를 우승후보 반열에 올렸다.
　조인현의 가세만으로도 현대의 전력은 급상승할 것으로

예상됐고 '조인현 시대'의 개막은 의심의 여지가 없어 보였다. 조는 유영주(선경증권) 이후 등장한 최고의 포워드였다.

그러나 현대에 입단한 첫해에 조는 왼쪽 무릎인대 부상으로 코트를 밟지 못했고 이듬해 일본으로 건너가 수술을 받았다. 지난해까지 무릎에 철심을 박은 채 견뎌야 했던 두 시즌은 조인현에겐 긴긴 암흑의 터널이었다.

95~96 농구대잔치가 개막됐을 때 아무도 조인현의 가공할 힘을 기억해내지 못했다. 21일 여자부리그에서 현대와 맞붙은 서울은행 역시 마찬가지였다.

'현대의 게임리더 전주원만 잡으면 이긴다'는 예상은 빗나갔다. 현대가 85 : 63으로 승리, 7승 3패를 마크한 이날 조인현의 득점은 18점. 전주원(25점)·김성은(22점)에 이어 팀 내 3위였다. 그러나 조의 18점 중 10점이 주도권 다툼이 치열하던 전반에 집중됐다.

현대가 전반 10분 20 : 10, 16분쯤 37 : 24로 점수 차를 벌리며 사실상의 승기를 잡는 과정에서 조가 올린 8점은 서울은행 수비를 '무장해제'상태로 몰았다. 전주원이 있는 방향의 수비를 다지며 단단한 옹벽을 쌓으려던 서울은행 수비는 조의 활발한 공격으로 무력화됐다.

조는 고교시절 힘찬 드라이브인 슛과 골밑슛으로 다득점 행진을 벌였지만 부상 이후 힘이 달리면서 중거리 슛으로 스타일을 바꿨다. 이날도 골밑 득점은 4점뿐이었고 14점이 중간거리에서 수비를 따돌리며 던진 슛이었다.

센터 조혜진이 무릎부상에서 완쾌돼 첫 출장한 상업은행은 최하위 한국화장품을 79 : 56으로 가볍게 꺾고 4승 6패를 기록, 신용보증기금과 함께 공동 8위에 올랐다.

한편 국민은행은 대웅제약을 83 : 68로 제압하고 9승 1패를 마크, 단독 1위로 뛰어올랐다.[61]

피처 및 특수기사

　개성으로 충만하고 창의력이 넘치는 기자들은 피처 기사(feature stories) 쓰기를 즐긴다. 피처 기사를 쓸 때 기자들은 큰 즐거움을 느끼는데, 흔히 '재미있다'고 표현하는 정서적 경험을 하게 된다. 재미있는 기사 쓰기의 분야는 피처 기사나 부속기사(sidebar) 등의 특수기사, 큰 경기를 앞두고 쓰게 되는 사전(예고)기사(advance story), 또는 게임이 끝난 뒤 며칠 뒤에 쓰는 속보(follow-up story) 등이다. 이러한 기사들은 스포츠 기자들에게 충분히 개성을 발휘할 수 있는 공간을 부여한다. 기자들은 마치 문학 작품을 창작할 때와 같이 유연하고 창의적인 기사 쓰기를 시도하게 된다. 피처나 특수 기사는 대체로 제목의 선정이나 기사의 주제 설정, 보도방법과 그 범위, 인터뷰를 할 때 질문형식의 다양성 면에서 스포츠 기사 작성에 대한 자유로운 접근 방법을 허용한다. 이 기사들은 단지 경기나 기자회견에서 나온 특정한 발언에만 기초하지는 않는다. 또한 기자 스스로 흥미를 느끼며 작성한 기사이기 때문에 독자들도 좀 더 흥미롭게 읽을 수 있다. 그러나 이 기사는 매우 잘 훈련된 기자가 아니라면 중언부언하거나 논리가 빈곤할 수 있고, 때에 따라서는 특정한 목적을 위해 악용될 소지도 있다. 기자가 바람직하다고 생각하는 방향으로 기사가 흘러가는 일은 언론이 지켜야 할 객관적 태도를 스스로 허무는 일일 수 있기 때문에 각별히 경계하지 않으면 안 된다. 또한 상당히 세련된 문장력을 필요로 하는데, 그 이유는 자유로운 형식 속에 기사의 요건을 실현하기 위해서는 정형화돼 있는 여타의 기

---

61) 중앙일보, 1995. 12. 22.

사 작성 방법에 비해 매우 잘 설계된 팩트(fact)의 배치가 필요하기 때문이다. 따라서 피처를 비롯한 특수한 형식의 기사는 기자들이 느끼는 즐거움과는 별개로 기사로서의 성취를 이루는 데 많은 어려움을 수반한다. 이런 기사를 잘 쓰는 기자라면 어느 정도 독자들에게 높은 지명도를 확보할 수도 있다. 소위 '스타 기자'로 분류되는 것이다. 그런 기자는 많지 않다.

우리의 논의는 피처 기사가 중심이 되어야 할 것이다. 왜냐하면 피처 기사는 스트레이트와 더불어 스포츠 보도 형식의 한쪽 날개와 같기 때문이다. 재미있게도 한 스포츠 전문 매체에서 피처 기사의 성격을 규정하고 그 형식과 용례를 짧게 정리한 콘텐트를 인터넷 공간에 업로드했다. 이 콘텐트는 주로 사진 취재와 관련한 내용을 다루고 있지만 이 책의 독자로 하여금 피처 기사에 대해 쉽게 이해할 수 있는 훌륭한 기회를 제공하기에 여기에 옮겨 둔다.

피처(feature) 기사란?

❶ 개요
- 피처기사란 '사실보다 진한 감동을 주는 뒷이야기' 등 박스형 읽을거리 기사
- 잘못된 세간의 미담이나 사례담, 가십(gossip)성 기사 등
- 사실 그 자체 보다 이면에 숨겨진 이야기나 화젯거리 등 흥미제공이 목적
- 기자의 의견이나 판단을 최대한 활용할 수 있어 보도자료보다 쉽게 채택되고 전달효과도 훨씬 큼(많은 부분이 인터뷰를 통해 작성됨)

❷ 구성요소
- 평범하지 않는 독특한 소재
- 평범하지만 독자의 흥미를 끌 수 있는 소재(예 : 상암
  동에 뜬 가나 응원단, 어디서 왔을까)
- 사건의 주인공
- 상식을 벗어난 독특한 상황
- 박진감 넘치는 사건 전개 및 갈등 구조
- 진한 감동을 줄 수 있는 에피소드

❸ 유의사항(제안)
- 주인공을 등장시킨다. 이 주인공의 증언이나 체험을 핵
  심내용으로 함(예 : 내 이름은 버팀이, "내 얘기 한 번
  들어볼래?")

❹ 피처의 종류
Feature는 날마다 우리 주변에서 일어나지만 거의 관심의
대상이 되지 않는 사람, 장소, 사물 및 사건에 관한 통찰
또는 어떤 뉴스의 배경을 설명해 준다. 그것은 종종 인간
의 감정 혹은 느낌을 드러내고 또 기자나 혹은 기타 사람
들의 사적인 관점을 매력적인 방식으로 전달하기 때문에
우리의 관심을 끈다.
그래서 취재 과정에서 사진가나 편집인의 주관이 개입될
수도 있고, 뉴스성이 없어도 되는 흥미롭고 재미있는 아
이디어를 기자들로 하여금 조사하게 해준다. 피처사진에
는 꽃이나 동물, 어린이들을 테마로 한 것이 많지만 그것
만이 전부는 아니다. 그 사진에는 '무엇'이라는 것이 필요
하다. 이 '무엇'이란 즉, 사람의 감정(희·노·애·락)을
느낄 수 있는 사진을 말하는 것이 아닐까 생각한다.
대다수의 피처는 정보와 오락이 혼합된 것으로 표현되는

몇 가지 범주를 겸비한다.

※ 뉴스 기사적 범주를 사진과 관련지어 분류

뉴스 피처는 뉴스성은 있으나, 정확성과 정교성을 요구하지 않는다. 또한 뉴스 피처는 이전 사건에 대한 속보라고 할 수 있다.

사이드바(sidebar)는 보다 광범위한 사건의 한 측면을 상세히 보도하는 기사이다. 각각의 사이드바는 사건에 있어 의미 있는 부분이 되어야만 하며 보다 광범위한 기사의 오직 한 부분을 아주 상당히 표현해야 한다.

예를 들면 만약 주요 뉴스기사가 중요한 오일 스필(oil spill) 사건이라면, 몇 가지의 사이드 바(예컨대 환경적인 손해, 잠재적인 소송과 범죄 기소 등)가 정화 운동을 둘러싼 여러 활동들을 완전히 설명하게끔 해야 될 것이다.

특별한 사건피처(special events features)는 사이드바와 유사하지만, 주요 기사는 오직 한 순간에 관심을 둔다. 예를 들어 만약 유력한 대통령 후보가 도시를 방문한다면, 피처는 방문과 관련된 다양한 활동에 대해서 준비될 것이다.

역사피처(historical features)는 의미있는 과거 사건의 중요성과 관련성을 보여주고자 하는 것이다. 그러한 피처는 발생한 사건을 개관하고 그 사건에 관한 최근 및 미래의 영향을 평가한다. 역사피처의 또 다른 유형에는 어떤 도시나 주 혹은 조직의 창립기념일이 되는 과거의 사건이나 유명한 사람의 탄생기념일에 관한 것이 포함된다.

인간적 흥미 피처(human interest features)는 평범하지 않으면서 재미있고 엉뚱한 인간의 행동을 보여주는 사진을 말한다. 귀여운 아기와 동물, 수녀 등은 가장 즐겨 찾는 소재이다. 독자들에게 있어 비극적인 사진보다 기쁘고 행복한 사진들을 제공하는 것이다. 이것은 피처기사의 가장 평범한 유형이다.

묘사피처(descriptive features)는 방문하고 구경하는 곳, 그리고 관객으로서 참여 혹은 즐기는 사건에 초점을 둔다. 그 예로는 박람회, 야외극, 서커스와 카니발 혹은 극장 등을 비밀리에 관람하는 것 뿐만 아니라 레크리에이션 지역과 관광객의 관심의 대상이 되는 곳에 대한 프로필이 속한다.

시즌 피처(season features)는 일 년 동안에 일어날 수 있는 특별한 사건에 초점을 둔다. 시즌 피처는 특별한 일 년 간의 수확, 계절의 변화, 박람회, 페스티벌 혹은 활동들도 포함한다. 이것은 몇 가지의 테마와 관련된다(예를 들어 연어의 이동, 목재의 수확, 식목일의 나무심기 등).[62]

스포츠 피처 기사의 요소

피처 기사는 매우 다양한 형식을 지니고 있다. 그러므로 '피처 기사란 이것이다'라는 식으로 단순하게 정의하기 어렵다. 피처 기사의 목적을 일반적인 보도와 다르다고 생각할 수도 있다. 피처 기사는 단순히 독자에게 정보를 제공하는 데 목적을 두지 않는다는 것이다. 그렇다면 피처 기사의 목적은 무엇인가? 새로운 정보보다는 흥미로운 이슈의 발굴과 제시에 무게 중심을 둔다고 볼 수도 있다. 그러므로 피처 기사를 쓰는 기자들은 넓은 범위에서 자료를 수집한다. 경우에 따라서는 아주 사소한 자료도 훌륭한 피처 기사거리가 될 수 있다. 피처 기사는 정보의 중요성 못지않게 기사의 스타일과 적절한 시사성, 논쟁거리, 흥미로

---

62) 엑스포츠뉴스, 2008. 8. 14.

운 에피소드, 작지만 잘 알려지지 않은 사실이 전해주는 가벼운 놀라움 등도 세련되게 가공하여 독자에게 제공한다. 특히 피처 기사가 잘 소화해 낼 수 있는 분야는 '사람'에 대한 내용일 것이다. 피처 기사는 사람에 대해 말할 때가 많다.

#. 일본 대표 하은주?

2004년 올림픽은 아테네에서 열린다. 한국 농구팬들은 이 노우에, 또는 나카가와라는 이름으로 뛰는 '한국계' 일본 여자 대표선수의 활약을 지켜보게 될지도 모른다. 신문에 그 선수의 프로필이 등장할 때마다 괄호 속에는 '한국명 하은주'라는 설명이 더해질 것이다.

하은주(20)는 전 국가대표 농구선수 하동기 씨의 딸이자 미국 진출설이 나도는 남자농구 하승진(삼일상고)의 누나다. 그녀의 이름은 최근 갑작스레 유명해졌다. 일본 귀화설이 나돌면서 한국여자농구연맹(WKBL)을 비롯한 국내 관계자들이 한국 농구의 운명이 걸렸다며 '귀화 저지', '국내 영입' 의지를 밝혔기 때문이다.

하은주는 일본으로 귀화한다. 일본 농구계 인사를 통해 문의한 결과 이미 귀화 수속을 위한 서류를 접수한 상태다. 일본에서 고등학교를 졸업하고 대학 과정을 이수하고 있는 하은주가 일본에 귀화하는 데는 아무런 장애도 없다. "일본에서 농구를 하고 싶고, 한국 프로무대에서 뛸 의사가 전혀 없다."는 하은주의 의지도 강력하다. 귀화 수속에는 1년 남짓한 시간이 필요하다. 늦어도 대학을 졸업하는 내년 봄엔 일본 여권을 받는다. 하은주가 재학 중인 시즈오카단과대는 2년제이고 하은주는 올해 2학년으로 진급한다. 실업팀들이

겨울리그를 마치고 팀을 재편하는 시기다.

하은주는 지금 농구를 쉬고 있지만 영어교사 자격증을 받고 졸업하면 코트에 복귀할 예정이다. 2m 2㎝의 신장에 오카고등학교 재학 시절 윈터리그를 제패하면서 최우수 선수를 차지했다. 득점랭킹 1위, 결승에서 37득점, 3회전에서는 46득점하는 기록을 세웠다.

실업팀 상송화장품에 입단할 가능성이 크다. 상송화장품은 재팬에너지와 일본 여자농구를 양분하는 전통의 명문으로, 1990년 베이징 아시안게임에서 한국을 우승으로 이끈 정주현 전 코오롱여자팀 감독이 맡고 있다. 일본 대표선수 절반이 상송 소속이다. 하은주는 귀화 즉시 대표 팀에 발탁될 가능성이 크다.

#. 큰 키는 '장애'였다.

지난 13일 일본을 방문, 15일 귀국한 하동기 씨는 아직도 딸을 설득하고 있다. 그러나 '자식 이기는 부모 없다'고 했다. 하은주는 뜻을 굽히지 않을 것 같다. 하은주는 왜 그토록 귀국을 꺼리고 일본에 정착하고 싶어 할까. 아마도 일본 유학을 전후해 겪은 체험이 결정적인 역할을 했을 것이다.

하은주가 무릎 연골 파열로 선수생활을 접었을 때다. 소속 팀에서는 하은주가 다른 학교로 전학해 학업에 전념하겠다고 하자 '포기 각서'를 요구했다. '혹시' 부상에서 회복해 선수생활을 계속할 경우 책임질 일이 생길까 두려운 농구 관계자들은 각서를 가져다 농구협회에서 하은주의 선수 자격을 말소했다.

일본으로 건너간 것은 농구 때문이 아니었다. 일본의 오카고등학교에서 하은주를 부르며 제시한 조건은 "학교에 입학해 공부를 하되 부상에서 회복하면 농구를 할지 여부를 놓고 학교 측과 의논한다."는 것이었다. 대신 부상 치료와 뒷바라지를 학교에서 맡기로 했다. 마다할 이유가 없었다.

한국에서 하은주의 큰 키는 '장애'였다. 하동기 씨는 은주가 중학생일 때 부엌에 숨어 인스턴트커피를 숟가락으로 퍼먹는 모습을 본적이 있다. 은주는 "커피를 많이 먹으면 뼈가 녹아 키가 자라지 않는다."는 말을 들었다고 했다. 하동기 씨는 딸을 안고 많이 울었다.

일본에서 하은주는 태어난 후 처음으로 행복함을 느꼈다. 큰 키는 부끄러움이 아니었다. 오히려 큰 키 때문에 스타가 됐다. 한국에서는 아프다고 하면 코치에 대한 도전 혹은 게으름으로 받아들여졌지만 일본에서는 그렇지 않았다. 운동할 수 있을 때만 볼을 주었다. 선생님은 자상하고 감독님은 아버지 같았다. 운동과 공부를 병행하며 늘 일등만 했다.

#. 버릴 때와 찾을 때

하동기 씨는 1978년 아시안게임 대표선수였다. 태국 방콕에서 벌어진 이 대회에서 한국은 북한과 맞붙었고 경기 도중 북한 팀이 심판 판정에 불만을 품고 철수해 몰수패를 당할 만큼 남북 간의 경쟁심이 강했다. 대표선수들은 남달리 국가관이 강하고 특히 일본과 북한에 적대적이다.

하동기 씨는 '국가관', '애국심'을 빌미로 은주를 달래고 위협도 했다. 하지만 '한국에서 운동을 못 하고 이곳에 왔는데 왜 돌아가야 하느냐'고 반문하면 할 말이 없었다. 하물며 "국내에는 아는 사람이 부모밖에 없다. 농구를 한들 몇 년을 더 하셨느냐. 은퇴 후의 인생도 생각해야 하지 않느냐."는 데야—.

하은주의 일본 귀화 사실이 발표되면 한국 여자농구는 큰 충격을 받을 것이다. 하 씨 일가는 또 한 번 홍역을 치를 것이 뻔하다. '조국을 배신했다'는 식으로 매도될 것이다. 그러나 하동기 씨는 그런 비난은 두렵지 않다. 키가 커도 너무

큰 남매를 기르며 받아온 상처에 비하면 아무 것도 아니라
고 생각한다.

해외에서 이름난 예술·스포츠계 인사들은 한국 국적이 없
어도 흔히 '한국이 낳은 세계적인 아무개'로 소개된다. 76년
몬트리올 올림픽에서 일본 여자배구를 우승으로 이끈 시라이
도 윤정순이라는 이름의 동포 2세였다. 하동기 씨는 국내 관
계자나 언론도 은주를 그렇게 대해주면 고맙겠다고 한다.

하은주 케이스는 한국 농구의 뿌리 깊은 이기주의와 우승
만능주의가 빚어낸 비극이자 일본 농구계의 축복이다. IMF
사태 때 취업길이 막힌 몇몇 선수가 대만 등지로 진출해 귀
화한 일은 있지만 하은주 같은 경우는 처음이다. 한국으로
서는 남은 기간 하은주의 마음을 돌리는 것이 최선이지만
그 가능성은 크지 않다.[63]

피처 기사가 단지 흥밋거리만을 다루는 경량(輕量)의 보도 형식이라
고 생각해서는 안 된다. 피처 기사에 대한 또 다른 시각의 하나는 피처
기사가 궁극적으로는 독자들에게 어느 사건이 어떠하였으며 그것이 의
미하는 바가 무엇이었는지, 아니면 특정한 개인이 어떠한 존재이며 그
가 보여준 행동이 어떤 의미를 지니는지 독자들에게 말해주어야 한다
는 것이다. 즉 피처 기사는 독자들에게 단순히 어떤 사건의 발생 사실
이나 그것이 누구에게 어떻게 발생하였는가를 전달하는 것이 아니다.
그 사건의 전체적인 윤곽과 그러한 정황을 둘러싼 분위기, 관계된 인
물의 특성 등을 아울러 전달해야 한다. 그럼으로써 독자들은 더 깊은
이해에 도달할 수가 있다.

---

63) 중앙일보, 2003. 2. 19.

81년 4월 11일. 그날 아침 기자는 환갑을 훨씬 넘긴 나이(당시 65세, 현 LA한인농구협회 고문)로 왕성하게 활동하시던 전 국가대표 농구감독 이희주 씨로부터 전화를 받았다.

"오늘 나하고 꼭 갈 데가 있어."

장충체육관에선 춘계중고농구연맹전 남고부 경복-용산 결승전이 벌어지고 있었다.

"바로 저 녀석이야. 두고 보라구, 이충희보다 더 잘할 걸."

이미 신동파와 견줄만한 아시아 최고의 슈터로 전성기를 구가하고 있는 이충희보다 더 크게 성장하리란 이선생의 장담에 약간은 불쾌감마저 느끼며 며칠 전까지 중학생이던 용산고 까까머리 신입생 허재를 눈여겨봤다. 김윤호·유재학이 버틴 경복고의 마지막 전성기. 비록 경복이 우승했지만 두 고교스타는 허재의 현란한 개인기 앞에 쩔쩔 맸다. 기자는 그때 허재에게 '농구천재'란 별명을 달아 주리라 마음먹었다. 경기가 끝난 뒤 소년에게 물었다.

―커서 어떤 선수가 되고 싶니.

"신선우 같은 선수요."

―신선우는 은퇴했는데.

"그분처럼 올라운드 플레이어가 될래요. 아직 은퇴 안했어요. 분명히 재기하실 거예요."

국가대표 부동의 센터 신선우는 78년 무릎 연골수술, 80년엔 아예 오른쪽 발목은 물론 무릎 연골을 몽땅 도려내는 대수술을 받았다. 병원 측은 선수생활 셜내불가란 사형신고를 내렸다. 그러나 신선우는 기적적으로 재기했고 82년 뉴델리 아시안게임 결승전에서 주전센터로 뛰어 중국을 꺾고 금메달을 따내는 또 하나의 기적을 창출한 뒤 그 이듬해 은퇴했다. 허재는 신선우의 플레이도 그렇거니와 정신력까지 흠모했던 게다.

허재를 처음 만난 지 17년 뒤. 지난달 31일 FILA배 97~98 프로농구 챔피언결정 1차전. 오른손 등뼈가 부러져 출전이 불가능하리라 여겼던 기아의 허재는 부러진 뼈가 속살을 찢든 말든 양 팀 통틀어 최다득점인 29점을 쓸어 담았다. 예상을 뒤엎고 챔피언 결정전이 기아 우세로 돌아선 한판이었다.

그날 인터뷰에서 신선우 현대감독은 "허재의 투혼에 찬사를 보낸다."며 적군에 대한 칭찬을 아끼지 않았다. 오십보백보겠지만 뛰는데 고통은 선수 때 신선우가 더 심했을 것 같다. 경기가 끝난 뒤 허재는 손전체가 시커멓게 죽어 있지만 당시 신선우는 뛸 때마다 무릎 뼈가 닿아 깎이는 듯한 고통을 받았고 경기가 끝나면 무릎부위가 풍선처럼 부어올랐었다.

피를 말리는 챔피언결정전 도중 짓궂게 옛날 얘기를 꺼낸 기자에게 신 감독은 한마디 했다.

"지금 세대는 그렇지 않을 것 같았는데…… 사실 '해보겠다'는 의지만 있으면 아픈 건 아무것도 아니에요……."

신 감독은 허재를 두려워하고 있음에 틀림없었다. 그건 허재도 마찬가지다.[64]

기사 9

> ▶ 피고 : 서장훈(연세대)
> ▶ 원고 : 진로·LG
> ▶ 피고 측 변호인 : 현대
> ▶ 원고 측 변호인 : 삼성 · 기아 · SBS
> ▶ 재판장 : 남자실업농구연맹

'골리앗' 서장훈의 스카우트를 둘러싸고 남자농구계에 때 아닌 '궐석재판'이 잇따라 벌어져 귀추가 주목되고 있다. 궐

<hr>

64) 스포츠서울, 1998. 4. 7.

석재판은 지난달 26일의 1차에 이어 17일에는 2차가 열렸다. 그러나 재판을 맡은 남자실업농구연맹은 뚜렷한 판결을 내릴 수 없어 '솔로몬의 지혜'를 짜내기 위해 노심초사다.

"분명한 도피성 유학이다. 규정을 바꿔서라도 서장훈을 신생팀에 주어야 한다."(원고 측 변호인)

"증거가 없는데 규정을 바꿔 소급 적용할 수 없다."(피고 측 변호인)

"도피가 아니다. 터무니없는 의심으로 괴롭히지 마라."(피고)

재판은 지난달 17일 진로구단이 실업연맹에 "연세대를 우선 지명할 경우 서장훈도 등록할 수 있느냐."는 내용의 질의서를 제출하면서 시작됐다. 서장훈은 97년 졸업예정자로서 규정에 따라 내년 창단하는 진로 또는 LG구단에 무조건 입단해야 하는데 이를 피하기 위해 미국 샌호제이대로 도피했다는 의심을 사고 있다.

원고 측은 서장훈이 스카우트비가 적은 신생팀의 지명을 피하고 기존 팀으로부터 많은 돈을 챙기기 위해 미국으로 유학, 일부러 졸업연도를 늦췄다고 주장한다. 따라서 '당해연도 졸업자 및 졸업예정자만을 스카우트할 수 있다'는 실업선수선발 및 등록규정 7조 3항을 개정해서라도 서장훈에 대한 신생구단의 스카우트 우선권을 보장해야 한다는 것이 이들의 요구다. 원고 측의 주장은 기존실업팀들로부터 폭넓은 지지를 얻고 있다.

기존 팀 중 유일하게 서장훈을 편들고 있는 구단은 현대. 그러나 뉘앙스는 다르다. 현대는 "기존 실업팀들에도 서를 잡을 수 있는 희망을 남겨주기 위해서라도 규정을 바꿔서까지 소급 적용하는 일은 없어야 한다."고 강조한다. 이에 맞서 기존구단들은 "서가 이미 현대로 입단의사를 굳혔고 미국에서 현대의 지원을 받고 있다."는 정보까지 흘려가며 연

또 다른 지적에 의하면 우수한 피처 기사는 스포츠에 관한 것이건 아
니건 간에 틀에 박히지 않고 자유로운 스타일을 중시해야 하며 어떤 특
색을 지녀야 한다는 것이다. 따라서 독자들은 스포츠 피처에서 엉뚱하
거나 색다른 내용을 자주 보게 된다. 독자들은 재미있는 사건뿐만 아니
라 가슴 아픈 일을 주제로 한 스포츠 기사를 읽는다. 또한 피처기사를
흥미로운 스타일로 쓸 경우, 평범한 일도 주제로 삼을 수 있다. 다니엘
윌리엄슨(Daniel Williamson)은 유력한 피처 기사를 쓰기 위한 네 가지 요
소를 제시했다. 첫째, 기사 작성 및 구성 형식, 취재원의 선정, 자료의
활용 면에서 창의력을 발휘하라. 둘째, 기사를 주관적으로 다루어라. 주
제에 주관적으로 접근하고 그것을 기사에 반영되도록 하라. 셋째, 기사
가 지니는 뉴스의 정보적 성격을 망각하는 일이 없도록 하라. 즉 우수
한 피처 기사는 고도의 뉴스 및 정보 요소를 지녀야 한다. 넷째, 위의
세 가지 목표를 충족시키면서도 흥미로운 기사로 완성하라. 이와 같은
요구에 적극적으로 응하면서 높은 완성도를 지닌 예문을 아래에 제시
한다. 『조선일보』의 문갑식 기자가 2010년 1월 'WHY?' 섹션에 게재
한 이 예문은 '비운의 마라토너 손기정 자취 추적하는 김성태 기념재단
이사장'이라는 제목을 달았다. 전체적으로 아주 훌륭한 피처 기사인 동
시에 그 형식과 내용 양면에서 피처 기사가 지녀야 할 덕목과 다양한

---

65) 중앙일보, 1995. 10. 18.

기사 작성의 방식을 다채롭게 구사하였다.

▶피안(彼岸)에서

대륙횡단열차의 바퀴가 2주 만에 멈췄다. 긴 여정(旅程)이었다. 동경~현해탄~경성~만주~시베리아를 가로질러 베를린에 도착했다. 1936년 8월 9일 오후 3시 올림픽 스타디움의 출발선에 나는 섰다. 북해(北海)에서 휘몰아친 열기가 가득했다.

운명의 시각이 파도처럼 내 다리를 휘감았다. 10만 관중 속에서 조선인을 응원한 이는 김용식(金容植) 선배와 장이진(張利鎮) 군 뿐이었다. 56명 건각(健脚)이 이룬 숲은 두려웠다. 나는 단거리 경주라도 하듯 질주하기 시작했다.

30㎞부터 앞에 아무도 보이지 않았다. 인적 뜸한 길 양편의 나무 숲은 검었다. 아스팔트는 끝도 없을 듯 가물거렸다. 그 옆으로 하벨 강의 물결이 은빛으로 빛났다. 문득 내 고향 신의주 옆 압록강의 자갈길이 생각났다.

나는 달리지 않으면 못 배기는 아들이었다. 그 고집을 꺾지 못한 어머니는 주머니를 털어 산 '다비'를 내 짐 꾸러미에 넣어주셨다. 머리를 흔들어 기억을 떨쳤다. 그때 비스마르크 언덕이 나타났다. 성난 공룡의 목줄기 같았다.

금메달이 목에 걸렸다. 월계관이 머리에 씌워졌다. 그 순간 나는 가슴으로 울었다. 왜 나의 우승에 일장기(日章旗)가 오르고 '기미가요'가 울려 퍼져야만 하는가! 나는 단 한 번도 일본을 위해 뛰어본 적이 없었다.

내 나라 조선을 위해 뛰었을 뿐이다. 나는 맹세했다. '일장기의 멍에가 사라지지 않는 한 손기정의 마라톤은 다시 없으리라.' 목구멍으로 삼킨 눈물이 폭포처럼 가슴 속에 떨어졌다. 그때 민족은 암울했다. 내 청춘은 검었다.

2002년 11월 15일 나는 육신(肉身)의 멍에를 벗었다. 이승을 떠난 지 7년이 넘었다. 그런데도 나의 흔적은 그리도 사랑했던 조국에서 흩어져 방랑하고 있다. 업보(業報)인가, 운명인가. 누가 저승의 나를 편히 쉬게 해줄 것인가.

▶ 여의도의 한 은행

김성태(金聖泰·53) 손기정 기념재단이사장이 비밀번호를 눌렀다. 지문(指紋)인식 절차를 마치자 대여금고의 문이 열렸다. 1040호다. 길이 50㎝, 폭 15㎝가량의 철제 서랍이 나왔다. 그 안에 낡은 메달 3개가 빛나고 있었다.

1936년 베를린 올림픽 마라톤 금메달과 기념메달 2종 등 모두 3종이다. 금메달은 손기정의 삶만큼이나 운명이 기구했다. 1994년 이후 일반에 공개된 적이 없었다. 2005년에는 "분실됐다."는 오보(誤報)로 세상이 놀랐다.

당시 열흘 만에 나타난 금메달을 두고 많은 이야기가 있었다. 당시 보관자가 독일에서 사온 광택제로 반짝반짝 윤을 내려다 칠이 벗겨졌다고도 했다. 부실하게 관리해 표면에 흠집이 많이 생겼다는 말도 나왔다.

2005년 당시 사진과 대조해봤다. 올림픽 마라톤 금메달은 많이 훼손돼 있었다. 가운데 일부에만 금빛이 남아있어 차마 금빛이라고 부르기 민망할 정도였다. 이 메달이 은행 대여금고에서 얼마를 더 지낼지는 아무도 알 수 없다.

▶ 국회 헌정기념관

여의도 국회의사당에서 한강 쪽에 헌정기념관이 있다. 현재 리모델링 공사가 한창 진행 중이다. 곳곳에서 근로자들이 자재를 나르고 있었다. 그 지하 1층 수장고에 고 손기정이 받은 월계관과 우승 상장이 보관돼 있다.

월계관은 서울시 중구 만리동 옛 양정고 터에 아름드리나무로 자란 월계수의 어머니 격이다. 월계관은 짙은 밤색으로 변해있었다. 표면에 흠집이 많이 난 투명 플라스틱 박스 안에 든 월계관에는 습기를 제거하는 장치가 설치돼 있다.

그렇다면 나머지는? 손기정이 남긴 유품(遺品)은 공식적으로 1500여점, 최대 1만점이라는 말이 있으나 누구도 정확한 기록을 가지고 있지 않다. 올림픽 금메달, 월계관, 우승 상장만이 비교적 안전하게 보관돼 있다.

일부는 옛 양정고 터 손기정 기념재단에 전시되고 있다. 공간(약 50평)이 협소해 다수는 수장고에 포개져 있다. 일부는 그의 손자인 이준승(李埈承) 재단 사무총장 집, 일부는 김성태 의원이 사무실에 보관하고 있다.

2006년은 손기정의 베를린 올림픽 마라톤 제패 70주년을 맞는 해였다. 당시 재단은 1억 원을 들여 동상(銅像) 두 점을 제작했다. 한 개는 현재 서울 송파구 잠실 스타디움 근처 올림픽 스타 로드에 전시돼 있다.

또 한 점은 독일 베를린 스타디움 옆 손기정 기념공원에 설치될 예정이었다. 현재 그곳에는 손기정의 국적이 '재팬(Japan)'으로 새겨져 있다. 1971년 박영록(朴永祿) 의원이 몰래 재팬이란 글을 지우고 '코리아'라고 새겼다.

독일은 나중에 그걸 다시 파내고 일본으로 되돌렸다. 독일은 기념공원을 만들자는 요구에 30억 원을 요구했다. 재단은 비용을 감당하지 못했다. 결국 공원 설립 계획이 백지화됐다. 손기정 동상의 팔자(八字)도 그때 바뀌었다.

취재가 시작되면서 신갈에 있다던 이 동상의 소재는 안성에 있는 동상 제작사의 한 창고에 있음이 확인됐다. 동상은 먼지를 뽀얗게 뒤집어쓴 채 방치돼 있었다. 옆에는 냉장고와 다른 조각품 더미가 놓여 있다.

▶ 사우디의 추억

1980년대 김성태는 한양건설 직원으로 사우디아라비아에서 일하고 있었다. 한국·사우디 축구경기가 사우디 승리로 끝난 어느 날이었다. 근로자들 사이에서 스포츠 이야기가 나왔다. 화제는 마침내 손기정 이야기로 옮아갔다.

사우디 근로자들은 "손기정은 일본인"이라고 했다. 김성태가 항변했다. 그들은 들은 체도 하지 않았다. 15년 세월이 흘러 한국노총 사무총장과 부위원장을 지내던 그는 옛 사우디에서의 아픈 추억이 기억났다.

―2006년 한국노총 창립 50주년 기념 마라톤 대회를 주최할 때 '손기정 올림픽 제패 70주년 기념'이란 타이틀을 붙였습니다.

"당시 노동운동이 국민들로부터 지탄받고 있었습니다. 노사 평화랄까, 그런 식으로 방향을 전환하려 구상하고 있었는데 예전에 사우디에서 '노가다'로 일하며 겪었던 일이 생각났습니다. 중동 근무를 마친 뒤 돌아오는 길에 베를린 스타디움을 볼 기회도 있었습니다. '재팬 손'이라고 새겨진 글에 충격을 받았습니다. 전 손기정 선생에게서 '평화'의 메시지를 느꼈습니다."

―손기정의 유품이 국가에 헌납된 게 1979년이지요.

"그해가 국제연합(UN)이 정한 세계 아동(兒童)의 해였습니다. 어린이들에게 꿈과 희망을 줄 무슨 계기가 없을까 생각하다 손기정 선생이 고 박정희(朴正熙) 대통령께 금메달을 비롯한 자료 일체를 기증하기로 한 거지요."

―왜 국민들은 그걸 볼 수 없었습니까.

"서울 광진구 능동에 어린이 대공원이 있습니다. 그곳 육영재단 건물에 <손기정 기념 전시실>이라는 게 마련됐습니다. 그런데 육영재단이 1994년 예식장 사업을 하면서 공간

을 재배치하는 과정에서 이상한 일이 벌어진 겁니다. 자료
관은 마련됐는데 셔터가 내려져 일반인들이 관람할 수 없었
고 금메달과 월계관은 또 별도 관리된 겁니다."

　－별도 관리라니요.

"(이하는 손기정의 외손자인 이준승 재단 사무총장의 증
언 등을 합친 것이다.) 올림픽 금메달은 당시 재단 고위 관
계자의 개인 캐비넷에, 월계관은 그의 사무실에 걸려 있었
다고 합니다."

　－유족 측에서 정상적인 전시를 요구하진 않았나요.

"손기정 선생이 생존해있을 때만 해도 2~3차례에 걸쳐
전시관을 만들겠다는 약속을 했다고 합니다. 물론 지켜지지
않았지만요."

　－작년 11월 12일, 유품이 손기정재단에 반납됐지요.

"기념우표를 제외한 250여점을 돌려받았습니다만, 사연이
있습니다."

　－무슨 사연인가요.

"손기정 선생이 국가에 자료를 헌납한 것은 좋은 뜻이었
습니다. 고 박 대통령도 "보물(寶物)로 관리하겠다."고 약속
을 했고요. 그런데 전시가 제대로 되지 않아 육영재단과 유
족 측 감정이 서서히 틀어질 즈음 손기정 옹이 타계하신 겁
니다. 유족 측은 금메달과 우승 상장을 선생의 영전(靈前)에
잠시라도 전시하고 싶어 했어요. 육영재단에서는 거부했습
니다."

　－왜 거부했을까요.

"특수 장치를 설치해서 파손될 위험이 있다는 핑계를 댔
지만 나중에 보니 특수 장치는 없었고요, 돌려받지 못할 것
을 걱정했던 모양입니다. 지금도 육영재단 전임(前任) 집행
부는 유품 반환을 반대하고 있습니다."

－그런데 왜 이번에는 돌려줬나요.

"육영재단 집행부가 새로 바뀌면서 논의가 급진전됐습니다. 돌려받는 날 약간의 언쟁이 있긴 했어요. 전임 집행부에서 강력하게 항의했습니다. 소송을 하겠다는 말도 들었고요."

－그분들은 왜 그리 반대할까요.

"저희는 그간 잘 보관해줘서 감사하다고 했지만 감정이 남다르겠지요."

－박근혜(朴槿惠) 의원은 이런 내용을 압니까.

"그분은 '잘됐다'고 했습니다."

▶ 버림받은 영웅

손기정기념관 설립 논의는 손기정의 삶 만큼이나 기구했다. 1970년대부터 수십 차례 이야기가 나왔지만 단 한 번도 실천된 적이 없다. 손기정 스스로 기념관 마련에 나섰다가 부도를 맞아 큰 경제적 손실을 보기도 했다고 한다.

2002년 그의 사후(死後)에도 이런저런 단체에서 기념관 설립을 추진하겠다는 말이 나왔다. 유족들은 '잘 되겠지'하고 기다렸지만 모두 흐지부지됐다. 그 이면에는 손기정을 향한 당시 정권의 부정적인 시각도 있었다.

－당시 정권의 '부정적인 시각'이라는 게 무슨 소립니까.

"좌파 세력들이 한때 손기정 선생을 친일파(親日派)처럼 몰려했지요. 일장기(日章旗)를 달고 올림픽에 참가했다, 일본으로부터 작위(爵位)를 받으려 했다는 등의 이야기인데 전부 틀린 말입니다."

－태극기를 달고 출전했어야 한다는 말이겠네요.

"베를린올림픽 마라톤에 출전할 당시 손기정 선생은 이미 세계기록을 보유하고 있었습니다. 그런데 일본은 일본선수 2명, 조선선수는 1명만 출전시키려 했어요. 그래서 손기정 선생이 남승룡(南承龍·베를린올림픽 마라톤 동메달) 선생과 꾀를 내 선발전에서 나란히 1·2위를 한 겁니다. 일본이 어쩔 수 없이 대표선수로 4명을 선발한 겁니다. 그들은 독일에 가서도 흉계를 꾸몄습니다.”

―무슨 흉계인가요.

“개막 며칠 전에 30㎞ 기록회를 열겠다고 했습니다. 한 번 달리면 몇 ㎏씩 체중이 감소하는 마라톤을 앞두고 기록회를 연다는 건 끝까지 조선선수들의 출전을 막으려던 겁니다. 리처드 만델의 저서 ‘나치올림픽’에 보면 이런 구절이 나옵니다. ‘손은 사실 한국인이었다. 그의 조국은 1910년에 일본에 합병당했으며 그가 국제적으로 이기는 방법이란 그 가슴에 증오의 상징인 일장기를 달고 뛰는 것이었다’는 부분입니다. 손 선생은 조선일보 김동진 동경지국장과의 전화 인터뷰에서도 이렇게 말합니다. ‘남형과 내가 이긴 것은 다행이오. 기쁘기도 기쁘나 실상은 웬일인지 가슴이 북받쳐 오르며 울음만이 나옵니다’라고요.”

―손기정의 자서전 ‘나의 조국 나의 마라톤’에도 여러 비화가 나옵니다만.

“손기정이 우승한 후 현지 일본대사관을 주축으로 성대한 행사를 준비했습니다. 그런데 선생이 잠적해 난리가 났었습니다. 선생은 당시 안봉근(安鳳根) 씨의 집에 초대를 받아 당시 올림픽에 출전했던 조선선수들과 시간을 보내고 있었습니다.”

―안봉근이 누군가요?

“안봉근은 안중근(安重根) 의사의 사촌동생으로 베를린에 살고 있었습니다. 선생은 그 집에서 난생처음 태극기를 봤다고 합니다. 지금 제가 보관하고 있는 이 앨범(올림픽 메달리스트 친필 사인집)을 보세요. 한글로 ‘손긔정’이라고 쓴 서명이 보이지요, 아마 친일파였다면 '기테이 손'이라고 쓰지 않았겠어요? 선생은 그 후에도 사비(私費)로 마라톤 꿈나무들을 육성했습니다."

─그렇습니까?

"자기 집에서 가마솥에 흰 쌀밥을 지으며 키운 선수들이 바로 서윤복(보스턴마라톤 우승), 함기용, 송길윤, 최윤칠(보스턴마라톤 1~3위)이지요."

─그런데도…… 그래 무슨 일이 일어났나요.

"기념관을 설립해주겠다는 이야기가 쏙 들어간 거지요. 그래서 '이대로는 안 되겠다' 싶어 손기정재단을 만든 겁니다. 2005년 6월입니다."

─재단에 손기정의 후손은 있나요.

"선생은 1남 1녀를 뒀습니다. 따님(손문영·孫文英·69)의 아들이 이준승 재단 사무총장으로 일하고 있고 아들(손정인·孫正寅·67)은 일본 요코하마에서 민단(民團) 간부로 일하고 있습니다."

─아들은 왜 일본에.

"한국에서 대학(중앙대)을 마치고 군대에 다녀온 후 공부하러 떠났는데 사연이 있습니다. 1970년대 초, 손 선생이 기념관 설립을 추진하다 부도를 맞은 후 학비를 못 보내줬는데 그만 일본에서 받은 장학금의 일부가 조총련 돈이었다는 게 드러나 정보기관에 붙들려가 고초를 겪었습니다. 나중에 오해로 밝혀졌지만요. 지금은 자주 한국에 옵니다."

─그런 과정을 거쳐 결국 영웅이 잊힌 거군요.

"참 이상한 게, 외국에서는 관심이 많아요. 할리우드에서 초상권을 사용해도 되겠느냐는 연락이 오기도 하고. 2006년에 일리노이대에서 손기정 선수를 연구한 박사학위 논문이 나왔는데 그게 현지인들의 관심을 끌었다고 합니다. 심지어 일본에서도 '손기정 선수 관련 영화를 만드는 데 협조해 달라'는 요청이 왔습니다."

—일본에서?

"작년 5~6월쯤에 국내 대리인을 내세워 요청이 왔습니다. 히로시마화성(化成)을 비롯한 4개 기업이 주축이 된 컨소시엄이었습니다. 히로시마화성은 아식스 운동화의 고무 밑창을 공급하는 회사라고 합니다. 물론 거절했지요."

▶ 안식(安息)을 향하여

손기정의 유품 가운데 가장 드라마틱한 절차를 거쳐 손기정의 품으로 돌아온 게 고대 그리스 청동 투구다. 이 투구는 독일 고고학자가 1875년 그리스 제우스 신전에서 발굴했다. 조사결과 기원전 6세기에 제작된 것으로 확인됐다.

손기정 투구는 그리스 브라드니 신문사가 베를린올림픽 마라톤 우승자에게 기증한 것이었다. 그런데 투구는 50년간 베를린 샤르텐부르크 박물관에 소장됐다. 국립중앙박물관으로 돌아온 것은 1986년이다. 현재 보물 904호다.

—우리 국민은 왜 무슨 일이 있으면 벌떼처럼 일어나다 잠시 시간이 지나면 까맣게 잊는 성격을 지녔을까요.

"허허."

—육영재단에서 손기정 유품을 돌려받았으면 한곳에 전시해야지 왜 이산(離散)가족 같은 신세로 놔두는 겁니까.

"손기정기념관 설립은 1970년대부터 수십 번 이야기가 나왔지만 단 한 번도 실전된 적이 없습니다. 이번에 국외에서 10억 원의 예산을 책정합니다. 내년에 부지를 마련하고 설계를 한 뒤 2011년 중반쯤에 기념관이 완공되면 일괄적으로 전시할 겁니다."

—그러다 도둑이라도 맞으면 어떻게…….

"참 그게 문젭니다. 그러니 절대 장소를 밝히지 말아주세요."

―국회가 참 일을 빨리도 합니다.

"(인터뷰 당일 국회는 노동법 개정안 때문에 엉망진창인 상황이었다.) 저도 국회의원이지만 국회에만 오면 다 엉망이 되잖아요. 그나마 올해 10억 원의 예산이라도 마련한 게 다행입니다. 하지만 이것으로 그쳐서는 안 되지요."

―또 무슨 계획이 있습니까.

"일본은 초등학교 교과서에 베를린올림픽 마라톤 우승자를 '자랑스러운 일본인이었다'고 기술하고 있습니다. 우리도 몇 년 전에 교과서 등재를 추진했어요. 모 출판사에서요."

―내용에 좌파적 성향이 많다는 논란을 빚은 출판사네요?

"무슨 이유인지 아직도 교과서에는 실리지 않고 있습니다."

―손기정 유품도 유품이지만 먼지 뒤집어쓴 동상도 충격적입니다.

"그렇지요. 2006년에 동상이 제작될 때만 해도 서울광장에서 전시됐고 부산의 한 택배(宅配)회사가 선박 편으로 무료로 베를린까지 운송해주겠다고 제의까지 해왔거든요."

―그런데 왜 그 꼴이 됐나요.

"손기정재단에서는 베를린 스타디움에 새겨진 '재팬'이라는 단어를 지우려고 부단히 노력했습니다. 하지만 문제가 복잡합니다. 당시 대한민국이라는 국체(國體)가 존재하지 않았기에 국제법이나 국제올림픽위원회(IOC) 규정상 수정할 수 없다는 겁니다. 그 대안으로 추진했던 게 스타디움 한구석에 작은 공원을 만들고 동상을 세우려 했던 건데 돈 때문에 무산됐지요."

―지난해 11월 15일 미국 뉴욕타임스에서 피겨 스케이터 김연아를 '손기정만큼이나 위대한 스포츠 선수'라고 칭찬한 보도를 본 적이 있습니다.

"저희는 손기정 유품을 국민들이 언제나 볼 수 있게 하고

교과서에 자랑스러운 역사를 기술해 자라나는 학생들이 알
수 있게 할 겁니다. 마라톤 중흥도 해야지요."
　-어떻게요?
　"이건 아직 잘 알려지지 않은 얘긴데, 얼마 전 은퇴한 이봉
주 선수를 손기정의 공식 후계자로 재단에서 의결할 계획입
니다. 손기정 이후 국민적 영웅인 그도 곡절을 겪었잖아요"
　-무슨 곡절입니까.
　"체육계에서 가장 영예로운 게 체육훈장 청룡장인데 이상
하게 이봉주만 받지 못했어요. 제가 국회에서 의원 100인
서명운동을 벌였습니다. 얼마 전 청룡장이 수여됐지요. 앞으
로 이봉주 선수는 위기에 놓인 한국 마라톤 중흥을 위해 돌
아가신 손기정 선생과 함께 뛸 겁니다."[66]

피처 아이디어의 개발

　피처 기사를 쓰기 위해서는 소재를 개발해야 한다. 아주 쉬운 방법
은 스포츠 면에 보도된 일상적인 기사의 여백을 더듬어 내는 일이다.
다소 흥분한 선수의 말이나 이긴 팀 코치의 행동, 경기나 대회의 밑바
닥에 흐르는 기류나 그것을 둘러싼 분위기, 보이지 않는 곳에서 일하
는 사람들이 모두 피처 기사의 소재로 떠오를 수 있다. 소재보다 중요
한 것은 기자의 안목과 솜씨이다. 주제를 발견해 내고 방법을 설정하
면 자연히 좋은 피처 기사를 쓸 수 있게 된다. 주제를 발견해 내는 힘
은 영감이나 호기심, 경험에서 나온다. 그러나 영감이란 분석이 대상이

---

66) 조선일보, 2010. 1. 9.

아니고 노력을 통해 향상시킬 수 있는 여지도 적다. 호기심은 무심한 시선에는 드러나지 않을 진실 또는 의외성의 가닥을 잡게 해준다. 그렇게 되면 기사의 관점과 핵심은 무엇이며 이것을 어떤 방법으로 전달할 것인가 등이 일목요연하게 결정된다. 뿌리줄기에 줄줄이 엮여 올라오듯 맛깔스런 기사가 완성될 것이다. 경험은 기자의 안내자 역할을 할 수 있다. 그리고 기자가 흥미롭게 다룬 소재는 독자에게도 흥미롭게 다가갈 것이다.

우리 주변에는 피처 기사의 소재들이 널려 있다. 스포츠 기자에게는 경기장과 그 주변, 구단 사무실, 선수들의 훈련장, 프로 스포츠 팀이 깃들인 지역 연고지, 그곳에 무수한 팬들 속에 피처 기사의 소재가 존재한다. 또한 스포츠 기자에게는 그들에게 정보를 제공하고 싶어 하는 인물들이 많다. 스스로 정보 제공자가 되려는 인물들이 그토록 많은 이유는 스포츠에서 정보의 제공은 범죄적 요소가 많지 않기 때문일지도 모른다. 스포츠 종사자나 스포츠를 좋아하는 사람들만이 지니는 호승심(好勝心)이 스포츠 미디어에 자신의 정보를 제공한 다음 나타나는 결과를 즐기거나 확인하려는 심리가 작용하는지도 모른다. 그뿐인가? 넘쳐나는 보도 자료, 다른 지역에서 간행된 신문이나 잡지도 스포츠 홍보 요원처럼 피처 아이디어를 제공한다. 위에 예로 들었던 스포츠 전문 매체가 사진을 위해 정리한 피처 기사의 소재들은 기자의 발랄한 사고가 창조해 낼 수 있는 수많은 피처 기사의 가능성을 짐작하게 해 준다.

❶ 특별한 곳을 찾아 돌아 다녀라
❷ 기념일 등 특별한 날 기록
❸ 도시와 그 이면의 생활들
❹ 행사, 이벤트에 대한 자료 수집
❺ 자신의 명함을 돌려 여러 사람의 정보원을 둬라
❻ 항목별 광고를 참조하라
❼ 존경하는 사진을 연상해서 찍어라, 모방→창조
❽ 낯선 장소에 가 보라
❾ '사랑'과 같은 낱말을 반영하는 예를 찾는다
❿ 웃음을 주는 사진
⓫ 벽화를 이용하라
⓬ 특수 전문직
⓭ 실루엣, 패턴, 그림자 이용
⓮ 항상 준비(다른 주제를 찍더라도 피처가 보이면 찍는다)
⓯ 어안렌즈 이용
⓰ 직업학교 학생들
⓱ 국가의 이야기, 경향
⓲ 에이즈, 게이
⓳ 사회 단체 자료 요청
⓴ 항상 피처를 개발하라

어안렌즈(魚眼lens)는 사진기에만 필요한 것이 아니라 사물과 현상을 대하는 기자의 마음속에도 필요하다. 기자는 주변을 낯선 풍경처럼 돌아보는 자세를 가질 필요가 있다. 늘 출입하는 경기장이나 구단 사무실을 불현듯 외국인 또는 나그네의 눈으로 관찰하려는 노력은 새로운

---

67) 엑스포츠뉴스, 2008. 8. 14.

기사를 쓸 수 있는 힘과 기회를 제공한다. 소수자(少數者)에 대한 관심은 언제나 필요하다. 필자는 2002~2003년 독일에서 연수할 때 레버쿠젠(Leverkusen)의 바이엘(Bayer; 바이엘이라고 쓰지만 발음은 '바이어'에 가깝다) 스포츠클럽에도 적을 두었는데, 거기서 경기장의 잔디를 관리하는 직원(Green Keeper)을 만나게 되었다. 분데스리가에 속한 레버쿠젠 축구 클럽(Bayer 04 Leverkusen)의 홈 경기장은 바이아레나(BayArena)이다. 구단 직원들은 이 경기장의 2층에 있는 클럽 레스토랑에서 점심식사를 했다. 잔디 관리자도 여기서 식사를 했는데, 당시 단장이던 라이너 칼문트(Reiner Calmund)와 같은 테이블에 앉아 허물없이 대화하는 모습은 인상적이었다. 이들을 통하여 그들이 자신들의 직업과 구단의 전통에 대해 지니는 자부심, 그리고 구단이 그들에게 부여하는 몇 가지 특전(예를 들면 무료 입장권. 이 입장권으로 그들의 가족이나 친지 또는 친구들을 경기장으로 초대할 수 있다)으로 인한 기쁨에 대해 알게 되었다. 이러한 경험은 그 자체로도 기사거리였을 뿐 아니라 귀국하여 취재 현장에 복귀했을 때 또 하나의 방대한 취재 영역을 갖게 하는 결과를 낳았다.

또한 특정 언론사의 스포츠 팀이 강하다면 편집회의 시간에 또는 에디터나 데스크와 기자의 대화를 통하여 많은 피처 아이디어를 생산할 수도 있다. 성공적인 피처 기사는 에디터의 머릿속에서도 구상된다. 에디터들은 젊은 기자들에 비해 경험과 지식이 풍부하므로 적절한 시점에 기사 아이디어를 제공할 수도 있다. 그러나 현실적으로 강력한 스포츠 취재팀을 보유했거나 보유하기를 원하는 언론사는 국내에 없는 것 같다. 많은 언론사에서 스포츠는 여전히 주력 취재 분야가 아니고 스포츠 취재팀이란 엔터테인먼트와 같은 얕은 흥밋거리를 제공하는 부수적인 조직일 뿐이다. 기자들의 근무 기간은 짧으며 이직률이 높고 따라서 연륜이 깊은 베테랑 기자의 노하우 따위는 찾아보기 어렵다. 심지어는 스포츠 취재 부서를 두지 않는 언론사까지 있다(그래도 '스포츠 면'은 있다).

피처기사의 작성

기사 아이디어는 정제(refinement) 과정을 거쳐야 한다. 기자가 취재한 자료에서 취해야 할 요소와 무시해도 좋을 요소를 가려내는 일이다. 그럼으로써 기자는 기사에 초점과 방향성을 부여하게 된다. 개리슨 (Garrison)은 기자가 기사 아이디어를 개발하는 데 요긴한 세 가지 과정 을 권하고 있다. 첫째 취재원의 목록 작성, 둘째 아이디어나 쓰고자 기 사의 주제 요약, 셋째 인터뷰 목록 작성이다. 한편 벤튼 레인 패터슨 (Benton Rain Patterson)[68]은 어떤 형태로든 피처 기사를 쓰는데 있어 성공 에 기초가 되는 세 가지 법칙을 제시하였다. 첫째 기사 속에 사람(인물) 을 넣어라, 둘째 이야기를 들려주어라,[69] 셋째 독자가 스스로 보고 듣 게 하라. 이 충고들 가운데 귀담아 들을 대목은 '인물'이다. 인물 기사 는 늘 힘이 있고, 대개의 경우 새롭게 느껴진다.

---

68) 벤튼 레인 패터슨은 전직 신문·잡지 기자이며 편집자이다. 〈New York Times〉와 〈Saturday Evening Post〉에서 활동하였다.

69) 스토리텔링(storytelling). 단어, 이미지, 소리를 통해 사건을 전달하는 것을 말한다. 스토리 또는 내러티브는 모든 문화권에서 엔터테인먼트, 교육의 수단, 문화 보존 및 도덕적 가치를 공유해 왔다. 이야기와 스토리텔링에는 줄거리(plot), 캐릭터, 그 리고 시점이 포함되어야 한다. ―위키백과사전

객석에는 무려 2만 7000명. 1루 쪽에서 그를 응시하는 관중만 얼추 1만 여명이다. 팬들 위로 솟구친 무대 위에서 그는 현란한 몸짓과 입담을 뽐낸다. 하지만 그는 "나는 주인공이 아니다."라고 말한다. 잠시의 머뭇거림도 없이, "그라운드로 향하는 팬들의 시선이 잠시 '머물다'가는 것일 뿐."이라고 자신을 규정지었다.

어떤 종류이든, 잔치에는 가무가 빠질 수 없다. 그리고 가을잔치에서 그를 통해 팬들의 목소리는 '함성'이 되고, 팬들의 몸짓은 '군무'를 이룬다. 그의 말대로 "잠시 머물다 가는 것 뿐인데……"도. '관중석의 지휘자' 두산 오종학(27) 응원단장을 플레이오프 4차전을 앞두고 만났다.

▶ 그라운드까지 울림 닿는 응원하고파

경기 시작까지는 4시간을 남겨두고 있었다. 하지만 그는 응원 장비를 점검하느라 여념이 없었다. 그의 일과는 보통 경기시작 5시간 전에 플레이 볼. "포스트시즌에는 팬들이 경기시작 3시간 전부터 입장하시거든요. 그 전에 단상을 세팅해야지요. 정돈된 상태에서 팬들을 맞아야 하니까요."

가을잔치에 더 큰 공력을 들이는 것은 선수들이나, 응원단이나 마찬가지다. 평소보다 2배 큰 음향을 만들기 위해 더 많은 장비들을 준비했다. 단상 근처와 3층 관중석 사이의 물리적 거리를 극복하기 위해, 잠실구장 지붕 아래 기둥에는 스피커도 새롭게 장착했다. 돌림노래의 걱정은 없다.

하지만 물량은 응원의 기본 조건일 뿐. 그의 응원은 하드웨어보다는 소프트웨어를 더 강조한다. "큰 음량만이 강조되고, 응원단장이 여흥만 넣는 것이라면 그건 나이트클럽 DJ와 다를 게 없다고 생각해요. 제가 꿈꾸는 응원은 팬 분들이 제 마이크가 되어주시는 거예요. 제 육성을 바로 앞에 계신 분들이 따라해 주시고 옆에 분, 또 그 옆에 분에게 전달이 되는 거죠……. 그래서 도미노처럼 서서히 하나의 목소리가 된다면……."

바로 전날이었다. 플레이오프 3차전 두산이 2 : 4로 뒤진 3회말 공격 1사1·3루. 유격수 앞 병살타로 물러난 김현수는 한동안 그라운드에 주저앉아 일어서지 못하고 있었다. 공수교대의 순간. 단상 위로 올라오던 치어리더들을 오 단장이 막아섰다. "얼마나 마음고생이 심했으면……. 저도 감정이 북받치더라고요." 어떤 화려한 응원의 문구도 필요가 없었다. 주먹을 불끈 쥔 그는 이렇게 외쳤다. "김!현!수!, 김!현!수!" 격려의 물감은 서서히 번져갔다. 그가 그리던 도미노…… 그리고 그 빛깔은 더 진해졌다. 모든 두산팬들이 덕아웃으로 향하는 김현수의 머리를 쓰다듬었다.

응원단장이 관중과 호흡하는 것은 당연한 것이다. 그가 꿈꾸는 응원은 '이렇게' 팬들의 간절함이 그라운드에 닿는 것이다.

▶ 이젠 응원단이 선수들에게 돌릴 차례

시즌 전 66kg이던 체중은 5kg 이상 줄었다. 포스트시즌 한 경기의 체력소모는 선수 뿐 아니라 응원단장에게도 페넌트레이스의 배다. 그의 입술은 부르터 있었다. 식사도 제대로 못할 정도로……. "병원에 갔더니 스트레스성으로 수포가 생기는 거래요. 그래도 선수들에 비하면 아무 것도 아니죠. 좋은 경기만 한다면 이런 게 문제겠어요?"

전통적으로 점잖은 두산팬들이 응원대열에 합류할 때마다 그는 아픔도 잊는다. 이기고 있을 때는 누구나 보내는 박수. 하지만 경기 내내 팔짱을 끼던 팬이 패배한 선수들에게 기립박수를 보낼 때, 그리고 선수들에게 "수고했다."는 말을

건넬 때, 그는 "마치 내게 하시는 말씀인 것처럼 기분이 좋
다."고 했다.

　이제 그가 꾸는 가을 꿈은 단 하나다. "포스트시즌을 시작
하기 전날이었어요. 잠실에서 우리 팀이 우승을 하더라고요.
저는 마지막 순간, 단상에서 기절을 했어요. 깨어나 보니 꿈
이더라고요……." 응원단장 3년차. 2년 연속 SK에 발목을
잡힌 그의 한은 잠을 자는 동안에도 꿈틀거린다.

　늦은 밤, 조명이 꺼진 야구장. 장비 정리를 마친 오 단장
은 홀로 30분 간 그라운드를 바라보며 하루를 마감한다. '내
가 무엇을 잘하고, 또 무엇이 부족했는지'를 따지는 반성의
시간이다.

　"선수들이 준PO에서 리버스 스윕을 했잖아요. 저도, 그리
고 팬들도 이제 자신감을 얻은 것 같아요. 지금의 우리 선수
들처럼 열심히 했던 응원단장으로 기억되고 싶습니다." 가
을잔치에서 선수들이 팬과 응원단에 전한 메시지. "이제는
다시 팬들이 기운을 줄 차례."라며 오 단장은 발걸음을 재촉
했다.70)

　스포츠 피처 기사도 보통의 기사를 작성할 때와 마찬가지로 여러 가
지 머리글과 구성 방식을 활용한다. 가장 보편적인 머리글은 요약일
터이나 이 방식이 모든 경우에 효과적인 것은 아니다. 기사의 시작은
인용문이나 인터뷰 대상자의 말일 수도 있다. 때로는 "허스트가 슛한
공은 골라인을 넘었는가, 넘지 못했는가?"라는 식의 직설 화법으로 문
제의 핵심을 찌르고 들어갈 수도 있다. 어찌됐든 머리글은 단숨에 독

---

70) 동아일보, 2010. 10. 12.

자의 눈길을 사로잡는 힘이 있어야 한다. 신문을 예로 들면, 지면 위에 배치된 모든 기사는 서로 조화를 이루기보다는 숙명적으로 경쟁한다. 이 경쟁에서 이겨 독자의 뇌리에 각인되기 위해서는 남다른 노력이 필요하다.

모든 피처 기사의 머리글이 모든 정보를 몇 개의 문장에 함축해야 하는 것은 아니다. 육하원칙을 엄격하게 지켜야 한다는 제한도 없다. 기사가 말하려는 모든 정보는 결국 독자에게 전달되어야 하지만 '가분수 기사'에 집착할 필요는 없다는 뜻이다. 물론 많은 피처 기사들은 뉴스 스타일과 역 피라미드식 구성에 의존해 쓰인다. 사건을 발생일자 및 시간 순서로 기술하는 발생 순서 나열 방식도 사용된다. 드물기는 하지만 미국 스포츠 기자 중에는 서스펜스(suspense) 구성을 사용하는 기자도 있는데 이는 결과를 계속 숨기고 있다가 맨 나중에 밝힘으로써 독자들을 깜짝 놀라게 하는 방법이다.71) 이렇듯 피처 기사를 쓸 때는 칼럼을 쓸 때보다 더 많은 자유가 보장된다. 기자는 자유로운 형식(Free Style)으로 기사를 작성할 수 있다. 이 사실은 곧 기사가 단숨에 독자에게 어필하도록 해주는 흥미롭고 창조적인 머리글의 가능성과 필요성을 의미한다. 물론 머리글은 중요하지만 탄탄한 구성도 잊어서는 안 된다. 그렇기 때문에 쓰고자 하는 기사의 요점정리를 해둘 필요는 없더라도 기사의 흐름과 결말을 항상 머릿속에 넣고 있어야 한다. 형식에 구애받지 않는다는 말은 기자에게 단지 신나는 해방의 공간만을 허용하지 않는다.

71) 방열, 2001, 71면.

야, 그거 기사 되겠다

좋은 아이디어가 떠올랐을 때, 또는 취재원으로부터 새로운 정보를 입수했을 때 기자들은 입버릇처럼 "야, 그거 기사 되겠다."라고 말한다. 그런데 몇몇 기사거리는 기자의 뇌리에 와 박히는 순간 그 형태와 작성 방향이 정해진다. 신문에 게재되는 피처 기사의 형식은 비교적 간단한데, 그 이유는 지면이 한정돼 있는데다 기자들도 긴 호흡의 기사에 적응돼 있지 않기 때문이다. 단순한 기사라고 해서 열등한 기사라고 볼 수는 없다. 어떤 기자들은 형식적인 머리글을 쓰는 대신 주제가 되는 상황이나 사실을 설명한 다음 세부적인 내용을 기술해 나간다. 이러한 피처 기사는 흔히 케이스 스터디(case study)로 시작되는데, 특정한 팀이나 선수에 대한 기술을 상세히 한 다음 리그나 스포츠 자체에 대한 일반적인 기술로 이어진다. 이러한 방식으로 쓴 기사들은 독자가 주제를 이해하기 쉽게 돼 있어야 한다. 문답 형식으로 쓰는 경우도 많은데, 문답 형식은 잘못 사용하면 무성의하고 무의미한 기사가 될 수도 있다. 기자들은 가끔 정교한 구성과 잘 분석된 팩트에 의해 기사를 쓰는 대신 일문일답으로 취재 대상이 말한 정보를 독자에게 옮기는 것으로 손을 털 때가 있다. 이럴 경우 멋진 피처물이 될 수 있었던 기사가 조금도 재미없고 정보도 빈곤하여 지면만 아까운 Q&A 기사로 전락할 위험이 있다. 물론 정말 잘 쓴 일문일답 기사는 평면적인 서술보다 생생한 현장감과 충실한 정보, 그리고 기사를 읽는 즐거움을 독자들에게 제공할 수 있다. 다음은 스트레이트와 인터뷰를 버무려 피처 스타일로 쓴 기사다. 2010년 현재 국내 스포츠 기자들이 비교적 긴 호흡으로 쓰는 기사들은 대개 이런 형태다. 뒷부분의 일문일답은 예문과 같이 풀어 쓰지 않고 질문(-)과 답변("")으로 처리하는 경우가 대부분이다.

신지애(21·미래에셋)는 골프장을 떠나 한국식당으로 향하는 차 속에서 꾹 참았던 눈물을 터뜨렸다. 멍하니 차창 밖을 쳐다보며 연방 코를 훌쩍거렸다. "골프 때문에 울어본 건 중학교 1학년 때 85타를 쳐서 예선 탈락한 뒤 오늘이 두 번째예요." 그토록 꿈꿔온 순간이 바로 눈앞에서 사라졌다는 아쉬움은 크기만 했다. 누구를 탓할 수도 없었다. 눈이 벌겋게 충혈된 채 한숨만 지었다. 신지애가 딱 1점이 모자라 미국여자프로골프(LPGA)투어 올해의 선수상을 품에 안는 데 실패했다.

24일 미국 텍사스 주 휴스턴의 휴스터니안GC(파72)에서 끝난 투어챔피언십 최종 3라운드. 1타를 까먹은 신지애는 공동 8위(6언더파 210타)에 머물며 올해의 선수 포인트에서 3점을 보태는 데 그쳤다. 반면 로레나 오초아(28·멕시코)는 이날만 5타를 줄이며 11언더파 205타로 단독 2위를 차지해 12점을 추가했다.

이로써 신지애는 올해의 선수 최종 포인트에서 이번 대회 직전까지 8점이 뒤졌던 오초아에게 159 : 160으로 역전을 허용했다. 1978년 낸시 로페즈(미국) 이후 31년 만에 올해의 선수와 신인상, 상금왕을 석권하려던 야망은 깨졌다. 퍼트 수가 35개까지 치솟으면서 7차례의 버디 기회를 못 살린 게 패인이었다. 처음으로 경기 후 취재진의 인터뷰 요청까지 거절할 만큼 실망은 컸다.

비록 대기록에 마침표를 찍지는 못했어도 신지애의 올 시즌 활약은 눈부셨다. 독주 끝에 평생 한 번뿐인 신인상을 차지했다. 최연소이자 한국인 선수 최초로 상금왕에 올랐다. 시즌 3승으로 오초아와 다승 공동 1위를 지켰다.

그래서인지 저녁식사를 마친 뒤 전화기 너머로 들려오는 신지애의 목소리는 다시 평소처럼 밝기만 했다. "대회 때 식이요법 탓에 못 먹은 고기를 오늘 실컷 먹었어요. 잘 먹어야 힘을 내죠. 잘한 건 오래 기억해도 못한 건 바로 까먹는 스타일이에요, 호호."

신지애는 시즌 개막전인 2월 SBS오픈에서도 퍼트 난조에 허덕이며 예선 탈락했다. 당시 그는 "3년 동안 너무 잘돼 자만한 것 같다."고 말했다.

실패를 쓴 약으로 받아들인 그는 낯선 코스와 비거리의 한계를 극복하며 승승장구했다. 올 시즌 그의 평균 드라이버샷 비거리는 246.8야드로 98위였다. 국내 코스와 달리 깊고 질긴 러프를 피하려고 철저하게 페어웨이를 지키는 전략을 쓰다 보니 거리가 더 줄었다. 시즌 후반 들어서는 체력 저하에 허덕였다. 대신 긴 파4홀 공략을 위한 우드 샷의 정확성이 높아진 게 소득이었다. 데뷔 무대를 화려하게 장식한 신지애는 벌써부터 내년을 대비하고 있다. 새해 1월 4월 호주 골드코스트로 떠나 비거리 향상을 위해 근력 강화 위주의 강도 높은 훈련에 나선다.

한편 다음 주 결혼하는 오초아는 4년 연속 올해의 선수상을 받으며 베어트로피(최저 타수 1위)도 차지했다.

▶ 일문일답

풀 죽은 모습을 떠올린 건 괜한 고민이었다. 신지애는 몇 시간 전의 일은 바로 지워버린 듯 목소리가 생기에 넘쳤다.

"물론 속도 상하죠 내 힘으로 안 되는 건가 싶기도 하고요.

하지만 오히려 다행이라고 생각해요. 다른 목표가 생겼잖아요.”

신지애는 올 시즌 미국 무대에 본격 진출하면서 ‘1승과 신인상’을 우선 과제로 삼았다. 결국 시즌 3승에 상금왕까지 차지했으니 초과 달성이라는 게 그의 얘기.

‘하느님이 한꺼번에 다 주는 건 아닌가 보다’라고 묻자 신지애는 “역시 최고의 자리는 쉽게 얻어지지 않는다. 그래도 지난 1년을 돌아보면 정말 멋졌다.”고 만족스러워했다. 그는 또 “1점 차든, 100점 차든 중요한 건 졌다는 사실이다. 아직은 세계 1위도 아니고 더 높은 곳에 오르기 위해 안주하기보다는 부족한 부분을 채워야 한다는 사실을 깨달았다.”고 덧붙였다.

뼈아픈 보기를 한 17번홀(파3) 상황도 궁금했다. 신지애는 “앞 조의 로레나 오초아가 왼쪽 벙커에 빠뜨리는 걸 봤다. 핀을 직접 안 보고 훅 바람을 의식해 오른쪽을 더 보고 쳤다. 운이 따르지 않았다.”며 아쉬워했다. 17, 18번홀을 파로 마무리했더라도 올해의 선수가 될 수 있었던 그는 “리더보드를 계속 봤기 때문에 오초아의 상황도 잘 알고 있었다. 무조건 들어갈 것 같은 퍼트가 자주 빠지면서 답답했다. 막판 2개 홀에서는 긴장이 됐던 게 사실.”이라고 털어놓았다.[72]

사이드 바(sidebar)로서의 피처

사이드 바는 신문의 다른 난과 마찬가지로 스포츠 면에서도 한 페이지 또는 계속되는 다음 페이지에서 직접적 뉴스기사의 위나 아래, 혹은 옆에 게재된다. 사이드 바는 주요 기사와 관련한 추가정보를 제공하는

---

72) 동아일보, 2009. 11. 25.

역할을 한다. 스포츠 경기를 보도할 주요 기사는 경기 결과와 내용을 다루게 되지만 몇 개의 사이드 바를 통해 빛나는 플레이를 한 선수나 그의 플레이 자체, 코치들의 평가와 관중의 반응 등을 덧붙여 소개할 수 있다. 사이드 바를 통해 소화할 수 있는 기사의 범위는 매우 넓으며 기자들은 대부분 피처 기사를 쓰는 방식으로 사이드 바를 다룬다.

"마지막이라 욕심이 난다."

현역 은퇴를 앞둔 김재현(35ㆍSK)의 마지막 한국시리즈에 대한 각오가 남달랐다. 김재현은 15일 인천 문학구장에서 열린 삼성과의 한국시리즈 1차전을 앞두고 취재진을 만나 "어제 처음으로 잘 잤다."며 "아무래도 마지막 한국시리즈라 그랬나 보다."고 웃었다.

알려진 대로 김재현은 이번 한국시리즈를 마지막으로 은퇴한다. 지난 1994년 LG에 입단한 이후 17년 만이다. 때문에 이번 시리즈를 맞는 각오도 남달랐다. 김재현은 "이번 시리즈에서 확 잘해서 깨끗하게 떠나고 싶다."고 강조했다.

지난 해 한국시리즈에서 타율 0.111(9타수 1안타)로 부진했던 김재현은 "지난 한국시리즈에서는 허리 부상 때문에 내 몫을 못했다"며 "지난 해 아쉬움을 교훈 삼아 많은 준비를 했다. 마지막이라 더 욕심이 난다."고 각오를 다졌다.

팀내 주장을 맡고 있는 김재현은 함께 동고동락한 선수들에게도 감사의 말을 전했다. 김재현은 "올해는 특별히 군기를 잡거나 하지 않았다. 선수들이 그 만큼 잘 따라 와줬기 때문이다."면서 "솔직히 우리 감독님 밑에서는 선수 생활하기가 힘든 것이 사실인데 선수들이 잘 참고 견뎌 줬다."고 전했다.

　　위의 기사는 2010년 10월 15일 인천 문학야구경기장에서 열린 프로
야구 한국시리즈를 앞두고 SK의 김재현 선수를 인터뷰한 기사이다. 물
론 기자는 이날 열린 삼성과 SK의 경기 상보를 송고하였다. 위의 기사
는 경기 내용이나 결과와는 직접적인 관계가 없다. 이번 한국시리즈를
끝으로 현역에서 은퇴하는 김재현 선수의 특별한 감정을 인터뷰를 통
해 독자에게 전달하고 있을 뿐이다. 그러나 이 기사는 한국시리즈의
들뜬 분위기 속에서 은퇴를 앞둔 베테랑 선수가 보여주는 태도를 소개
함으로써 한국시리즈 이면에 숨은 또 하나의 극적 요소를 발굴해냈다.
스타 반열에 있는 베테랑 선수가 마지막 운운하며 인터뷰한 기사는 경
기를 대하는 독자들의 정서를 고양한다. 그리하여 독자는 더 강한 집
중력으로 대회와 경기 관련 기사를 접하게 된다. 잘 쓴 기사는 독자의
감정이입까지 가능하게 한다.

---

73) 뉴시스, 2010. 10. 15.

색채기사(color story)

특정 주제에 초점을 맞추고 그와 관련된 세부사항에 대해 상세히 기술하는 형식이다. 이 세부사항들은 다른 기사와 관련하여 선명하게 분위기를 부각시키는 기능을 한다. 그런 이유 때문에 색채기사는 사이드바로 자주 이용된다. 색채기사를 쓰는 특별한 규칙은 없다. 특정 사건이나 이슈에 초점을 맞추는 경우가 일반적이지만 늘 그런 것도 아니다. 스포츠 경기의 치어리더의 잘 알려지지 않은 개인 스토리나 중요한 경기를 관전한 스포츠팬의 이야기일 수도 있다.

프로야구는 이제 600만 관중 시대를 눈앞에 두고 있다. 아버지·어머니의 손을 꼭 잡은 어린이 팬, 다정하게 팔짱을 낀 연인들, 회사동료들과 어깨동무를 한 팬들까지. 이제 8개 구단의 어느 홈구장에서 손쉽게 다양해진 팬 층을 확인할 수 있다. 더 이상 우리만의 프로야구도 아니다. 한국에 거주하는 외국인들도 한국프로야구의 매력 속으로 빠져 들고 있다. 세계각지에서 날아와 한국을 제2의 고향으로 생활하고 있는 이들. 외국인들은 과연 무슨 이유로 한국야구를 사랑할까? 그리고 그들이 보는 한국야구는 어떤 빛깔일까? 30일 롯데와 두산의 준플레이오프(PO) 2차전이 열린 잠실구장에서 외국인 팬들을 만나봤다.

맨유 광팬, '싸움 잦은 프리미어리그 비해 한국 야구장은 평화로워'

영국 맨체스터가 고향인 사이먼 그린 씨는 전형적인 '홈타운 보이'다. 맨체스터 유나이티드(맨유)라면 '인생을 거는'

그 지역 축구팬 중 하나. 영국에서 축구에 대한 인기와 관심
도는 상상을 초월한다. 일국 일간지 더 타임스에 따르면, 영
국 축구팬 중 10%가 자신의 팀을 응원하기 위해 취직이나
이직을 포기한 적이 있을 정도다.

팬들은 뜨겁다 못해 광적인 것으로 소문이 나 있다. 월드컵
시즌만 되면, 경계의 대상인 '훌리건'의 원조도 영국이다. 그럼
에도 불구하고, 그린 씨는 "솔직히 한국 팬들 모습에 반했다.
그들의 열정적인 응원 모습에 감명 받았다. 맨유 팬들의 응원
은 한국프로야구 팬들에 비하면 아무 것도 아니다."라고 잘라
말한다.

가장 큰 차이는 응원 분위기다. 그린 씨는 "프리미어리그
경기는 남자들이 전부다. 여성 팬들은 거의 찾아 볼 수 없
다. 하지만 한국프로야구 팬들은 다양하다. 가족적인 분위
기, 그리고 예쁜 여성 팬들이 너무 많다. 그래서 그런지 싸
움도 별로 나지도 않고 편하게 즐길 수 있는 분위기다."라며
웃었다.

축구종가에서 날아 온 야구팬, '야구매력 빠져 아직도 야구 배워요.'

사실 축구에 대한 영국인들의 사랑은 '배타적'이다. 이탈
리아, 스페인, 독일 등 유럽의 축구강호들과는 또 다르다.
이들 나라들이 농구와 같은 다른 구기종목에서도 국제경쟁
력을 갖춘 반면, 영국은 오로지 축구 하나에 '올인'한다. 영
국 글로스터 출신의 데이미언 윌시 씨도 "나도 솔직히 한국
에 오기 전까지 야구에 별 관심이 없었다."고 고백한다.

그럼에도 그의 발길을 야구장으로 돌리게 하는 것은 '일
사불란한 응원문화'다. 윌시 씨는 "우연히 야구장을 찾았다
가 현장에서 느껴지는 에너지에 반했다. 이곳에서 마음껏
소리 지르며 응원하면 스트레스가 다 풀린다. 물론 치어리

더 언니(sister)들을 따라하는 것도 또 다른 재미거리 중 하나다."라고 했다.

프리미어리그에서도 팀별·선수별 응원가 등은 있지만, 서포터스의 자발적인 응원형태가 주류. 반면, 한국프로야구는 조직적인 응원으로 효과를 극대화 시킨다. 하지만 응원만으로 야구의 매력을 다 알 수는 없다. 복잡한 야구규칙은 여전히 공부대상. 월시 씨는 "아직도 야구를 배우고 있다."고 했다.

한국에 온 메이저리그 팬 '나는 정확도와 파워를 겸비한 김현수가 좋다'

외국인 팬 중에는 '야구 초보'만 있는 것이 아니다. 야구의 본고장에서 온 '고수'들도 눈에 띈다.

미국 노스 다코타 출신인 마이크 라인하트 씨는 "미국에서도 메이저리그 경기장을 자주 찾았다."고 했다. 하지만 "양국의 야구장 분위기는 확실히 다르다."고 설명한다.

야구는 '풀림과 조임'이 있는 경기다. 때로는 박진감이 떨어진다는 얘기도 듣는다. 그러나 라인하트 씨는 "야구가 조금 느리게 느껴질 수 있다고 생각했지만, 한국야구는 다르다."고 말한다. 플레이오프라는 특수성도 있지만, 매 순간 짧게 잘라서 승부를 거는 문화를 얘기하는 듯 했다. 그는 "여기는 쉴 틈이 없다. 긴장감을 항상 느낄 수 있는 경기들이 아주 매력적이다. 순간을 놓치지 않기 위해 꽤 집중하면서 경기를 봐야 하는 것 같다."고 덧붙였다.

수준 높은 경기를 많이 본 까닭에 선수를 보는 눈도 남다르다. 라인하트 씨는 "김현수를 (한국선수 중) 가장 좋아한다."고 했다. "안타도 잘 치는 것 같고 파워도 겸비한 선수인 것 같다."는 것이 이유다. 하지만 준PO 1·2차전에서는 부진했던 김현수. 두산 골수팬뿐만 아니라, 외국인 팬까지도 그의 부활을 기대하고 있다.[74]

인물 소개기사(personality profiles)

인물 소개 기사는 뉴스에 소개된 특정인을 주로 다룬다. 뛰어난 성적을 거둔 특정인의 성공담이나 실패담도 소재가 된다. 인물 소개 기사는 전통적으로 대상인물의 평소 생활을 주제와 연계시키는 일화들을 담는다. 난생 처음 우승을 한 선수나 감독, 은퇴를 앞둔 선수나 심판, 부상을 당한 스타의 이야기도 소재가 된다. 이런 기사는 사실 전형적인 피처 기사에 속한다고 볼 수도 있다.

가문의 영광일까, 아니면 얄궂은 운명일까. 프로야구 29년 역사상 처음으로 형제 선수가 한국시리즈에서 만났다. 두살 터울인 형 조동화(에스케이)와 동생 조동찬(삼성) 형제가 그 주인공.

공교롭게도 둘 모두 이미 챔피언 반지를 2개씩 끼었다. 이번에 웃는 이가 한발 앞서 나가는 셈. 동생 조동찬은 2004년부터 삼성의 주전 내야수로 활약하며 2005년과 2006년 한국시리즈 우승을 차지했다. 형 조동화도 2007년부터 2009년까지 3년 연속 한국시리즈에 나서 2007년과 2008년 팀의 우승에 힘을 보탰다.

올해 정규리그에서도 둘은 알토란 같은 활약을 했다. 조동화는 올해 115경기에 출진해 타율 0.244에 홈런 3개 다점 27개 도루 15개를 기록했다. 주로 백업멤버로 활약했지만 기회에 강한 모습을 보였다. 올 시즌 결승타 3개 가운데 2개가 9회 끝내기였다. 조동찬도 올해 부상 후유증을 털고 말끔히

---

74) 동아일보, 2010. 10. 2.

부활에 성공했다. 95경기에 나와 97안타(타율 0.292) 홈런 9
개 도루 33개의 활약을 펼쳤다.

둘은 가을 잔치에 강하다는 공통점도 지녔다. '가을동화'
라는 별명에 걸맞게 조동화는 3차례 한국시리즈에서 42타수
12안타(타율 0.286) 홈런 3개 타점 8개를 기록하며 훨훨 날
았다. 결정적인 외야 호수비도 여러 차례 보여줘 팀 우승의
주역으로 손색없는 활약을 펼쳤다. 조동찬도 3차례 한국시
리즈에서 69타수 24안타(타율 0.304)에 홈런 1개 타점 9개로
맹활약했다.

조동화는 "동생은 아시아경기대회에서 금메달을 목에 걸
고, 나는 한국시리즈 우승 반지를 끼면 공평하지 않으냐."며
"적으로 만났지만, 동생과 함께 이렇게 큰 무대에 설 수 있
다는 사실만으로 감사한다."고 말했다. 조동찬은 "어려서부
터 형의 도움을 많이 받았다. 끝까지 온 만큼 둘 모두 멋진
활약으로 후회가 남지 않는 승부를 펼쳤으면 좋겠다."고 말
했다.[75)

세간의 관심사(human interact story)

사람과 관련해 독자들을 심사숙고하도록 유도하는 기사도 있다. 이
기사는 인물소개 기사와 같은 것일 수도 있으나 독자에게 감동을 준다.
이 기사는 특수한 배경을 전제로 하기 때문에 흔한 일상적 피처 기사
와는 다르다. 기사는 독자가 주제를 파악할 수 있도록 단순하게 쓰는
것이 좋다. 복잡한 구성은 독자를 혼란스럽게 하기 쉽다. 장애인 선수

---

75) 한겨레, 2010. 10. 15.

의 분투, 승리를 위해 감수해야 했던 힘든 훈련, 유망한 선수를 경기에 출전시키기 위해 행해진 지역 사회의 노력 등은 좋은 소재가 될 것이다. 이 부문의 잘 쓴 기사는 독자를 빨아들이는 힘이 매우 강하다. 키 포인트는 인간적 요소인데, 좋은 피처 기사 가운데는 비상한 경험이나 특정 인물의 고난 극복 과정 또는 지역이나 국가적인 쟁점이 되는 문제들을 다룬 예가 많다.

"장애와 싸우는 것보다 훈련장, 장비 등 운동여건을 극복하는 것이 훨씬 힘들었습니다."

20일밤 남자육상 휠체어레이스 400m 경기에서 한국대표단에 3번째 금메달을 선사한 문정훈(文正訓·20) 선수는 결승선을 1위로 통과하고 나서 눈물을 글썽였다.

지난 88년 서울대회 이래 12년 만에 휠체어레이스에서의 메달 획득이라는 감격과 기쁨도 컸지만 훈련할 장소가 없어 애먹고 생계 문제로 고통을 겪었던 그동안의 설움이 한꺼번에 터져나온 것.

지체장애 1급(소아마비)으로 고교시절 고향인 제주에서 선배를 따라 운동을 시작한 문선수는 지난 98년 삼육기술전문학교에서 직업훈련을 이수한 어엿한 금은세공 기술자이기도 하다.

하지만 이번 대회에 태극마크를 달기 위해 지난 6월 어렵게 구한 직장을 한달만에 포기해야 했다. 영세한 금은세공 회사에서 몇달간 자리를 비운다는 것 자체가 있을 수 없는 일이었기 때문이다.

더욱이 포천군이 경기장을 제공한 8월까지는 육상팀 합숙훈련이 이뤄지지 않았고 직장생활 때문에 서울에 혼자 머

물고 있는 그로서는 2달가량 먹고 자는 문제의 해결도 쉬운
일이 아니었다.

또 그 기간엔 훈련장이 없었던 만큼 장애인의 경우 자칫
물에 빠지는 위험한 상황까지 감수해야 하는 한강 둔치 자
전거 전용도로 등에서 홀로 연습에 나서야만 했다.

문선수는 "직장생활을 할 때는 밤에 운동을 하다가 승용차
와 접촉사고가 난 적도 몇 번 있다."며 "비록 3년 된 휠체어
이기는 하지만 고가의 소중한 장비여서 몸으로 막곤 했다."
고 털어놨다.

지난해 방콕 아·태장애인경기대회에서 3관왕을 차지했
으나 한국에서는 부모조차 몰랐던 사실을 기억하는 그는 교
민과 참관인 등 불과 10여명의 응원에 "이번 대회에서는 응
원단의 환호가 정말 큰 힘이 됐다."며 감격스러워해 주위를
안타깝게 했다.[76]

피처 형 예고 기사(advance)

스포츠 보도 가운데는 앞으로 열릴 중요한 경기에 대한 예고 기사가
많다. 이들 예고 기사가 반드시 피처 기사일 필요는 없다. 보통의 예고
기사는 대체로 길이가 짧고 누가, 무엇을, 어디서, 언제, 어떻게, 왜 등
육하원칙을 준수한다. 이런 기사의 형식은 대부분의 경우 역 피라미드
형식이다. 독자들에게 가장 중요한 사항을 먼저 알리고 나머지 소소한
정보를 중요도 순서에 따라 나열한다. 피처 형식으로 작성된 예고 기
사는 경기에 대한 관심을 고조시킨다. 기사를 읽은 독자는 앞으로 열

---

76) 연합뉴스, 2000. 10. 21.

릴 경기에 대해 강한 궁금증을 가지게 되며 속보에 높은 관심을 보인다. 그러므로 피처 형식의 예고 기사는 일반적인 예고 기사보다 더 많은 정보를 담고 있어야 한다. 기본적 사항 뿐 아니라 그 경기가 갖는 특수성이나 각 팀의 전력, 부상 선수의 상태, 코치 등에 관한 정보를 피처 기사의 양식에 의해 전달할 필요가 있다.

'기교파 투수' 기아와 '슬러거' 현대.

아직까지는 투수가 2개의 멋진 변화구로 타자를 압도하고 있지만 일발 장타는 여전히 두렵다. 4, 5일 부산에서 벌어질 97~98프로농구 챔피언결정전 3, 4차전을 앞둔 두 팀의 형국이다.

2승을 먼저 빼낸 기아가 유리하긴 하지만 역전의 가능성은 상존한다. 만약 역전이 이뤄진다면 한순간일 것이다.

1, 2차전에서 기아는 예상 밖의 괴력을 발휘했고 모든 전술을 멋지게 적중시켰다. 그러나 현대는 기아의 페이스에 말리면서도 두 번 모두 박빙의 승부를 벌여 저력을 입증했다.

두 팀의 컬러는 분명히 구분된다. 현대는 골밑, 기아는 외곽이 강하다. 1, 2차전에서 기아는 현대 골밑을 견제하고 외곽에서 싸웠다. 허재가 거둔 국지전에서의 승리가 2승을 가능케 했다.

현대는 골밑의 우위를 포기하려 하지 않을 것이다. 현대의 제이 웹-조니 맥도웰은 1, 2차전에서 잠재력을 절반도 발휘하지 못했다. 그러나 이 휴화산이 폭발하면 기아로서도버텨내기 어렵다.

기아는 여전히 골밑을 굳게 지키면서 허재·강동희·김영만의 외곽 공격으로 현대의 빈곳을 노릴 전망이다. 1, 2차

전의 히어로 허재의 상승세, 노장 김유택의 분발은 엄청난
플러스 요인이다.

그러나 3, 4차전에서 기아는 처음으로 '피로'라는 장벽에
부닥칠 것이다. 이틀 연속 치러지는 경기 가운데 첫판을 놓
치면 2연패할 가능성도 충분하다. 기아 입장에서는 이제야
말로 노련미가 필요한 시점이다.[77]

이제 현대가 이긴다
그래도 우승은 기아가 한다

농구팬들끼리 다투고 전문가들조차도 '우승팀 맞히기'를
내기 삼아 하고 있다. 2승씩을 주고받으며 장기전에 돌입한
프로농구 챔피언결정전 향방 때문이다.

응원팀에 대한 호불호가 분명하긴 해도 쌍방 간에 공통적
인 견해도 있다. 현대가 우승하려면 6차전서 끝내야하고 기
아로선 7차전까지 끌고 가야 유리하다는 전망이 그것이다.
이는 현대의 기세와 기아의 노련미에 초점을 맞춘 가설로
상당한 설득력을 얻고 있다.

현대 대망론을 펴는 쪽은 현대가 2연패 후 2연승하며 주
도권을 잡았기에 기아가 정신을 차리기 전에 몰아붙여 속전
속결을 노려야 한다고 주장한다. 7차전까지 가면 기아의 노
련미와 집중력에 말려 고전할 가능성이 크다는 것이다.

반면 기아 2연패를 믿는 쪽은 기아가 일단 5, 6차전 중 1
승을 낚아 한숨을 돌린다면 7차전은 큰 승부에 익숙한 기아
쪽에 승산이 많다는 논리를 편다. 그렇다면 일단 7일 열릴 5
차전이 승부의 분수령이 된다.

[77] 중앙일보, 1998. 4. 3.

현대는 5차전을 잡으면 6차전서 끝낼 수 있다고 자신하고 있다. 현대가 믿는 것은 제공권과 체력의 상대적 우세에 있다. 바로 3, 4차전 승리의 열쇠가 맥도웰－웹의 골밑우세로 인해 외곽슛까지 살아났다는 점. 신선우 감독은 "우리 선수들이 빠른 발로 상대 공격을 제어하고 공격선 제공권을 장악하면 4차전처럼 쉽게 이길 수 있다."고 전망했다.

기아도 제공권싸움에 사활을 건다는 태세. 최인선 감독은 "외곽슛은 웬만큼 허용해도 현대 용병들의 골밑 점령은 좌시하지 않겠다."고 했다. 최 감독은 "우리에겐 농구대잔치 때부터 결승선 한 번도 지지 않았다는 자신감이 있다."고 말했다.[78]

속보 기사(follow-up story)

피처 형식의 속보 기사는 아주 재미있게 읽히는 기사다. 속보 기사는 경기가 끝난 지 하루나 이틀 후에 나오는데, 경기 당일이나 경기가 끝난 후에도 알려지지 않은 소식을 다룬다. 그러므로 경기의 결과나 기록 같은 요소는 관심 밖이다. 주제는 '어떻게', '왜', '사실은' 등의 키워드로 압축된다. 그렇다고 해서 속보는 반드시 경기와 관련된 스트레이트의 뒤늦은 보충판이 될 필요는 없다. 별도의 발생 기사를 가공하여 피처 스타일의 속보로 처리하는 수도 있다. 아래 예문은 오스트리아의 산악인 크리스티안 스탕글(Christian Stangle)에 대한 외신의 속보 기사를 활용하여 2010년 산악계를 소란하게 만든 여성 산악인 오은선

---

78) 경향신문, 1998. 4. 6.

씨의 등반 의혹에 대한 속보를 겸하고 있다.[79] 이 기사에서 오은선 씨에 대한 직접적인 가치 부여는 없지만 기사를 작성한 기자의 관점은 분명히 드러난다. 예문에서 보듯 속보 피처는 예고 기사와 매우 흡사한 방법으로 피처 기사의 모든 요소를 활용한다. 이 기사는 독자들에게 새로운 정보를 전달하고 기왕에 제공한 정보에 대해 다시 숙고하게 만드는 역할도 한다. 그러나 이미 보도된 내용과 연결성을 지녀야 하며 최초의 보도를 접하지 못한 독자를 위하여 짧은 서머리가 필요할 경우도 있다. 이러한 유형의 기사는 잡지에서 활용하기에 좋지만 신문에서도 요긴하게 사용된다.

오스트리아의 한 산악인이 자신의 '케이투(K2) 정상 등정' 발표는 사실이 아니라고 고백했다.
대륙별 고산 등반 프로젝트를 진행 중인 크리스티안 스탕글(44)은 지난달 초 자신이 K2 정상을 완등했다고 발표했다.

---

79) 오은선 씨는 2010년 4월 27일 안나푸르나(8,091m)를 마지막으로 여성 최초로 히말라야 8,000m급 봉우리 14좌 완등에 성공했다고 발표했으나, 실제로 칸첸중가 정상을 올랐는지에 대해서는 논란이 있었다. 특히 2010년 8월 21일 SBS가 방영한 <그것이 알고 싶다> 프로그램의 '정상의 증거는 신(神)만이 아는가—오은선 칸첸중가 등정의 진실편'은 논란에 불을 붙였다. SBS는 오은선 씨가 정상에 너무 빨리 올랐다는 점과 증거 사진이 부실하다는 내용 등의 의혹을 제기하였다. 이와 관련해 대한산악연맹은 오은선 씨가 칸첸중가 등정에 실패했다는 결론을 내렸다. 14개 봉우리를 무산소로 등정했다고는 하지만 단독으로 오른 산이 적다는 점과 14좌 등정 가운데 후반기 등정은 전적으로 셰르파에게 의지해서 정상을 올랐다는 것이 그녀에 대한 의심을 뒷받침하였다. 칸첸중가뿐 아니라 다른 산들도 셰르파에 의지하고 그들의 도움으로 올랐을 가능성이 크다는 것이 오은선 씨를 바라보는 대체적인 시각이었다.

'스카이 러너(하늘을 걷는 사람)'를 자칭하는 그는 "휴식을
위한 베이스캠프를 차려 에너지를 낭비하는 대신 최단시간
에 정상 등정을 하는 방식을 선택했다."고 과시해왔다. 해발
8611m의 K2는 에베레스트 다음으로 높은 산으로, 좀체 정
상을 허용치 않는 까다로운 산으로 알려져 있다.

그러나 비슷한 시기에 K2를 올랐던 루마니아 산악인을
비롯해 산악계와 언론에선 그의 완등 주장에 대한 의문이
끊이지 않았다. 그러자 그는 8일 기자회견을 열어 "정신이
몽롱한 상태에서, 내가 정상에 올랐다고 착각했다."며 자신
의 주장을 번복했다고 <오스트리안 인디펜던트> 등 현지
언론이 9일 보도했다. 그는 완등 '인증사진'도 실제 정상보
다 1000m 가량 아래 지점에서 찍은 것이라고 밝혔다.

스탕글은 "스폰서들을 실망시키지 않기 위해 목표(정상
등정)를 달성했다고 주장하기로 결심했었다."고 거짓 발표의
이유를 털어놨다. 스탕글의 대변인은 "스탕글이 여자 친구
에게 먼저 모든 사실을 말하자, 여자 친구가 (진실을) 공개
하라고 격려했다."고 설명했다. 스탕글은 지지자들에게 죄책
감이 드느냐는 질문에 "무엇보다 내 자신에게 죄책감이 든
다."고 말했다. 남극대륙을 포함해 7개 대륙별로 가장 높은
산 2개씩을 오르는 프로젝트를 펼치던 스탕글은 K2를 제외
하고 남극의 타이리(4852m) 등정만을 남겨둔 상태였다고
<아에프페(AFP)> 통신은 전했다.

그는 등산을 그만둘 것이냐는 질문에는 "내 인생에서 산
을 빼고는 거의 남는 게 없다."면서도 "내가 이 세상 어디쯤
에 있는지를 되돌아보기 위해 잠시 휴식기간을 갖겠다."고
밝혔다.

<오스트리안 인디펜던트>는 "스탕글의 고백은 여성 산악
인으로는 최초로 전세계 14좌 등정에 성공했다는 한국 산악

인 오은선 씨에게 암운을 드리운 최근의 논란을 환기시킨
다."고 지적했다. 신문은 "오은선 씨의 등정은 여러 명의 셀
파를 동반하고 장비를 나눠지게 한 것으로도 오점이 생겼
다."고 덧붙였다.[80]

칼럼 기사 및 칼럼니스트(columnist)

아무나 칼럼 기사를 쓸 수는 없다. 상당히 훈련된 기자가 높은 지명
도와 전문성을 확보했을 때 비로소 칼럼을 쓰게 된다. 스포츠 기자에
게도 칼럼을 쓰는 일은 매우 매력적인 일이다. 신문의 경우 칼럼은 지
면에서 눈에 잘 띄는 곳에 배치되게 마련이며 칼럼을 쓴 기자의 이름
이 돋보이도록 편집된다. 그리고 칼럼의 형식은 매우 자유롭다. 기자가
아닌 사람이 전문 칼럼니스트로서 신문이나 잡지에 기고를 하는 경우
도 있다. 칼럼 기사는 기자나 칼럼니스트의 의견을 강하게 드러낸다.
그래서 의견 기사라는 표현도 한다. 독자들도 칼럼 기사가 매우 주관
적인 글이라는 사실을 받아들인다. 물론 엄격하게 중립적 태도를 고집
하는 칼럼 필자도 있다. 그러나 대부분은 개인적 판단에 충실한 글을
쓴다. 경우에 따라서는 칼럼이 그 칼럼을 게재하는 신문의 편집 방향
과 일치하지 않는 경우도 있다. 특히 외부 필자(즉 칼럼니스트)의 기고를
받아 게재할 때 이런 일이 자주 생긴다. 신문은 이러한 경우에도 칼럼
집필자의 의도, 즉 집필 의도를 최대한 존중한다. 칼럼이 실리는 면에

---

80) 한겨레, 2010. 9. 10.

는 흔히 외부 필자의 글이 신문의 편집 방향과 다를 수도 있다는 사실이 적시된다.

　스포츠 저널리즘에 있어 뛰어난 칼럼니스트들은 해당 분야의 권위자로 인정받는다. 그들은 주제의 선정에서부터 문장을 구사하는 데까지 남다른 역량을 보여주곤 한다. 때로는 문학적이라는 생각이 들 정도로 아름다운 문장을 구사하기도 하고 때로는 추상같은 문장으로 모순을 지적하기도 한다. 프로 스포츠가 발달한 미국의 경우 이름난 칼럼니스트들의 글은 그들이 주로 활동하는 연고지 신문 뿐 아니라 신디케이션(syndication : 기사, 논설 등을 동시에 각종 신문과 잡지에 배급하는 제도) 및 뉴스 서비스에 의해 전국 신문에 게재된다. 이들의 명성은 스포츠팬 사이에 매우 높다. 이들은 그들이 활약하는 종목의 오피니언 리더로서 막강한 영향력을 발휘한다. 국내의 스포츠 저널리스트 가운데 오피니언 리더 역할을 하는 대형 칼럼니스트를 찾아보기는 어렵다. 좋은 칼럼을 쓰는 기자도 소속사가 정해져 있어 한정된 독자에게만 기사를 공급한다. 인터넷을 통하여 대중에게 기사가 공급된다고는 하지만 일간 신문에 활자로 인쇄된 칼럼이 지니는 압도적 이미지를 대체하지는 못하는 듯하다. 그러나 좋은 칼럼을 써서 한국 스포츠 문화의 발전에 기여하는 뛰어난 기자와 칼럼 필자들은 적지 않다고 본다.

누가 훌륭한 칼럼니스트인가

　탁월한 스포츠 칼럼니스트는 특출한 집필 능력을 가진 사람이다. 특정 분야의 전문가라고 해서 훌륭한 칼럼니스트가 될 수는 없다. 좋은 칼럼니스트들에게는 몇 가지 특징이 있다. 그들은 흥미로운 얘깃거리를 생산해 멋진 글로 독자에게 어필한다. 그들이 쓰는 글은 소재나 기법이 새롭고 매력적이다. 또한 높은 수준을 계속해서 유지한다. 독자들은 그들의 칼럼에 매혹되고 다음 게재 순서를 기다리게 된다. 그래서 뛰어난 칼럼니스트들의 글은 연재 형식으로 매주, 또는 격주로 게재되는 것이다.

스포츠 칼럼니스트들은 보통의 기자에 비해 전문성이 높다. 그들은 남다른 지식과 많은 정보원을 확보하고 있다. 특히 해당 분야와 관련한 전문 지식은 경기인이나 그 출신자들을 능가하는 수준일 경우도 있다. 이 전문 지식은 기자 자신의 노력과 오랜 경험에서 나온다. 간혹 해당 경기 분야의 코치 자격이나 심판 자격, 지도자 자격 등을 보유한 사람도 있다. 대부분의 스포츠 칼럼니스트들은 칼럼니스트가 되기 전에 일반 스포츠 기자로서의 경험을 쌓은 사람들이다. 또한 좋은 칼럼을 쓰는 기자들 가운데 상당수는 나중에 스포츠 부서의 데스크나 에디터로 자리를 옮기는 경우가 많다.

스포츠 칼럼니스트의 본질

칼럼니스트의 본성은 기자다. 진정 뛰어난 칼럼니스트는 현장 속에서 소재를 잡아낸다. 현장에 강한 칼럼니스트는 숙련된 관찰 능력을 활용할 뿐만 아니라 취재원을 인터뷰하고 각종 문헌 자료와 기록을 검색해 깊이와 시야를 겸비한 칼럼을 완성한다. 훌륭한 칼럼니스트는 훌륭한 기자이며 세련된 기자는 세련된 칼럼니스트의 재능을 가지고 있다. 강한 칼럼니스트를 보유한 매체는 독자들의 신뢰를 받는다. 한국의 한 신문이 스무 명의 우수한 칼럼니스트를 보유했다면 그 영향력은 시대와 세대를 초월할 수도 있을 것이다. 그러나 스포츠 칼럼니스트가 이런 수준에 도달하기 위해서는 전 생애를 바쳐야 한다.[81] 칼럼을 쓰기는 힘들다. 더구나 매주 한 번씩 닥치는 마감에 맞추어 칼럼을 생산해 내는 일은 쉽지 않다. 칼럼은 텍스트의 양도 부담스러운데다가 많은 자료와 기반 지식을 필요로 하기 때문에 칼럼니스트들은 심한 스트레스를 느낀다. 책 몇 권을 가지고 칼럼 한 편을 완성하기는 어렵다. 칼럼의 성패는 양이 아니라 질에 달려 있다. 칼럼니스트는 규칙적으로 고품질의 기사를 생산해야 하며 늘 기사의 질에 대한 도전 속에 살고 있다. 심지어는 기사를 쓰고 싶은 마음이 없거나 소재가 떠오르지 않을 때도 피해갈 수가 없다. 마감 앞에 선 그들에게 칼럼 쓰기란 거둘 수 없는 잔(盞)인 것이다.

스포츠 칼럼니스트들은 논쟁적일 때도 있다. 그들은 오랜 경험에서 비롯된 소신을 그들의 칼럼에 반영하며 험난한 길을 선택할 때도 있다. 때로는 독자들이 그다지 흥미로워 하지 않을 만한 주제도 다룬다. 논쟁적인 칼럼니스트들은 스포츠 현장 종사자들(이를테면 선수나 코치, 구단 관계자들)이 저지르는 불의와 불합리에 대해 주저 없이 비판한다. 이러한 비판은 종종 반격을 조래하기노 한다. 국내 언돈의 현실에 비추어 보면 대단히 위험힌 상황이 벌어지는 것이다. 교전(交戰)이 계속되는 동안 칼럼을 쓴 기자나 칼럼니스트들은 그들이 속한 언론사로부터도 충분한 지원을 받지 못한

<hr>

81) 방열, 2001, 88~89면.

채 한데서 싸워야 하는 경우가 허다하다. 아마도 소속사는 싸움에서 패할 경우 징계하기 위해 일지와 인사 서류를 점검하며 기다릴 지도 모른다. 그러나 진정한 칼럼니스트들은 위험과 고통을 기꺼이 감수한다.

수필형(essay) 칼럼

그야말로 붓 가는 대로 쓴 것처럼 보이는 칼럼이다. 수필이 그러하 듯 이 칼럼 스타일은 형식에 구애받지 않으며 구성 형식도 복잡하지 않다. 도입부에 주제가 제시되고 이어서 논의가 전개되며 마지막으로 요약이나 결언으로 마무리된다. 단순한 형식임에도 불구하고 수필형의 칼럼 스타일은 많은 기자와 전문 칼럼니스트들에게 애용된다. 단순한 만큼 독자에게 친숙한 스타일이기 때문에 칼럼의 흡수도는 매우 높은 편이다. 독자들은 매우 편안하게 수필형의 칼럼을 읽는다. 여기에는 유 머도 가미되고 풍자도 곁들여져 읽기에 즐거운 칼럼이 될 수도 있다. 그러나 유머나 풍자는 어디까지나 칼럼의 맛을 더하기 위한 것일 뿐 본래의 목적이 될 수는 없다.

> 김남조 선생을 뵈었다. 지난달 27일 서울 중구 예장동에 있는 '문학의 집'에서였다. <미당기념사업회> 창립총회가 열렸다. 선생께서도 걸음을 하셨다. 참 오랜만이었다. 대학 시절 문학잡지에서 아르바이트를 할 때 자주 뵈었다. 졸업 한 뒤에는 두어 번 문학 관련 행사에서 인사를 드렸다.
> 선생께서 지팡이를 짚고 로비를 들어서실 때 인사를 드렸 다. '아는 얼굴인데, 누구더라?' 싶은 표정이었다. 서운하지

않았다. 시간은 지우개다. 더구나 이 무례하고 게으른 자는 문단의 선생님들을 잘 모시지 못했다. 스승이신 홍윤숙 선생께도 세배 한번 안 드렸다.

김남조 선생께서는 말씀하실 기회를 얻자 앞으로 사업회가 걸어야 할 험난한 길을 예상하며 심란해하셨다. 당연한 일이다. 다른 시인도 아니고 미당을 기념하는 사업회가 아닌가. 가시밭길이 앞에 놓였음은 당연하다. 김 선생께서 말씀하실 때 함박눈이 쏟아졌다. 선생께서는 잠시 말씀을 멈추고 내리는 눈을 바라보셨다. 행사가 끝난 뒤 다시 인사를 하려 했다. 차례는 금방 돌아오지 않았다. 지방에서 온 여류 문인이며 시낭송가들이 선생을 에워싸고 사진 찍기에 바빴다. 선생께선 싫은 내색 없이 포즈를 취해 주셨다. 아름다웠다. 그 모습을 바라보며 선생의 시 「겨울바다」를 뇌었다.

'겨울 바다에 가보았지/ 미지(未知)의 새/ 보고 싶던 새들은 죽고 없었네……(후략)'

선생과 헤어진 다음, 병에 걸렸다. 겨울 바다가 못 견디게 그리웠다. 무라카미 하루키의 먼 북소리처럼, 파도 소리가 귓가를 때렸다. 사이렌의 노래 같은 그 강렬한 유혹. 결국 3일 새벽 눈을 뜨자마자 속초로 달렸다. 관동대학교의 한창도(69) 교수를 인터뷰할 계획을 앞당겼다. 가불 인터뷰.

한창도 교수는 1980~90년대 미국프로농구(NBA) 해설자로 이름을 날렸다. 지금은 대학생들을 가르치는 한편 지역 초등학교에 농구를 보급하는 데 열을 올리고 있다. 벌써 초등학교 팀을 두 개 만들었다. 마이클 조던을 굳이 '마이클 쫄단'으로 발음한 이 샤프한 해설자는 푸근한 할아버지가 되어 꿈나무들을 어루만졌다.

지혜와 온유. 그것은 사람을 향한 시간의 선물이다. 내면에 진실을 간직한 사람들은 시간의 조탁을 통해 완성된 아

름다움을 드러내는 법이다. 왕년의 명감독 방열 전 경원대
교수도 은퇴한 뒤 저서를 쏟아내고 있다. 황혼이 아름다운
사람이야말로 성공한 인생이다. 그들이 즐기는 시간의 선물
을 나눠 갖고 싶다.

 겨울바다 앞에 섰다. 바다는 짙은 쪽빛이었다. 다시 김남
조 선생을 떠올렸다. 젊은 날의 선생은 날카로워서, 스치면
베일 듯한 매력의 소유자였다. 문학의 집에서 뵌 선생에게
서 기품과 함께 어머니 같은 포근함을 느꼈다. 본디 미인이
지만, 지금의 모습이 훨씬 더 아름답다고 생각했다. 문학의
집에서 여러 번 춥다고 하셨는데, 건강이 어떠신지 마음에
걸린다.[82]

일화(anecdote) 또는 요약(summary) 칼럼

 직접적인 관련성이 없는 여러 개의 짤막한 뉴스를 칼럼에 소개할 때
유용한 방법이다. 이러한 칼럼 기사에는 서로 관련 없는 내용을 지닌
3~4개의 주제를 포함한다. 한 주제를 3~5개의 절로 구성하는 것이 보
통이지만 더 세분화할 수도 있다. 또한 외신이나 국내 통신사에서 제공
하는 많은 양의 단신성(短信性) 기사들을 다시 정리하고 요약하여 스포츠
관련 인사, 장소 및 사건을 요약해서 싣는 요약 칼럼을 만들 수도 있다.

 K리그 정규리그는 이번 주말 라운드를 끝내고 몇 주간의
휴식기에 들어간다. 개막 이후의 몇 달은 꽤 재미있는 시간

---

82) 중앙SUNDAY, 2010. 2. 10.

이었으며 여러 가지 이야기 거리도 만들어냈다. K리그 전반기를 보며 느꼈던 10가지 단상을 여러분과 나누고자 한다.

1. 서울의 레드카드

서울은 9명으로 경기를 끝내는 것을 즐기고 있는 듯하다. 매년 그러한 모습이 반복된다. 어리석은 레드카드를 받는 습관을 보고 있으면 꽤 재미있다는 생각마저 든다.

선수들이 우애가 너무 깊어 친구들이 라커룸에 홀로 있는 것을 걱정해서 일까? 샤워실에 명품 샴푸가 있는데, 두 명밖에 쓸 분량이 안돼 빨리 들어가려고 그러는 걸까? 물론 이는 농담이고, 맨유와 아스날도 90년대 중반 레드카드를 무지하게 수집하던 시절이 있었다.

이러한 일들은 일어나게 마련인데, 감독이 이를 어떻게 처리하느냐가 중요하다. 유럽의 일부 구단들은 선수가 멍청한 행동으로 퇴장을 당하면 벌금을 부과하기도 한다. 서울로서는 AFC 챔피언스리그 등 레드카드와 출전 정지가 결정적인 영향을 미치는 대회에 참여하지 않음을 행운으로 여겨야 할 것이다.

2. 수원과 포항의 부진

우리 모두는 수원과 포항이 빅클럽이라는 사실을 알고 있다. 수원과 포항은 아시아에서 5번의 우승을 합작했는데, 이는 J리그 전체가 우승한 숫자와 같으며 이란과 사우디의 우승컵을 합한 것보다도 많은 대단한 업적이다.

한국의 빅클럽이 튼튼하고 경기력도 좋아야 K리그도 잘 될 수 있다. 리그를 발전시키는 엔진의 역할을 빅클럽들이 할 수 있다는 말이다. 그런 클럽들이 잘 되어야 전체적인 수준이 올라간다. 그럼에도 불구하고 빅클럽들이 헤매는 모습을 보는 것은 항상 흥미로운 일이다. 리그를 막론하고 빅클럽이 문제에 빠지면 팬들은 이 모습을 즐거워하며 많은 관심을 가진다.

3. 티아라 게이트

티아라 사건은 한국 축구의 좋은 점과 나쁜 점을 동시에 보여준 일이었다. 근본적으로는 아주 대단한 사안이 아니었다. 그러나 이 사건이 전국적인 헤드라인을 만들어 냈다는 사실은 K리그가 대중문화로 진입할 가능성을 보여준 계기였다고 본다. 소위 말하는 축구 강국에서는 연예와 스포츠가 결합 돼 큰 뉴스들을 만들어내는 경우가 많다.

반면, 이 사건은 축구팬을 제외한 일반 대중들은 K리그 챔피언의 유니폼 색깔도 모른다는 것을 말해주기도 했다. 아직도 갈 길이 멀었음을 나타내는 척도였다.

4. 누가 누구를 이겨도 이상하지 않다

이게 정말 좋은 일인지는 확신할 수 없다. 리그에 참여하는 팀들의 전체적인 수준이 거의 비슷하다면, 모두의 기량이 꾸준히 올라갈 때 긍정적인 면을 볼 수 있을 것이다. K리그의 결과를 전혀 예측할 수 없다는 것은 관전하는 입장에서는 재미가 쏠쏠하다. 아시아 챔피언 포항이 대전에 0 : 1로 패할 것을 예측한 사람이 얼마나 됐을까? 부산이 4일 동안 연속 무실점으로 상위권 2팀을 내리 격파할 것을 누가 알았겠는가? 사람들의 관심 밖이었던 제주도 좋은 경기를 하고 있는데, 이러한 팀들은 탄탄한 수비라인 구축이 승리의 우선 조건임을 말해주고 있다. 다른 팀들도 이를 배우려 할까?

5. 멋진 골장면

포항을 무너뜨린 고창현의 골은 한 마디로 환상적이었다.

항상 바쁘게 움직이는 고창현은 대전의 베스트 플레이어로 활약 중인데, 한 줄기의 섬광 같은 예상치 못했던 발리슛으로 포항의 톱코너를 흔들었다. 포항전에서 나온 인천 유병수의 프리킥도 또 다른 '스페셜 원'이었다. 수원의 골문을 흔든 인디오의 중거리 슈팅 역시 깔끔하고도 정확한 스트라이크였다.

6. 5분 더 캠페인

이 캠페인을 향한 의심의 시선들도 있지만, K리그는 이를 장기적으로 보고 최대한 밀어붙일 필요가 있다. 이 세상에 처음부터 완벽한 일은 없고, 우리는 그런 것을 기대할 수도 없다. 처음에는 이런저런 문제들이 보이게 마련이지만, 그것을 보완해가며 꾸준히 전진하는 것이 중요하다. 이러한 시간이 쌓여갈 때 K리그가 좀 더 매력적인 상품으로 팬들에게 다가갈 수 있다. 단기적인 아이디어들이 효용이 떨어짐은 우리 모두 수차례 경험한 바 있다.

7. 경남의 비상

경남의 돌풍이 언제까지 갈 것인지 그 누구도 알지 못한다. 많은 것들이 주전들의 부상과 컨디션 지속 여부에 달려 있다. 어쨌건 간에 경남이 만들어나가는 성공은 멋지다. 새로운 축구 전용구장의 쾌적함과 함께 경남은 다른 구단들이 나아가야 할 길을 제시하고 있는지도 모른다. 또한 경남은 외국인 선수 영입을 과학적이고도 객관적으로 처리하는 비결을 갖고 있는 듯하다. 타 구단들은 조광래 감독과 경남 스카우트를 찾아가 경남의 외국인 선수 영입 과정을 연구해야 할 것 같다.

경남도 배워야 할 것이 있다. 상위 팀들을 꺾는 것은 멋진 일이지만 돌아오는 승점은 여전히 3점에 불과하다. 계속 상위권에 있기 위해서는 중, 하위 팀과의 대결에서 확실한 결과를 만들어야 한다.

8. 골키퍼들의 활약

국내파 스트라이커들의 경기력에 대해서는 고개를 갸우뚱하게 되지만, 골키퍼들은 전체적으로 좋은 기량을 보여주고 있다. 이운재는 문제에 빠져있지만 정성룡, 김영광, 김용대는 안정적인 골키핑으로 팀을 지키는 중이다. 골키퍼들의 안정감은 대표팀에 힘이 되는 유일한 소식인 듯하다.

9. 외국인 팬들

K리그 경기장에서 외국인 팬들을 자주 볼 수 있게 되었다는 점은 긍정적이다. 그 숫자가 계속 증가하고 있음을 느낀다. 이들은 페이스북이나 블로그에 K리그 관람 후기를 남기기도 하고, 고국으로 돌아가 K리그에 대한 이야기를 전한다. 이게 바로 중요한 점이다. 이러한 사람들이 점점 많아질 때 국제 사회에서 K리그의 위치가 올라갈 수 있다. 하지만 솔직히 말해 언론은 '외국인 팬'하면 무조건 '백인'들만을 거론한다. K리그에 실제적인 이득을 가져다줄 수 있는 이들은 아시아의 다양한 국가에서 온 팬들이 될 것이다. 이들을 경기장으로 불러올 수 있는 계획도 필요하다.

10. 치어리더

예전에도 이에 관해 썼지만, 나는 치어리더의 팬이 아니다. 치어리더는 축구장에 딱히 어울리는 컨셉이 아니다. 또한 나는 치어리더가 한국의 축구 문화에 해가 될 수도 있다고 썼는데, 개인적으로는 포항을 방문했을 때 그러한 증거

전문분야별(Specialized or Topical) 칼럼

주요 스포츠 종목을 전담 취재하는 기자들은 자신의 일상적 취재 활
동을 통해 수집한 자료를 칼럼 기사의 재료로 사용하기도 한다. 일반
스트레이트 기사로 다루기에는 적합하지 않은 소재를 칼럼에 소화하는
것이다. 이 칼럼 형식은 국내 언론의 스포츠 기자들이 즐겨 구사하는
형식 가운데 하나다.

남자프로농구 삼성의 안준호(54) 감독은 인기 있는 지도
자다. 특히 농구를 취재하는 기자들에게는 흥미진진한 취재
원이다. 언제 터져 나올지 모르는 그의 사자성어는 심심찮
게 지면을 수놓으며 회자된다. 교병필패(驕兵必敗)·수사불
패(雖死不敗)·성동격서(聲東擊西)·유구무언(有口無言)·기
사회생(起死回生) 등이 그가 지난 시즌 구사한 사자성어다
  삼성은 지난달 24일부터 이달 4일까지 일본의 나고야와
오사카에서 전지훈련을 했다. 전지훈련을 동행 취재한 한
일간지에 안 감독과의 대담기사가 실렸다. 시작부터 '사이후

---

83) 존 듀어든, 네이트, 2010. 5. 6.

이(死而後已)'라는 사자성어가 터져 나왔다. 사이후이란 제갈량이 위나라 침공을 앞두고 한 말이다. '죽은 뒤에야 일을 그만둔다'는 말이니 우승하기 위해 사력을 다하겠다는 뜻이리라. 참으로 결연하지 않은가. 일간지 사진 속의 안 감독은 웃고 있지만.

프로 경기의 지도자는 선수 못잖게 언론에 노출되는 자리에 있다. 특징 있는 방식으로 말하고 싶은 내용을 전달한다면, 그것도 장점이다. 안 감독의 사자성어 실력은 놀랍다. 미리 준비해 두는 것 같기도 하다. 도와주는 사람이 있을지도 모른다. 혹시 조승연(66) 단장이 아닐까? 조 단장은 안 감독 이상으로 유연하게 언론을 상대하는 농구인이니까. 1995년 3월 2일자 중앙일보 38면을 보자.

"'남자농구가 매운탕이라면 여자농구는 프랑스 요리다' 삼성생명의 조승연 총감독이 남자농구와 여자농구의 차이를 요약한 말이다. 거친 흐름, 스피드, 힘을 앞세운 남자농구는 관중의 스트레스를 풀어 주는 박력이 묘미. 반면 여자농구는 오밀조밀하게 이뤄지는 부드럽고 섬세한 플레이가 매력이다."

매운탕과 프랑스 요리. 이렇게 간결한 비교를 달리 찾기 어렵다. 압축된 묘사는 충분한 관찰과 사고를 통해 숙성한다. 조 단장(당시에는 여자팀의 총감독)은 말에 통찰력을 담았다. 사실 그는 몸보다 먼저 '머리'로 농구를 시작한 사람이다. 그는 고 조득준(전 고려대 감독) 선생의 아들로, 대학에 가서야 농구선수가 됐다. 농구를 하기 전에 농구에 대해 헤아릴 수 없이 많은 생각을 해 봤을 것이다.

조 단장은 새로운 정보나 물건에 대한 호기심이 강하다. 적극적으로 다가가 경험해 보려 애쓴다. 최근엔 스마트폰을 손에 넣고 그 활용법을 익혔다. 인터넷에 접속해 뉴스를 읽고 일정도 관리한다. 트위터에 대한 관심도 대단하다. 일본

에서 훈련장을 오갈 때는 게임을 했다고 한다. '그 나이에
대단하다'싶지만 조 단장의 생각은 더 놀랍다.

"이런 기계들이 세상을 바꿀 게 틀림없어요. 사람들의 생
활도 바꾸겠지. 이 트위터나 블로그 같은 거…… 참 이상하
죠? 아이들은 이런 데서 아주 먼 데 있는 낯선 사람과도 대
화를 하죠. 그런데 곁에 있는 가족이나 친구와는 아무 말도
안 한단 말이에요?"

참으로 그렇다고 생각했다. 그러나 조 단장의 말은 거기
서 멈추지 않았다.

"그래서 프로농구 같은 스포츠의 책임이 막중해요. 우리
가 잘해야죠. 어쩌면 경기장이 사람들이 소통하는 마지막
공간이 될지도 모르니까요. 우리가 곁에 앉은 친구와 손을
마주치고 얼싸안고 소리를 지를 곳이 이제 경기장밖에 더
있겠어요?"84)

실용형(how-to-do-it) 칼럼

실용형 칼럼은 대개 특정 스포츠의 독특한 활동이나 이슈, 현상에
대해 자세히 쓴다. 실용형 칼럼을 스포츠 기자가 쓰는 경우는 드물다.
이런 칼럼을 쓰는 기자라면 해박한 지식과 경험이 뒷받침돼야 한다.
그래서 특정 스포츠 분야의 전문가나 전문 지식을 가진 외부 인사가
집필하는 경우가 많다. 독자에게 스포츠를 가르칠 수 있을 만큼 해박
한 지식을 갖춘 스포츠 기자는 매우 드물다. 아주 없지는 않겠지만 그
러한 능력자를 감별해 내는 감식안을 지닌 데스크나 에디터도 드물다.

---

84) 중앙SUNDAY, 2010. 9. 5.

데스크와 에디터가 까막눈이면, 진짜 실력이 있는 기자를 보유하고 있어도 활용할 수 없는 게 당연하다. 다음의 예문은 축구 전문가가 아니라 축구 기자가 쓴 칼럼인데, 기술적인 문제를 설득력 있게 다루었다.

프랑스월드컵 공식 기록지엔 우리에게 생소한 항목이 있다. SOG (shoot on goal) 항목이다. 단지 슈팅 수만 기록하는 한국과 달리 슈팅 중에서도 골문 안으로 들어간 슈팅을 별도로 기록하는 것이다. 즉 얼마나 정확한 슛으로 득점기회를 많이 잡았는가를 한눈에 알 수 있다.

한국이 0 : 5로 대패한 한국 : 네덜란드전의 기록을 보자. 한국은 비록 대패했지만 12개의 슛을 날려 만만치 않은 공격력을 과시했다. 그러나 골문 안으로 들어간 정확한 슛은 4개에 불과, 네덜란드의 골키퍼 데 빌데는 4개의 슈팅만 막아내고 한 점도 실점하지 않을 수 있었다. 반면 네덜란드는 27개의 슈팅 중 17개가 골문 안을 향해 그중 5개를 성공시켰다. 한국의 슈팅 정확도는 33%인데 비해 네덜란드는 63%에 달했다.

한국은 멕시코와의 경기에서 5개의 슈팅을 날렸으나 SOG는 하석주의 직접 프리킥과 고종수의 슈팅 2개뿐이었다.

최악의 경기는 1 : 1로 비긴 벨기에와의 마지막 경기. 한국은 후반 종반 일방적인 공격을 앞세워 12개의 슈팅을 날려 11개에 그친 벨기에에 근소한 차로 앞섰다. 그러나 SOG는 불과 2개로 벨기에의 5개보다 모자랐다. 슛 정확도가 17%에도 미치지 못한 것이다. 슛 정확도가 50%만 됐어도 충분히 승리할 수 있는 경기였다.

한국축구가 발전하기 위해서는 어렸을 때부터 강슛이 아니라 정확한 슛을 날리도록 지도해야 한다. 또 국내축구 기

독자 여론(reader forum) 칼럼

최근 신문 제작에 독자의 의견을 적극적으로 반영하며 때로는 독자
들이 기고하는 글을 게재하는 경우가 많다. 독자들이 투고한 글을 추
려 싣는 면을 따로 가지고 있는 신문도 적지 않다. 독자들은 스포츠 담
당 기자가 보도한 기사의 내용에 대해 논평하기도 하고, 때로는 주요
사안에 대한 그들의 의견을 피력하기도 한다. 일부 신문들은 이 개념
을 한 걸음 더 발전시켜 외부인사로 하여금 정기적으로 칼럼을 쓰게
한다. 이들의 칼럼은 스포츠 데스크나 담당 기자의 사전 선정 작업에
의해 기획된다. 다음에 제시하는 예문은 독자 투고란에 게재된 신문
독자의 짧은 의견과 조금 긴 외부 전문가의 칼럼이다.

상문고 축구부 기사(9월 19~20일자 8면)를 읽고 흐뭇했
다. 내 직장은 대한축구협회다. '공부하는 축구선수'를 기치
로 지난해부터 초·중·고 축구 주말리그를 시작했는데, 내
가 기획 업무를 맡았다. 주변에선 "공부할 것 다 해 가며 운
동하면 스포츠 후진국으로 전락하는 것 아니냐."고 걱정하
기도 했다. 그럴 때마다 독일을 예로 들었다. 독일에서는 학
교 공부 충실히 하고 운동하므로 학생들이 마음 놓고 운동

---

85) 중앙일보, 1998. 7. 3.

부 활동을 한다. 자연히 저변이 넓어지고 그 가운데 우수한 인재가 나온다. 나는 가끔 스포츠를 하는 근본적인 이유를 생각해 본다. 올림픽에서 메달 따고 대회 나가 성적 올리는 것이 목적이라면 극소수 엘리트만 모아 혹독하게 훈련시키면 된다. 그러나 청소년의 건강과 협동심, 인내력을 함양하고 팀워크를 가르치는 데 목적을 둔다면 우리나라 학원 스포츠는 획기적으로 달라질 것이다.[86]

나는 1979년 세계청소년축구대회를 통해 감독으로서 처음 국제무대를 경험했다. 일본에서 열린 이 대회를 통해 마라도나가 전 세계에 놀라운 재능을 증명했다. 한국은 파라과이(0 : 3 패), 캐나다(1 : 0 승), 포르투갈(0 : 0 무승부)과 조별리그를 했다. 정용환·최순호·이태호 등 좋은 선수들이 출전했다. 그러나 1승 1무 1패로 조별리그를 통과하지 못했다.

당시 우리는 상대 팀에 대한 정보가 전혀 없었다. 이 대회에서 어떤 공을 사용하는지조차 몰랐다. 지금 생각해 보면 아쉽다. 대회 공인구인 탱고볼을 가지고 훈련해 보고, 파라과이 선수들에 대해 얕은 정보라도 있었다면 더 나은 성적도 가능했을지 모른다. 이때의 경험을 마음에 새긴 나는 이듬해 독일의 하노버로 축구 유학을 떠났다. '우물' 밖의 세계를 모르고는 더 이상의 발전이 불가능하다고 생각했다.

내가 다시 국제무대를 맞이한 것은 15년 뒤인 94년이었다. 미국 월드컵에 출전하는 축구대표팀의 전임감독이 됐다. 우여곡절 끝에 본선 무대를 밟은 사실은 축구팬 모두 알고 계시리라. 미국행 티켓을 차지하는 과정 못잖게 본선 세 경기 또한 드라마의 연속이었다. 우리는 스페인(2 : 2 무승부),

---

86) 송기룡, 중앙SUNDAY 2010. 9. 26.

볼리비아(0 : 0 무승부), 독일(2 : 3 패)과 모두 좋은 경기를
했다. 그러나 조별리그를 통과하지 못했다. 모든 경기의 결
과가 아쉬웠다.

다시 시간이 흘렀다. 지금 와 생각해 보면 79년 파라과이
와의 경기, 94년 스페인과의 경기가 모두 성공과 실패의 분
수령이 아니었을까 하는 생각이 든다. 파라과이와는 다시
붙었다면 이길 수 있었으리라는 생각이 든다. 비록 첫판을
세 골 차로 졌지만. 스페인과 비겨 아시아 축구의 가능성을
보여줬지만 한 걸음이 부족했다. 파라과이나 스페인의 공통
점은 우리의 첫 상대였다는 것이다.

두 차례에 걸친 나의 경험은 남아공에서도 우리 대표팀이
첫 경기 결과에 따라 다른 운명을 맞으리라는 사실을 예감
하게 한다. 2002년에 한국 축구가 4강 신화를 쓸 수 있었던
힘은 폴란드를 2 : 0으로 누르면서 상승기류를 탄 데서 나왔
다. 2006년 독일에서 첫판 상대인 토고에 역전승했기에, 전
력 차가 큰 강호였던 프랑스에 첫 골을 내주고도 1 : 1로 비
길 힘을 얻었다.

남아공에서 우리의 첫 상대는 그리스. 2004년 유럽 챔피
언이다. 물론 강한 팀이고, 벨라루스와의 평가전을 통해 이
런 스타일의 팀을 이기기가 얼마나 어려운지도 알게 됐다.

그러나 결코 우회해서는 안 되는 벽이다. 이 벽을 돌파해
야 아르헨티나·나이지리아를 상대할 힘이 생긴다. 내가 보
기에 그리스는 이길 수 있는 상대다. 그리스와의 경기를 결
승전으로 생각하고 집약한다면 첫 승리의 제물로 삼을 수
있다.

우리는 오랫동안 잘 준비해 온 팀이고, 협회와 선수단의
불화라든가 코칭스태프와 선수들 사이의 의견 불일치도 없
다. 반면 아르헨티나는 마라도나 감독과 선수들 사이에 한

결같은 신뢰가 축적되지 않았다. 무엇보다 주력 선수들이 유럽 리그를 마치고 지쳐 있다. 나이지리아는 협회와 선수 간의 갈등이 큰 약점으로 작용하고 있다.

우리의 기회는 대회 초반이다. 예감도 나쁘지 않다. 우리 선수들의 투혼을 믿고 싶다.[87]

참가자 충고형(advice-to-participants) 칼럼

독자의 스포츠나 오락 활동 참여 또는 관전과 관련한 충고 내지 정보 제공을 목적으로 하는 칼럼이다. 이 칼럼은 스포츠 의약품에 관한 칼럼이나 실용형(how-to-do-it) 칼럼과 마찬가지로 수많은 주제에 관해 독자들이 물어오는 특별한 질문에 대해 대답해 준다.

유일한 오픈대회 '디 오픈(The Open)'이라고도 불리는 브리티시오픈이 15일 오후(이하 한국시간)부터 스코틀랜드 세인트 앤드루스 올드코스(파71·7305야드)에서 막을 올린다. 150년 전통으로 올해 139회째를 맞는다. 세계에서 가장 오랜 역사와 전통을 간직한 대회다. 총상금 730만 달러, 우승상금 130만 달러가 걸려 있다. 우승하면 명예와 돈을 한꺼번에 거머쥘 수 있다. 다른 메이저 대회와 마찬가지로 브리티시오픈 역시 전통을 고수한다. 링크스 코스에서만 대회를 는 것도 그런 이유에서다. 디 오픈은 해마다 잉글랜드, 스코틀랜드 등의 링크스 코스를 돌며 개최된다. 이번 대회는 5년

---

87) 김호, 중앙SUNDAY, 2010. 6. 6.

만에 골프의 성지 세인트 앤드루스 올드코스에서 열린다. 자연 그대로의 험난한 코스와 예측이 불가능한 날씨가 선수들을 바짝 긴장하게 만든다. 우승컵 크라렛 저그를 향한 선수들의 도전은 시작됐다. 19일 새벽 누가 트로피를 들어올릴까?

▶ 우즈 명예회복? 미켈슨 황제 등극?

타이거 우즈와 필 미켈슨의 세계랭킹 1위 싸움은 올 PGA 투어 최대 관심사다. 불륜스캔들 이후 침체에 빠진 우즈는 겨우겨우 1위 자리를 지켜내고 있다. 다행히도 고비 때마다 미켈슨의 저항을 따돌리고 체면치레 하고 있다. 이번 대회에서 우즈를 우승후보로 손꼽는 이유가 있다.

세 차례 브리티시오픈 우승 가운데 두 차례를 세인트 앤드루스 올드코스에서 따냈기 때문이다. 올드코스에서 플레이하는 방법을 잘 알고 있다는 분석이다.

미켈슨의 시즌 성적을 보면 조금은 답답한 모양새다. 몇 번이나 황제 자리에 오를 수 있는 기회가 왔지만 번번이 눈앞에서 놓치고 있다. 또 한 가지, 미켈슨은 지금까지 브리티시오픈에서 이름값을 하지 못했다. 1991년 처음 출전한 이후 16차례 출전해 2004년 3위에 오른 게 가장 좋은 성적이다. 최근 5년간은 톱10에도 이름을 올리지 못했다. 성적이 기록과 항상 비례하는 것은 아니지만 그렇다고 무시할 수도 없다.

▶ 노장투혼 다시 불까

2009년 브리티시오픈의 최대 관심사는 톰 왓슨(61)의 우승 여부였다. 환갑을 넘긴 왓슨이 3라운드까지 1위를 달리며 최고령 메이저 우승 기록을 눈앞에 뒀다. 베테랑의 활약은 대단했다. 젊은 선수들도 험난한 턴베리 코스에 혀를 내

둘렀지만, 왓슨은 바람과 자연에 거슬리지 않고 힘들지 않게 플레이하며 차곡차곡 타수를 지켜갔다. 풍부한 경험이 빛났다.

마지막 날, 운명은 왓슨의 편이 아니었다. 스튜어트 싱크와 연장에 돌입했다. 이미 혼신을 다해 72홀 라운드를 끝냈던 왓슨은 더 이상 싸울 힘이 없었다. 결국 브리티시 우승컵 크라렛 저그는 싱크의 품에 안겼다.

왓슨은 이번 대회에서 다시 한 번 기록 도전에 나선다. 파드리그 해링턴, 이시카와 료와 함께 1, 2라운드를 시작한다. 마치 할아버지와 아버지, 아들이 함께 플레이하는 듯한 인상적인 조 편성이다.

▶ 코리언 브라더스 역대 최다 9명 도전

크라렛 저그를 품에 안기 위해 코리언 브라더스 9명이 도전한다. 역대 최다 인원이다. 11번째 출전하는 최경주(40)는 2007년 공동 8위에 오른 게 최고 성적이다. 3라운드까지 선두권을 달려 첫 우승을 노렸지만 마지막 날 9타를 잃은 바람에 기회를 날렸다. 지난해 대회에서는 네 번째 컷 탈락했다.

양용은(38)은 이번이 세 번째 도전이다. 아직까지 한번도 컷을 통과하지 못했다. 2005년과 2006년 출전해 모두 일찍 짐을 쌌다. 노승열(19·LG전자)은 예선을 거쳐 브리티시오픈에 합류했다. 올해 강약의 조화를 모두 갖추고 있다는 평가를 받고 있는 노승열은 복병이다. 김경태(24·신한은행)는 일본프로골프투어 상금순위 3위 자격으로 출전한다. 지난 5월 일본투어 다이아몬드컵에서 우승을 따내면서 샷에 물이 올랐다.

이밖에도 케빈 나(27·타이틀리스트)와 국내파 박재범(28·벤호건골프), 지난해 US아마추어 챔피언십 우승자 안병훈(19), 브리티시 아마추어 챔피언십 우승자 정연진(20), 지역예선을 통과한 전재한(20)이 출사표를 던졌다.

▶ 마의 17번홀을 피하라

세인트 앤드루스 올드코스는 골퍼들에게 성지와 같은 곳이다. 골프가 시작된 역사의 현장이다. 올드코스의 가장 큰 특징은 다듬어지지 않은 자연 그대로의 코스라는 것. 우리의 골프코스와 비교하면 실망스러울 정도다. 허허벌판에 깃발 하나 꽂아둔 것 같은 느낌마저 들게 한다.

올드코스에서 유일하게 변화가 있는 홀이 바로 17번홀이다. 지옥으로 가는 길(Road)이라는 뜻의 '로드홀'로 불리는 17번은 올해 거리를 40야드 늘려 더 어려워졌다. 파4홀이지만 전장이 495야드나 된다. 이 홀은 오른쪽으로 휘어지는 도그레그 홀이다. 티샷부터 정확한 공략이 이뤄져야 레귤러 온을 시도할 수 있다. 만약 오른쪽으로 밀리면 아웃오브바운즈(OB) 구역으로 떨어지고, 왼쪽으로 감기면 깊은 러프에 빠지게 된다.

그린 주변도 까다롭다. 무시무시한 항아리 벙커가 기다리고 있어 골퍼들을 압박한다. 허리 높이의 이 벙커에 빠지면 탈출을 장담하기 힘들다. 2005년 대회에서 최경주는 두 번째 샷을 이 벙커에 빠뜨린 뒤 무려 5타를 잃고 홀아웃했다. 우리가 알고 있는 벙커가 아니다.[88]

스포츠 잡학사전식(sports trivia) 칼럼

쓰기에 따라서는 아주 인기를 모을 수 있는 형식이다. 정확한 자료

---

88) 동아일보, 2010. 7. 14.

를 확보하고 있다면 매우 유익한 정보를 제공할 수 있기에 독자의 호
응도 높다. 스포츠에 관련된 용어, 관습, 기록 및 규칙 등 광범한 주제
에 관한 의문을 해소해 주기 때문에 특히 스포츠 기록에 대한 관심이
많은 독자에게 인기가 있다. 이런 형식의 칼럼을 통하여 기자는 전화
나 메일을 통해 들어오는 질문에 응할 수 있다. 이 과정에서 스포츠 면
에 대한 독자의 참여 및 상호작용이 극대화된다.

Q) 롯데 구단의 수익구조를 알고 싶습니다. 현재의 수익
구조를 제대로 알면 앞으로 '늘어날 수익'도 예측가능
하지 않을까요? 쟁점은 아마 롯데그룹 차원에서 롯데
구단에게 지원하는 '지원금'의 성격이라고 알고 있는
데, 이 '지원금'을 구단 수입에 반영하면 롯데구단은
'흑자'이고, 이 '지원금'을 말 그대로 '지원금'으로 인정
하면 아직 '적자'라고 간주하는 듯한데, 맞나요?

A) 대략적으로는 이렇습니다. 2007년 롯데 자이언츠의
매출은 156.7억원에 3.2억원 적자를 기록했습니다.
그런데 로이스터 감독 부임 첫 해인 2008년 252억원
으로 뛰었고, 지난해 매출액은 310억원 가량이었습
니다. 매출 항목은 입장수입 62억원, 구장 광고 34억
원, 프로모션 및 식음료 판매 수입 30억원, 유니폼
및 상품 판매 36억원, KBOP 분배금(중계권, 스포츠
토토 등 수입 배분) 19억원, 그리고 모그룹 패키지
광고 130억원이었습니다. 구두로 들은 설명이라 액
수는 차이가 있을 수 있습니다. '그룹 지원금'은 여기
에서 패키지 광고 130억원을 가리킵니다. 2008년엔 이
가운데 상당액을 그룹에 되돌려줬지만 2009년엔 전액

수입 처리했습니다. 그래서 흑자액이 늘어났고, 법인세도 내게 된 겁니다.

패키지 광고의 성격에 대한 시각은 입장에 따라 다릅니다. 극단적으로 전액을 '지원금'으로 보는 시각도 있습니다. 반대쪽에선 "무슨 소리냐, 광고 효과가 나왔으니 구단 수입으로 봐야 한다."고 주장합니다. 메이저리그 노사 관계사를 읽어봐도 구단은 늘 수입을 축소시키는 경향이 있고, 선수 노조나 경제학자들은 여기에 의문을 나타냅니다.

다만 홈 구장에 평균 2만 관중을 입장시킬 수 있는 롯데의 경우엔 후자 쪽 입장이 좀 더 타당하다고 봅니다. 패키지 광고비에는 사직구장 내야 펜스 광고 등도 포함돼 있습니다. 어쨌든 모그룹 계열사에서 받는 지원금을 제외하고도 180억원 가량 수입을 올리는 프로구단은 전 종목을 통틀어 국내에서 롯데가 유일합니다. 다만 현재 구장 시설로는 현재의 매출 규모가 한계치가 아닐까라는 생각을 하고 있습니다.

Q) 매년 20여명의 용병이 드나들고, 미국인과 일본인 코칭 스텝이 엄연히 존재하는 한국 프로야구계에 영어나 일어로 번역된 야구 규약집이나 한국 프로야구 해설집 같은 설명서가 존재하는지 궁금하네요. 올림픽과 WBC 이후 야구 강대국이 된 대한민국이라면 외국어로 번역된 소개서 정도는 있어야 하지 않을까 하네요……

A) 영어로 번역된 야구규약집은 없습니다. 한국어로 번역된 메이저리그 규약도 없습니다. '한국어로 번역된 일본 프로야구 규약집'은 있다고도 볼 수 있습니다. 1981년 만들어진 KBO 규약은 사실 NPB 규약을 베끼다시

피 했거든요.

업계 종사자가 아닌 이상 규약까지는 굳이 읽을 필요
는 없습니다. 메이저리그 규약 체계는 한국이나 일본
과는 달리 매우 복잡한데, 에이전트나 현지 기자들도
꿰고 있는 사람이 드뭅니다. 일본 쪽이라면 국내에 거
주하는 한 일본인 저널리스트가 '선수명감'이라는 이
름으로 제작을 하고 있습니다. 영어본은 KBO에서 몇
년 전 소책자 형태로 낸 적이 있는데 지금은 제작하지
않는 것으로 압니다.

개인적으로 프로야구 선수들의 시즌별 기록을 매년
엑셀 파일로 정리하고 있습니다. 그 외 여러 자료를
정리하고 있는데, 여기에 선수 이름을 영문으로 넣어
베이스볼레퍼런스닷컴 같은 해외 사이트에 제공할까
라는 생각을 한 적이 있습니다. 그런데, 작업 시간이
만만치 않게 걸리더군요. 스탯티즈나 아이스탯 같은
통계사이트에 영문판이 생기면 좋겠지만 그곳 운영하
는 친구들도 매우 바쁩니다. 혹시 올 시즌 뒤 자원 봉
사를 희망하시는 분이 계시면 연락주십시오.

Q) 경기 보면 공이 라이트에 들어가서 어이없는 실책하
는 경우가 종종 보이는데요, 제가 메이저나 일본 야구
보는 경우만 하더라도 이런 경우를 별로 보지 못했습
니다. 우리나라 라이트의 위치 때문에 그런가요.

A) 구장 시설 관련 전문가인 우수창 씨에게 물어본 적이
있는데, 아직 거기까진 연구를 하진 못했다는군요. 저
는 아마도 조명 위치 때문이 아닌가 추측하고 있습니
다. 메이저리그 구장에서 조명등은 대개 내야석 지붕
근처에 설치돼 있습니다. 반면 국내 구장에선 대개 높
은 조명탑 위에 조명등이 걸려 있습니다.

메이저리그에선 플로리다 말린스의 홈구장 선라이프 스타디움이 외야수가 조명등 때문에 공을 자주 놓치는 곳으로 꼽힙니다. 이 구장은 원래 미식축구용으로 설계돼 조명등 위치가 높습니다. 플로리다는 새 구장을 건설하면서 구단주가 직접 선수의 의견을 들어가며 조명 위치에 신경을 썼습니다. 플로리다는 흑자 구단이 지탄을 받고 있지만 이런 점은 부러운 부분입니다.

전준호 SK 코치에 따르면 사직구장은 특히 조명 범위가 넓어 공이 불빛 속으로 들어갈 확률이 높다고 합니다. 1루수나 3루수도 땅볼 타구를 놓치는 수가 있다고 하더군요.

Q) 최근 드래프트 경향을 보면 대졸보다 고졸선수들에 대한 선호도가 훨씬 높은 것 같습니다. 과거에는 대졸 선수들이 주가 되었던 것 같은데요. 각 팀의 30대 이상 스타급 선수만 봐도 거의 대졸이었고, 고졸 선수들이 잘하면 '고졸 신화' 하면서 의외로 여겼습니다. 하지만 최근의 각 팀의 스타급 선수들은 대부분 고졸이죠. 이러한 경향 변화의 이유는 뭐라고 생각하시는지요?

A) 여러 이유가 있지만 딱 하나만 꼽으라면 병역 문제입니다. 1995년까지는 단기사병(방위병)으로 근무하며 홈 경기 출전이 가능했습니다. 그런데 1995년 4월 국방부는 "내년(1996년)부터 방위병은 홈 경기에도 출전할 수 없다."는 발표를 했습니다. 이런 상황에서 대학 4년을 보내고 주전을 기약할 수 없는 프로에 입단하는 건 선수 입장에서 모험입니다. 이해 고교 3년생 선수(96학번)들은 바로 프로에 입단하는 쪽을 택했죠. 이미 대학 진학을 택했던 95학번 선수들은 큰 충격을 받았습니다.

1996년 시즌 중 이뤄졌던 1차 지명에서 8개 구단은 모두 대졸 선수를 1차 지명했습니다. 고려대 4학년이던 손민한도 이때 1차 지명을 받았죠. 1997년과 1998년엔 대졸 선수가 6명씩으로 줄었습니다. 1998년은 비운의 95학번 선수들이 4학년이던 해였습니다.

그리고 96학번이 4학년이던 1999년엔 LG에서 지명한 최경환(경희대)을 제외하곤 모두 고졸 선수가 1차 지명됐습니다. 이듬해 1차 지명 선수는 전원 고졸이었습니다.

물론 1998년까지 고졸우선지명이라는 제도가 있긴 했지만 1차 지명 선수들의 최종 학력을 살펴보면 병역문제가 프로야구 신인 지명에 미친 영향을 알 수 있습니다. 유망주 선수의 대학 진학 기피는 대학 야구 수준 저하를 불렀고, 다시 프로 구단들의 지명 기피 현상을 가속화시켰습니다.[89]

89) 최민규, 네이트, 2010. 10. 17.

5장 몇 가지 조언

Theory and Practice of Sports Reporting From interviewing to writing

　　스포츠 보도의 현장에서 기자가 경험하는 일은 항상 같을 수 없다. 저널리스트라는 직업이 가지는 매력 가운데 하나는 일상성과 예측 불가능함이 공존한다는 데 있을지 모른다. 그러나 변하지 않는 사실은 기자가 현장 한복판에서 냉정과 열정을 공유한 채 정확히 상황을 인식하고 물샐틈없는 기사를 써야 한다는 점이다. 사실 좋은 기사를 쓰기는 쉽지 않다. 기자는 키보드 앞에서 수없이 좌절하고 능력의 한계를 절감하게 된다. 때로는 손이 머리를 따라가지 못한다. 머리가 상황을 따라잡지 못해 중요한 요소를 간과하기도 한다. 끝없는 결핍감이 기자를 사로잡고 놓아 주지 않는다. 그러나 이 절박한 공복감이 좋은 스포츠 기자가 되도록 해줄 것이다. 일류 선수가 되기 위하여 그렇듯이 좋은 스포츠 기자가 되기 위해서는 결코 만족해서는 안 된다. 위대한 농구감독 릭 피티노가 말했듯, 만족은 곧 종말을 의미한다.

필자도 이 책자의 막바지 장을 정리하면서 뭔가 마무리를 짓지 못한 듯한 아쉬움을 느낀다. 좋은 스포츠 기사를 쓰는 데 도움이 될 만한 조언을 하고 싶었지만 무수한 반복과 당연할 수밖에 없는 동어반복에 그치지 않았는지 불안한 마음이 든다. 사실 좋은 스포츠 기사를 쓰기 위한 조언은 무수히 많았다. 이 책의 기본이 되는『스포츠 기자 핸드북』과『스포츠 보도론』은 책자가 발간된 지 상당한 시간이 지났지만 여전히 좋은 내용을 담고 있다. 이 책은 그 훌륭한 책의 다시쓰기 또는 다시 읽기에 지나지 않을지 모른다. 필자는 여기에 현장을 누비면서 경험한 몇 가지 깨달음과, 읽으면서 감탄했던 여러 선·후배 기자들의 교과서와 같은 기사들을 덧붙였다. 필자의 이론적 설명이 요령부득일 경우에라도 훌륭한 예문들이 독자들의 이해를 도울 것이라고 확신한다. 아울러 정준영 박사의 훌륭한 논문「냉정 대 열정 : 조선일보와 뉴욕타임스의 스포츠 기사 비교」와,『스포츠 기자 핸드북』에 실린 몇 가지 조언으로서 '피해야 할 몇 가지 오류'[90]를 소개한다. 이 글들은 기자들의 기사 쓰기에 실질적인 도움이 될 수 있는 안목을 제시하고 자주 저지르는 실수에 대한 경계를 담고 있다. 특히『스포츠 기자 핸드북』에 실린 조언은 아주 현실적이고 실무적이다. 스포츠 기사를 쓸 때 삼가야 할 주의사항인 셈인데, 열거하면 다음과 같다.

❶ 한 문장짜리 문단의 부적절한 사용
❷ 지나친 사례 열거

---

90) Thomas Fensch,『스포츠 기자 핸드북(The Sports Writing Handbook)』, 1997, p.245~251.

❸ 지칭 대상의 불명확성
❹ 형용사나 부사와 같은 수식어의 남용
❺ 문답 형식의 무성의한 사용
❻ 상투적 표현
❼ 끝없는 수치에의 매몰

정준영 박사의 논문은 조선일보와 뉴욕타임스의 스포츠 면을 상호 비교하였다. 그러나 통상적인 비교 연구에서처럼 두 신문을 대등한 차원에 놓은 채 유사성과 차이점을 밝힌 것은 아니다. 정 박사는 그의 논문에서 뉴욕타임스 스포츠면의 다양한 특징을 밝힌 다음 그런 특성이 조선일보에는 어떻게 나타나고 있는가에 초점을 맞추었다. 특히 제5장에서 두 신문의 기사 작성 방식의 차이를 본격적으로 분석하고 있다. 여기서 정 박사는 뉴욕타임스의 두드러진 특징으로 '스타 중심의 서술'을 들고 "대부분의 기사가 대중에게 잘 알려진 스타를 중심으로 하여 서술되고 있다."[91]고 설명하였다. 스타 중심의 기사 작성은 정도의 차이는 있지만 조선일보의 스포츠 면에서도 찾아볼 수 있는 관행이라고 보았다. 그러나 겉으로 보이는 이러한 유사성에도 불구하고 두 신문의 기사 작성 방법은 근본적인 차이점을 보인다고 지적하였다. 즉, 뉴욕타임스에는 한 선수의 플레이에 대한 객관적 서술 이외에 선수 자신의 소감, 동료와 상대팀 선수의 평가를 더하여 기자 자신의 견해를 객관적으로 확인시켜 주는 역할을 담당한다는 것이다. 반면 조선일보의 기사에서는 스타 선수의 플레이가 모두 객관적인 관찰자의 관점에서 서

---

91) 정준영, 「냉정 대 열정 : 조선일보와 뉴욕타임스의 스포츠 기사 비교」, 2004, 34면.

술된다는 것이 정 박사의 시각이다. 인터뷰 내용은 전혀 없고, 경기 내용의 서술도 외형상 선수의 플레이에 중심을 두고 있을 뿐 사실은 팀 중심이라는 것이다.92)

정준영 박사가 주목한 뉴욕타임스의 두 번째 특징은 '기사의 개인화'다. 스포츠 기사를 개인화함으로써 스타에 대한 독자의 동일시를 유도한다고 보았다. 그러나 조선일보는 기본적으로는 스타 중심의 기사 작성이라는 원칙에서는 뉴욕타임스와 맥을 같이 하고 있으나 거기에서 한 걸음 더 나아가 스포츠 스토리를 개인화하는 데까지는 이르지 못한 것으로 판단하였다.93) 또한 뉴욕타임스의 스포츠 기사는 조선일보에 비해 기사 작성자의 관점을 더 많이 개입시킴으로써 특히 이야기 만들기에 집착하는 모습을 보인다는 것이 정 박사의 설명이다. 뉴욕타임스의 이야기 만들기는 개별 선수의 플레이, 팀의 전술, 컨퍼런스의 특성 및 개별 종목의 경향, 관전 포인트, 역사에 대한 회상, 사회적 이슈, 잠재 스타의 발굴, 흥미로운 가십, 그리고 단순한 사실의 전달에 이르기까지 다양하게 나타났다. 또한 라이벌 만들기에도 열심이다. 기록에 대한 집착 역시 뉴욕타임스는 조선일보와는 비교도 할 수 없을 만큼 강한데, 뉴욕타임스의 스포츠 기사 중 기록을 참조하지 않는 기사를 찾아보기는 매우 어렵다. 이에 대해 정준영 박사는 주목할 만한 언급을 하였다.

---

92) 앞의 책, 42~43면.
93) 위의 책, 59면.

　　기록을 풍부하게 활용할 수 있는 것은 기사 작성자들인 기자나 외부 기고가들이 경기에 대한 풍부한 지식을 가지고 있기 때문이다. 물론 기록은 프로 구단이나 리그 자체의 정밀한 기록 작성 시스템에 힘입은 것이겠지만 기록과 역사를 적절히 결합시키는 능력은 해당 스포츠에 대한 풍부한 식견이 있지 않는 한 기대할 수 없기 때문이다.94)

---

94) 앞의 책, 108면.

참고문헌

노광선, 『무엇이 오보를 만드는가』, 1995.
박진용, 『기자학 입문』, 1998.
방열, 『스포츠 보도론』, 2001.
삼성언론재단, 『신문의 신뢰도는 왜 하락하는가』, 1999.
이행원, 『취재보도의 실제』, 1999.
정준영, 「냉정 대 열정 : 조선일보와 뉴욕타임스의 스포츠 기사 비교」, 2004.
한양대학교 언론문화연구소·삼성언론재단, 『기사 오보의 구조, 그 개선방안』, 1997.
Bruce Garrison, 『Sports Reporting』, 1993.
Jerry R Thomas & Jack K Nelson, 『Research Methods in Physical Activity』, 2004.
Dewitt Reddick, 『Modern Feature Writing』, 1949.
Eugene J Webb & Jerry Salancik, 『The Interview, or The Only Wheel in Town』, 1966.
John Brady, 『The Craft of Interviewing』, 1976.
Leonard Koppett, 『Sports Illusion, Sports Reality; A Reporter View of Sports, Journalism and Society』, 1981.
Michael Haller, 『Das Interview; Ein Handbuch für Journalisten』, 2008.
Thomas Fensch, 『The Sports Writing Handbook』, 1997.
Viola Falkenberg, 『Interviews Meistern』, 2001.
William Zinsser, 『On Writting Well·An Informal Guide to Writing Nonfiction』, 1985

저자 **허 진 석**

서울에서 태어나 동국대학교 국어국문학과를 졸업하고 동국대학교 대학원에서 이학박사
학위를 취득했다. 중앙일보에서 오랫동안 스포츠 기자로 일했다.

주요 저서로는 『농구 코트의 젊은 영웅들』(1994), 『농구 코트의 젊은 영웅들 2』(1996), 『길
거리 농구 핸드북』(1997), 『스포츠 공화국의 탄생』(2010) 등이 있다.

스포츠 보도의 이론과 실제

Theory and Practice of Sports Reporting From interviewing to writing

초판1쇄 인쇄 2011년 3월 29일 | **초판1쇄 발행** 2011년 4월 8일

지은이 허진석

펴낸이 최종숙 | **책임편집** 임애정 | **편집** 이태곤 · 오수경 | **디자인** 안혜진 | **마케팅** 문택주

펴낸곳 글누림출판사

등록 제303 - 2005 - 000038호(등록일 2005년 10월 5일)

주소 서울 서초구 반포4동 577-25 문창빌딩 2층(우137-807)

전화 02-3409 - 2055 | FAX 02-3409 - 2059 | **이메일** nurim3888@hanmail.net

홈페이지 http://www.geulnurim.co.kr

ISBN 978-89 - 6327-115-6 93070

정가 : 18,000원

* 잘못된 책은 교환해 드립니다.